Ensino **Híbrido**

E59 Ensino híbrido : personalização e tecnologia na educação / Organizadores, Lilian Bacich, Adolfo Tanzi Neto, Fernando de Mello Trevisani. – Porto Alegre : Penso, 2015.
270 p. il. ; 23 cm.

ISBN 978-85-8429-048-2

1. Ensino híbrido. 2. Educação. I. Bacich, Lilian. II. Tanzi Neto, Adolfo. III. Trevisani, Fernando de Mello.

CDU 37

Catalogação na publicação: Poliana Sanchez de Araujo – CRB 10/2094

Lilian Bacich
Adolfo Tanzi Neto
Fernando de Mello Trevisani
Organizadores

Ensino **Híbrido**

Personalização e tecnologia na educação

Reimpressão 2019

penso

2015

Gerente editorial
Letícia Bispo de Lima

Colaboraram nesta edição:

Coordenadora editorial
Cláudia Bittencourt

Assistente editorial
Paola Araújo de Oliveira

Capa
Maurício Pamplona

Preparação de original
Antonio Augusto da Roza

Leitura final
Lívia Freitag e Paola Araújo de Oliveira

Editoração eletrônica
Bookabout – Roberto Carlos Moreira Vieira

PENSO EDITORA LTDA., uma empresa do GRUPO A EDUCAÇÃO S.A.
Av. Jerônimo de Ornelas, 670 – Santana
90040-340 – Porto Alegre – RS
Fone: (51) 3027-7000 Fax: (51) 3027-7070

SÃO PAULO
Av. Embaixador Macedo Soares, 10.735 – Pavilhão 5
Cond. Espace Center – Vila Anastácio
05095-035 – São Paulo, SP
Fone: (11) 3665-1100 – Fax: (11) 3667-1333

SAC 0800 703-3444 – www.grupoa.com.br

IMPRESSO NO BRASIL
PRINTED IN BRAZIL

AUTORES

Lilian Bacich

Licenciada em Ciências Físicas e Biológicas. Mestre em Educação pela Pontifícia Universidade Católica de São Paulo (PUC-SP). Doutoranda em Psicologia Escolar e do Desenvolvimento Humano na Universidade de São Paulo (USP). Consultora do Instituto Península. Participou como coordenadora no Grupo de Experimentações em Ensino Híbrido, parceria entre o Instituto Península e a Fundação Lemann.
lilian.bacich@yahoo.com.br

Adolfo Tanzi Neto

Licenciado em Letras. Especialista em Planejamento, Implementação e Gestão da Educação a Distância (EaD) pela Universidade Federal Fluminense (UFF). Mestre em Linguística Aplicada: Linguagem e Educação pela Universidade Estadual de Campinas (Unicamp). Doutorando em Linguística Aplicada e Estudos da Linguagem na Pontifícia Universidade Católica de São Paulo (PUC-SP). Pesquisador visitante na Universidade de Oxford, Inglaterra. Consultor da Fundação Lemann. Participou como coordenador no Grupo de Experimentações em Ensino Híbrido, parceria entre o Instituto Península e a Fundação Lemann.
professor.tanzi@gmail.com

Fernando de Mello Trevisani

Licenciado em Matemática. Mestre em Tecnologias e Educação Matemática pela Universidade Estadual Paulista (UNESP). Pós-graduado em Educação Inovadora: Design, Autoria, Didática e Tecnologias pelo Instituto Singularidades. Participou como coordenador no Grupo de Experimentações em Ensino Híbrido, parceria entre o Instituto Península e a Fundação Lemann.
fernando-mt@hotmail.com

José Moran

Doutor em Comunicação pela Universidade de São Paulo (USP). Professor aposentado de Novas Tecnologias da USP. Fundador da Escola do Futuro da USP. Professor e pesquisador de inovações nos cursos híbridos e *on-line*. Atua no Grupo de Pesquisas em Educação Híbrida do Instituto Singularidades.
moran10@gmail.com

Ailton Luiz Camargo

Licenciado em História. Mestrando em História Social na Universidade de São Paulo (USP). Professor da rede pública e privada de Sorocaba/SP, participante do Grupo de Experimentações em Ensino Híbrido, parceria entre o Instituto Península e a Fundação Lemann.
ailguitar@ig.com.br

Alexsandro Sunaga

Licenciado em Física. MBA em Gestão Financeira pela Escola Superior de Administração, Marketing e Comunicação (ESAMC). Professor da rede privada de Sorocaba/SP, participante do Grupo de Experimentações em Ensino Híbrido, parceria entre o Instituto Península e a Fundação Lemann.
alexsandro.sunaga@gmail.com

Aline Soares Silva

Pedagoga. Especializanda em Psicopedagogia na Fundação Mineira de Educação e Cultura (FUMEC). Professora da rede privada de Belo Horizonte/MG, participante do Grupo de Experimentações em Ensino Híbrido, parceria entre o Instituto Península e a Fundação Lemann.
asoaress@yahoo.com.br

Camila Sanches de Carvalho

Tecnóloga em Processamento de Dados. Especialista em Mídias na Educação pela Universidade de São Paulo (USP); e em Informática na Educação pela Universidade Estadual de Londrina (UEL). Professora da rede pública de Salto Grande/SP, participante do Grupo de Experimentações em Ensino Híbrido, parceria entre o Instituto Península e a Fundação Lemann.
cs_carvalho01@hotmail.com

Carla Fernanda Ferreira Pires

Licenciada em Ciências Físicas e Biológicas. Especialista em Ensino de Ciências pelo Instituto Federal de Educação, Ciências e Tecnologia do Rio de Janeiro (IFRJ). Mestre em Ensino de Ciências pelo IFRJ. Professora da rede pública do Rio de Janeiro/RJ, participante do Grupo de Experimentações em Ensino Híbrido, parceria entre o Instituto Península e a Fundação Lemann.
carlafbf@yahoo.com.br

Eric Freitas Rodrigues

Licenciado e bacharel em História. Mestrando em Ensino de História na Universidade Federal Fluminense (UFF). Professor da rede pública do Rio de Janeiro/RJ, participante do Grupo de Experimentações em Ensino Híbrido, parceria entre o Instituto Península e a Fundação Lemann.
eric.fr.rodrigues@gmail.com

Fernanda Schneider

Licenciada em Letras. Mestre em Estudos Linguísticos pela Universidade de Passo Fundo (UPF). Doutoranda em Linguística na Pontifícia Universidade Católica do Rio Grande do Sul (PUCRS). Professora da rede pública federal em Ibirubá/RS, participante do Grupo de Experimentações em Ensino Híbrido, parceria entre o Instituto Península e a Fundação Lemann.
fdaschneider@gmail.com

Flavia Ribeiro de Moura

Licenciada em Matemática. Especialista em Avaliação Educacional pela Universidade do Estado do Rio de Janeiro (UERJ). Embaixadora da Khan Academy pela Fundação Lemann. Professora da rede pública do Rio de Janeiro/RJ, participante do Grupo de Experimentações em Ensino Híbrido, parceria entre o Instituto Península e a Fundação Lemann.
flavinharmoura@hotmail.com

Glauco de Souza Santos

Licenciado em História e bacharel em Publicidade e Propaganda. Professor da rede privada de São José dos Campos/SP, participante do Grupo de Experimentações em Ensino Híbrido, parceria entre o Instituto Península e a Fundação Lemann.
glauco_ss@yahoo.com.br

Leandro Holanda Fernandes de Lima

Licenciado em Química. Especialista em Tecnologias Educacionais pela Pontifícia Universidade Católica de São Paulo (PUC-SP). Mestre em Química pela Universidade de São Paulo (USP). Formador do projeto Inovação nas Escolas pela Fundação Lemann. Professor da rede privada de São Paulo/SP, participante do Grupo de Experimentações em Ensino Híbrido, parceria entre o Instituto Península e a Fundação Lemann.
leandroholanda@yahoo.com.br

Maria Alessandra Dubowski Nascimento

Tecnóloga em Processamento de Dados pela Faculdade de Tecnologia de São Paulo (FATEC). Especialista em Informática na Educação pela Universidade Estadual de Londrina (UEL). Professora da rede pública de Salto Grande/SP, participante do Grupo de Experimentações em Ensino Híbrido, parceria entre o Instituto Península e a Fundação Lemann.
ledubowski@hotmail.com

Rodrigo Abrantes da Silva

Licenciado em História. Especialista em História Contemporânea pela Pontifícia Universidade Católica do Rio Grande do Sul (PUCRS). Professor da rede privada de São Paulo/SP, participante do Grupo de Experimentações em Ensino Híbrido, parceria entre o Instituto Península e a Fundação Lemann.
absilva.rodrigo@gmail.com

Verônica Cannatá

Licenciada e bacharel em Ciências Sociais. Pós-graduada em Sistema de Informação pela Fundação Santo André (FSA). Professora da rede privada de São Paulo/SP, participante do Grupo de Experimentações em Ensino Híbrido, parceria entre o Instituto Península e a Fundação Lemann.

veromc@hotmail.com

Aneurin Bevan costumava dizer que a liberdade de escolha era
inútil sem o poder da escolha. Este é o poder
da aprendizagem personalizada.
Não é uma falsa dicotomia entre a escolha e a voz,
mas uma aceitação de que,
se quisermos realmente revolucionar serviços
públicos, em seguida, as pessoas
precisam ter ambos. Porque os alunos não são
apenas compradores de ensino
em um mercado; eles são criadores da sua
própria experiência educacional;
e sua voz pode ajudar nesta mudança.
Ambos como meio de envolver os alunos
na sua própria aprendizagem – os coprodutores
da educação. E, como meio
de desenvolver os seus talentos – usando
sua voz para ajudar a criar escolhas.

Centre for Educational Research and Innovation (2006, p.x)

SUMÁRIO

PREFÁCIO

O ENSINO HÍBRIDO VEIO PARA FICAR

É uma honra e um grande prazer poder prefaciar um livro. A honra de ser escolhido pelos autores para apadrinhar a obra e torná-la pública. O prazer de ver mais um livro sendo publicado e conhecimentos sendo disseminados. No entanto, neste caso, o prazer é ainda maior pela relevância da temática tratada, ou seja, os embasamentos teóricos, as experiências e as reflexões sobre o ensino híbrido.

Como será discutido ao longo do livro, o ensino híbrido é uma abordagem pedagógica que combina atividades presenciais e atividades realizadas por meio das tecnologias digitais de informação e comunicação (TDICs). Existem diferentes propostas de como combinar essas atividades, porém, na essência, a estratégia consiste em colocar o foco do processo de aprendizagem no aluno e não mais na transmissão de informação que o professor tradicionalmente realiza. De acordo com essa abordagem, o conteúdo e as instruções sobre um determinado assunto curricular não são transmitidos pelo professor em sala de aula. O aluno estuda o material em diferentes situações e ambientes, e a sala de aula passa a ser o lugar de aprender ativamente, realizando atividades de resolução de problemas ou projeto, discussões, laboratórios, entre outros, com o apoio do professor e colaborativamente com os colegas.

O ensino híbrido segue uma tendência de mudança que ocorreu em praticamente todos os serviços e processos de produção de bens que incorporaram os recursos das tecnologias digitais. Nesse sentido, tem de ser entendido não como mais um modismo que cai de paraquedas na educação, mas como algo que veio para ficar.

Se traçarmos um paralelo com os demais segmentos da nossa sociedade, como o sistema bancário, o comércio, as empresas, o que está sendo proposto no ensino híbrido tem muitas características semelhantes aos procedimentos observados atualmente nos serviços e nos processos de produção.

No caso do sistema bancário, no início dos anos de 1980 o cliente de um banco era totalmente dependente e vinculado a determinada agência, que detinha todas as suas informações bancárias, como a ficha com sua assinatura, seus dados pessoais, etc. O cliente era reconhecido somente nessa agência. Se atravessasse a rua e fosse a outra agência do mesmo banco, seria totalmente desconhecido e essa agência teria poucas condições de ajudá-lo.

A informatização do sistema bancário permite que o cliente, por meio do cartão do banco, carregue consigo todas essas informações de modo que qualquer agência do banco possa reconhecê-lo. Além disso, permite que ele use o sistema 24 horas, e até mesmo realize as transações bancárias diretamente de sua casa. Ou seja, o banco tornou esse cliente independente de uma determina agência e passou a ele a responsabilidade de gerenciar suas atividades bancárias. O interessante é que isso não significou o desaparecimento das agências bancárias. Muito pelo contrário, elas continuam existindo, porém sua função é muito diferente. Elas existem para ajudar o cliente a resolver problemas, a tomar decisões sobre aplicações financeiras, etc.

O mesmo acontece com serviços como comércio, lojas, supermercados, restaurantes por quilo. Antigamente o freguês era servido. Hoje ele se serve e tem a responsabilidade do que coloca em seu prato ou em seu carrinho de compras.

Todas essas transformações fizeram com que o foco das atividades, que anteriormente estavam nos agentes que proviam esses serviços, passasse para os usuários. Além disso, as tecnologias permitiram que o cliente se desvinculasse de um determinado local para realizar suas atividades, como aconteceu com as agências bancárias.

Essas facilidades, gostemos ou não, vieram para ficar. É inimaginável pensar no sistema bancário como ele funcionava há 30 anos. O mesmo vale para praticamente todos os serviços e processos de produção que foram implantados até as primeiras décadas do século XXI.

Por sua vez, um dos poucos, se não o único serviço que ainda não passou por essas inovações, é a educação. O foco ainda está no professor, que detém a informação e "serve" seu aluno. A aprendizagem do aluno ainda está centrada na sala de aula. E a responsabilidade pela sua aprendizagem ainda é do professor.

O ensino híbrido é a tentativa de implantar na educação o que foi realizado com esses outros serviços e processos de produção. A responsabilidade da aprendizagem agora é do estudante, que assume uma postura mais participativa, resolvendo problemas, desenvolvendo projetos e, com isso, criando oportunidades para a construção de seu conhecimento. O professor tem a função de mediador, consultor do aprendiz. E a sala de aula passa a ser o local onde o aprendiz tem a presença do professor e dos colegas auxiliando-o na resolução de suas tarefas e na significação da informação, de modo que ele possa desenvolver as competências necessárias para viver na sociedade do conhecimento.

Essas mudanças nos processos educacionais proporcionadas pelo ensino híbrido são quase naturais, e há várias razões para que sejam extremamente benéficas para o processo de ensino e aprendizagem.

No ensino híbrido, o estudante tem contato com as informações antes de entrar em sala de aula. A concentração nas formas mais elevadas do trabalho cognitivo, ou seja, aplicação, análise, síntese, significação e avaliação desse conhecimento que o aluno construiu ocorrem em sala de aula, onde ele tem o apoio de seus pares e do professor. O fato de o estudante ter contato com o material instrucional antes de adentrar a sala de aula apresenta diversos pontos positivos.

Primeiro, o aluno pode trabalhar com o material no seu ritmo e tentar desenvolver o máximo de compreensão possível. Os vídeos gravados têm sido um dos recursos mais utilizados pelo fato de o aluno poder assisti-los quantas vezes for necessário e dedicar mais atenção aos conteúdos em que apresenta maior dificuldade. Além disso, se o material é navegável, com recursos tecnológicos como animação, simulação, laboratório virtual, entre outros, ele pode aprofundar ainda mais seus conhecimentos.

Segundo, o estudante é incentivado a ser mais autônomo e a se preparar para a aula, realizando tarefas ou autoavaliações que, em geral, fazem parte das atividades *on-line*. Com isso, pode entender o que precisa ser mais bem trabalhado, identificar dúvidas que poderão ser esclarecidas em sala de aula e saber como aproveitar o momento presencial, com os colegas e com o professor.

Terceiro, o resultado da autoavaliação, que normalmente faz parte do material sendo trabalhado antes da sala de aula, é um bom indicador do nível de preparo do aluno. Esse resultado sinaliza para o professor os temas em que os estudantes apresentaram maior dificuldade e que devem ser trabalhados em sala de aula. Nesse sentido, o professor pode customizar as atividades presenciais segundo as necessidades dos aprendizes. O próprio estudante, de acordo com as deficiências observadas, pode identificar áreas nas quais precisa de ajuda. Essas dificuldades podem ser o ponto de partida para as atividades que o professor seleciona para trabalhar em sala de aula.

Quarto, se o estudante se preparou antes do encontro presencial, o tempo da aula pode ser dedicado ao aprofundamento da sua compreensão acerca do conhecimento construído, sendo possível recuperá-lo, aplicá-lo e, com isso, construir novos conhecimentos. De acordo com as teorias sobre aprendizagem, essa é uma importante fase desse processo, que, no ensino tradicional, o aluno realiza após a aula e sem o apoio dos colegas e do professor. No ensino híbrido, esse apoio ocorre no momento em que o estudante mais necessita, ou seja, *just in time*.

Finalmente, as atividades em sala de aula incentivam as trocas sociais entre colegas, como acontece em algumas estratégias usadas na implantação do ensino híbrido. Essa colaboração entre alunos e a interação do aluno com o professor são aspectos fundamentais do processo de ensino e aprendizagem que a sala de aula tradicional não incentiva.

Outro conjunto de evidências para a implantação do ensino híbrido é proporcionado pelos estudos sobre a percepção e o desempenho dos estudantes que participam dessas experiências. Desde o ano 2000, quando os primeiros artigos relatando estudos nessa área foram publicados, os resultados sobre a avaliação do desempenho dos estudantes que participaram de experiências usando a abordagem do ensino híbrido têm sido muito positivos.

No entanto, nem tudo é um mar de rosas!

Como qualquer outra iniciativa inovadora, o ensino híbrido tem recebido críticas negativas. Alguns professores argumentam que, se já é difícil os alunos aprenderem por meio das exposições e apresentações no sistema tradicional, será ainda mais difícil que aprendam via atividades *on-line* ou assistindo a vídeos. Outros críticos também afirmam que o modelo é bastante dependente da tecnologia, o que pode criar um ambiente de aprendizagem desigual. Um aluno que acessa a informação de sua casa e dispõe de recursos tecnológicos estará em vantagem com relação àquele que não dispõe desses recursos. E o ponto considerado mais problemático é o risco de o aluno não se preparar antes da aula e, com isso, não ter condições de acompanhar o que acontece na sala de aula presencial.

Entretanto, a crítica que mais preocupa é a chance de banalização que pode ocorrer com essa nova abordagem. Por exemplo, o fato de o professor estar preparando vídeos para os alunos assistirem antes das aulas, na verdade, está condensando a aula em um único formato, mais curto e necessariamente menos detalhado do que seria possível com uma combinação de leituras de livros-texto. Nesse caso, o aluno nunca tem contato com materiais primários de autores especialistas na área, mas com o material que o professor processa e disponibiliza na forma de vídeos.

Outra preocupação é o interesse pelo barateamento do processo educacional. Está claro que ele é custoso e existem interesses para que mais alunos sejam atendidos com menor custo. O ensino híbrido pode ser visto como um meio de baratear o processo de ensino e aprendizagem. A lógica por trás é contratar "superprofessores" para produzir material de apoio, como gravar as aulas em vídeos e colocá-los à disposição dos alunos, que, assim, estariam assistindo a uma "superaula". Nessas condições, como o aluno já foi bem instruído, a sala de aula pode contar com professores menos qualificados para simplesmente avaliar as tarefas previstas. Essa visão deturpada perverte exatamente o aspecto mais importante do ensino híbrido, que é o de promover a autonomia e a responsabilidade do aprendiz, de modo que ele tenha um contato mais profundo com o material de apoio e, em sala de aula, possa ser desafiado por um professor bem preparado que saiba criar condições para consolidar o processo de construção do conhecimento.

Fica claro que a implantação do ensino híbrido requer a boa formação do professor, a adequação do currículo, bem como das atividades curriculares e da dinâmica de sala de aula.

A chance de banalização é grande, como já aconteceu com inúmeras soluções implantadas no ensino tradicional, mas há esperança de que isso não aconteça com o ensino híbrido. Assim, torcemos para que essa proposta possa ser cada vez mais bem elaborada, evitando que atalhos sejam construídos e propostos como se fossem inovadores.

Este livro é uma tentativa de mostrar como o ensino híbrido pode ser implementado e o que ele pode oferecer como proposta de mudança do ensino tradicional. Teorias, experiências e argumentos pedagógicos existem. Agora, é necessário colocar esses conhecimentos em prática e que os educadores possam entender que o ensino híbrido veio para ficar!

José Armando Valente
Livre Docente pela Universidade Estadual de Campinas (Unicamp)
Professor Titular do Departamento de Multimeios, Mídia e Comunicação do Instituto de Artes da Unicamp

APRESENTAÇÃO DO INSTITUTO PENÍNSULA

O Instituto Península acredita que é possível transformar a realidade da educação brasileira por meio de um professor que acredite de verdade em seu potencial de catalisador para fazer seus alunos aprenderem. Que possa despertar neles a curiosidade, por meio da qual cada um será guiado pelo interminável mundo do aprender e do conhecimento. Que confie em si a ponto de aceitar que não é o único detentor de conhecimento no processo de ensino e aprendizagem.

Quando isso acontecer, o Brasil será de fato um país diferente. Somente nesse dia estaremos no caminho seguro para extinguir a principal barreira que nos separa dos países ricos: a barreira do conhecimento. Nossos professores serão bem preparados, cheios de entusiasmo para ensinar, aprender e estimular cada criança e adolescente a se interessar pelo aprendizado contemplando os diversos olhares: da vida, da natureza e da arte.

Com esses ideais, o Instituto Península foi constituído, com a missão de contribuir para a educação básica de qualidade de crianças e adolescentes no Brasil a partir da formação, da valorização e do fortalecimento de professores como agentes multiplicadores de modernos métodos de ensino e aprendizagem.

É com essa visão que apresentamos o livro *Ensino híbrido: personalização e tecnologia na educação*, fruto das observações e práticas de um grupo de professores brasileiros, que experimentaram diferentes abordagens em sala de aula com o objetivo de promover a personalização da aprendizagem aliada ao uso de recursos tecnológicos. Esse processo rico em experimentações e descobertas incentivou a construção do primeiro curso brasileiro sobre ensino híbrido, idealizado com o intuito de provocar reflexões mais amplas sobre a prática docente. Nele é possível acessar diferentes propostas de aulas para promover uma aprendizagem mais significativa e que acompanhe o ritmo de cada aluno.

O livro *Ensino híbrido: personalização e tecnologia na educação* aborda de forma muito peculiar temas essenciais, como a importância do ensino híbrido para a educação, o papel do professor, a otimização do espaço, a avaliação, as tecnologias digitais, a cultura escolar e, finalmente, o envolvimento da gestão nesse processo de novas possibilidades.

Esperamos que este livro seja fonte de inspiração, o ponto de partida para todos aqueles que estão em busca da ampliação de habilidades e do repertório para suas práticas como professores. Bem como que novas possibilidades sejam compartilhadas e práticas implementadas com um olhar singular para o percurso educacional do aluno no século 21, possibilitando, assim, que a arte de ensinar e aprender transcenda as paredes da escola.

Boa leitura a todos!

Ana Maria Diniz
Presidente do conselho do Instituto Península

APRESENTAÇÃO DA FUNDAÇÃO LEMANN

Promover a excelência com equidade na educação, ou seja, garantir que todos os brasileiros tenham acesso a uma educação de excelência é um dos grandes objetivos da Fundação Lemann. Para cumprir essa missão, desenvolvemos e apoiamos projetos inovadores, realizamos pesquisas para embasar políticas públicas, oferecemos formação para profissionais da educação e para lideranças de diversas áreas capazes de contribuir para as transformações sociais no Brasil. Dessa forma, buscamos criar um ecossistema virtuoso em que tecnologia e inovação dialogam com a realidade educacional do país, ao mesmo tempo em que fortalecem o papel relevante dos educadores e dos profissionais do setor na garantia do aprendizado de todos os alunos.

Por seu potencial acelerador de transformações em escala, a tecnologia é uma das grandes apostas da Fundação Lemann na superação dos desafios educacionais urgentes de um país com as dimensões do Brasil. Longe de ser um fim em si, ela pode contribuir para assegurar que o ensino ocorra de maneira dinâmica, personalizada e abrangente. Já são muitas as soluções inovadoras para a educação com bons resultados sendo acompanhados. O acesso a plataformas *on-line* abre oportunidades para que o aprendizado em grupo ocorra simultaneamente e sem limitações geográficas, ao mesmo tempo em que permite que cada aluno se desenvolva do seu jeito.

Para o professor, essa personalização garante o acompanhamento do percurso de aprendizagem de cada aluno, sem que isso demande ainda mais horas de trabalho árduo. Com uma perspectiva clara do ritmo de cada estudante, o educador pode estimular os mais habilidosos com desafios e também concentrar seus esforços junto àqueles com dificuldades específicas. Além disso, ele pode promover a interação entre os alunos, estimulando a cooperação no processo de aprendizagem.

Ao lançarem mão de uma iniciativa de formação em ensino híbrido, a Fundação Lemann e o Instituto Península esperam ampliar as possibilidades de educadores interessados em melhorar ainda mais sua atuação em sala de aula, tendo sempre como foco o aprendizado de todos os alunos. Desenvolvida a partir de uma profunda imersão em modelos que já se provaram eficazes e contando com a contribuição e experiência de professores de todo o Brasil, esta publicação é uma excelente oportunidade de desenvolver habilidades para superar as limitações enfrentadas diariamente em sala de aula, empregando a tecnologia e a personalização como facilitadoras desse processo.

Denis Mizne
Diretor-Executivo da Fundação Lemann

COM A PALAVRA, OS ORGANIZADORES

Ensino híbrido: personalização e tecnologia na educação é um livro feito por professores para professores. Ele é fruto das reflexões dos coordenadores e professores que participaram do Grupo de Experimentações em Ensino Híbrido desenvolvido pelo Instituto Península e pela Fundação Lemann, cujo objetivo foi levar um grupo de professores a vivenciar novas formas de atuação, planejamento e uso integrado das tecnologias digitais em sala de aula, para que verificassem até que ponto esses encaminhamentos metodológicos poderiam impactar nos resultados esperados em relação ao desempenho de suas turmas.

Neste livro, os leitores terão a oportunidade de aprender a partir de experiências reais. Essas vivências compartilhadas serão momentos de reflexão sobre os modelos de ensino híbrido e sua relação com a personalização do ensino. A expectativa é apresentar aos educadores possibilidades de integração das tecnologias digitais ao currículo escolar, de forma a alcançar uma série de benefícios no dia a dia da sala de aula, como, por exemplo, maior engajamento dos alunos no aprendizado e melhor aproveitamento do tempo do professor para momentos de personalização do ensino por meio de intervenções efetivas.

O papel do professor é essencial na organização e no direcionamento do processo. O objetivo é que, gradativamente, ele planeje atividades que possam atender às demandas reais da sala de aula, identificando a necessidade de que o processo de ensino e aprendizagem ocorra de forma colaborativa, com foco no compartilhamento de experiências e na construção do conhecimento a partir das interações com o grupo. Essas interações, em alguns momentos, são feitas por meio de tecnologias digitais e, em outros, acontecem nas discussões de questões levantadas em sala de aula e na utilização dos mais variados tipos de materiais.

As reflexões realizadas pelos professores do grupo tiveram como ponto de partida os resultados da pesquisa realizada pelo Clayton Christensen Institute sobre as aplicações do ensino híbrido em escolas dos Estados Unidos e foram enriquecidas pelas discussões que ocorreram no *workshop* conduzido por Michael Horn, baseado em seu livro *Blended*.[1] À equipe de gestão do Grupo de Experimentações, formada por representantes do Instituto Península e da Fundação Lemann, coube a elaboração das propostas de desafios pelos quais os 16 professores do grupo, lecionando em turmas da educação básica em escolas públicas e privadas do Brasil, passaram durante os oito meses de experimentação. Essas propostas de desafios, inspiradas no livro *Blended*, foram implementadas de acordo com as características de nossa cultura e de nossa realidade escolar.

Aspectos como o papel do professor, a valorização e construção da autonomia do aluno, a organização do espaço escolar para facilitar ações de personalização e para o uso integrado das tecnologias digitais, a reflexão sobre qual a melhor forma de avaliação e o envolvimento da gestão para propiciar uma mudança gradativa na cultura escolar foram alguns dos temas propostos nessa implementação. Mas como organizar esses temas? Pensamos em uma implementação em que peças de uma engrenagem se articulam com o objetivo de levar o grupo a refletir sobre a melhor forma de atuar em sala de aula na realidade brasileira atual.

[1] HORN, M. B.; STAKER, H. *Blended*: usando a inovação disruptiva para aprimorar a educação. Prefácio de Clayton M. Christensen. Porto Alegre: Penso, 2015.

Além de reflexões teóricas sobre esses aspectos, o livro conta com uma bagagem de casos bem-sucedidos que podem servir de exemplo para a implementação, por parte dos professores e/ou da equipe de gestão da escola, de modelos de ensino híbrido na realidade brasileira atual.

Dessa forma, a obra encontra-se assim constituída: iniciamos com uma reflexão sobre a educação híbrida e sobre as concepções que norteiam o estudo sobre o tema e, em seguida, discutimos a proposta de ensino híbrido que é base da abordagem proposta ao Grupo de Experimentações. Na sequência, contamos com os capítulos elaborados pelos professores que fizeram parte do Grupo, em que cada um dos seguintes temas é abordado: o papel do professor, o papel do estudante, a organização do espaço escolar, a avaliação de ensino, a cultura escolar e a gestão escolar, enriquecidos por exemplos de utilização de modelos híbridos em cada situação.

A proposta deste livro se assenta na larga experiência de professores que refletiram a partir das experiências práticas e buscaram apoio na literatura para embasar suas reflexões. Assim, com essa proposta, procuramos preencher a lacuna identificada em relação às referências nacionais sobre o uso e a implementação de modelos de ensino híbrido em sala de aula.

Lilian Bacich
Adolfo Tanzi Neto
Fernando de Mello Trevisani
Organizadores

1

EDUCAÇÃO HÍBRIDA

Um conceito-chave para a educação, hoje

JOSÉ MORAN

MUITAS MISTURAS

Híbrido significa misturado, mesclado, *blended*. A educação sempre foi misturada, híbrida, sempre combinou vários espaços, tempos, atividades, metodologias, públicos. Esse processo, agora, com a mobilidade e a conectividade, é muito mais perceptível, amplo e profundo: é um ecossistema mais aberto e criativo. Podemos ensinar e aprender de inúmeras formas, em todos os momentos, em múltiplos espaços. Híbrido é um conceito rico, apropriado e complicado. Tudo pode ser misturado, combinado, e podemos, com os mesmos ingredientes, preparar diversos "pratos", com sabores muito diferentes.

A mistura mais complexa é integrar o que vale a pena aprender, para que e como fazê-lo. O que vale a pena? Que conteúdos, competências e valores escolher em uma sociedade tão multicultural? O que faz sentido aprender em um mundo tão heterogêneo e mutante? Podemos ensinar a mudar se nós mesmos, os gestores e docentes, temos tantas dificuldades em tomar decisões, em evoluir e em ser coerentes, livres, realizados? Podemos ensinar de verdade se não praticamos o que ensinamos?

A educação é híbrida também porque acontece no contexto de uma sociedade imperfeita, contraditória em suas políticas e em seus modelos, entre os ideais afirmados e as práticas efetuadas; muitas das competências socioemocionais e valores apregoados não são coerentes com o comportamento cotidiano de uma parte dos gestores, docentes, alunos e famílias.

Em uma sociedade em mudança, em construção, contraditória, com profissionais em estágios desiguais de evolução cognitiva, emocional e moral, tudo é mais complexo e difícil. Uma escola imperfeita é a expressão de uma sociedade também imperfeita, híbrida, contraditória.

Muitos gestores, docentes e alunos são "híbridos", no sentido de contraditórios, pela formação desbalanceada (mais competências cognitivas que socioemocionais) e pelas dificuldades em saber conviver e aprender juntos.

O ensino é híbrido, também, porque não se reduz ao que planejamos institucional e intencionalmente. Aprendemos por meio de processos organizados, junto com processos abertos, informais. Aprendemos quando estamos com um professor e aprendemos sozinhos, com colegas, com desconhecidos. Aprendemos de modo intencional e de modo espontâneo, quando estudamos e também quando nos divertimos. Aprendemos com o sucesso e com o fracasso. Hoje, temos inúmeras formas de aprender. Por que tantos se perdem, não se interessam, abandonam o que iniciaram?

O ensino é híbrido porque todos somos aprendizes e mestres, consumidores e produtores de informação e de conhecimento. Passamos, em pouco tempo, de consumidores da grande mídia a "prosumidores" – produtores e consumidores – de múltiplas mídias, plataformas e formatos para acessar informações, publicar nossas histórias, sentimentos, reflexões e visão de mundo. Somos o que escrevemos, o que postamos, o que "curtimos". Nisso expressamos nossa caminhada, nossos valores, visão de mundo, sonhos e limitações. Em um sentido mais amplo, há muitos portais e aplicativos que facilitam a qualquer um tornar-se professor, ensinar algo que interesse a alguém (de forma gratuita ou paga). Todos nós ensinamos e aprendemos o tempo todo, de forma muito mais livre, em grupos mais ou menos informais, abertos ou monitorados.

Na educação, acontecem vários tipos de mistura, *blended* ou educação híbrida: de saberes e valores, quando integramos várias áreas de conhecimento (no modelo disciplinar ou não); de metodologias, com desafios, atividades, projetos, *games*, grupais e individuais, colaborativos e personalizados. Também falamos de tecnologias híbridas, que integram as atividades da sala de aula com as digitais, as presenciais com as virtuais. Híbrido também pode ser um currículo mais flexível, que planeje o que é básico e fundamental para todos e que permita, ao mesmo tempo, caminhos personalizados para atender às necessidades de cada aluno. Híbrido também é a articulação de processos de ensino e aprendizagem mais formais com aqueles informais, de educação aberta e em rede. Implica misturar e integrar áreas, profissionais e alunos diferentes, em espaços e tempos distintos.

São muitas as questões que impactam o ensino híbrido, o qual não se reduz a metodologias ativas, ao ***mix*** de presencial e *on-line*, de sala de aula e outros espaços, mas que mostra que, por um lado, ensinar e aprender nunca foi tão fascinante, pelas inúmeras oportunidades oferecidas, e, por outro, tão frustrante, pelas dificuldades em conseguir que todos desenvolvam seu potencial e se mobilizem de verdade para evoluir sempre mais.

Qual é a melhor combinação dessa mistura? Como juntar o melhor de cada ingrediente e conseguir um resultado excepcional?

As instituições educacionais atentas às mudanças escolhem fundamentalmente dois caminhos, um mais suave – alterações progressivas – e outro mais amplo, com mudanças profundas. No caminho mais suave, elas mantêm o modelo curricular predominante – disciplinar –, mas priorizam o envolvimento maior do aluno, com metodologias ativas, como o ensino por projetos de forma mais interdisciplinar, o ensino híbrido ou *blended* e a sala de aula invertida.

Outras instituições propõem modelos mais inovadores, sem disciplinas, que redesenham o projeto, os espaços físicos e as metodologias com base em atividades, desafios, problemas e jogos, e em que cada aluno aprende no seu próprio ritmo e de acordo com sua necessidade, além de aprender também com os outros estudantes em grupos e projetos, sob supervisão de professores orientadores.

EDUCAÇÃO HÍBRIDA EM MODELOS PEDAGÓGICOS MAIS INOVADORES

As instituições mais inovadoras procuram integrar algumas dimensões importantes no seu projeto político-pedagógico:

1. Ênfase no projeto de vida de cada aluno, com orientação de um mentor;
2. Ênfase em valores e competências amplas: de conhecimento e socioemocionais;
3. Equilíbrio entre as aprendizagens pessoal e grupal. Respeito ao ritmo e estilo de aprendizagem de cada aluno combinado com metodologias ativas grupais (desafios, projetos, jogos significativos), sem disciplinas, com integração de tempos, espaços e tecnologias digitais.

A construção do projeto de vida

Um projeto de vida deve promover a convergência entre os interesses e paixões de cada aluno e seus talentos, sua história e seu contexto.

O projeto visa estimular a busca de um sentido, de uma vida com significado, com motivação profunda e socialmente útil. A escola disponibiliza para cada estudante um mentor que o acompanha mais de perto no seu dia a dia, não só nas decisões sobre aprendizagem, mas sobretudo naquelas relacionadas a visão de futuro.

Professores e pais, nessas escolas inovadoras, transmitem uma mensagem fundamental para as crianças: "Persigam seus sonhos". Além disso, ajudam os estudantes a realizá-los (orientação, apoio), mesmo que tais objetivos, depois, mudem. Nosso maior desafio é aprender a nos transformar em pessoas cada vez mais humanas, sensíveis, afetivas e realizadas, vivendo de forma simples, andando na contramão de muitas visões materialistas, egoístas e deslumbradas com as aparências. De pouco adianta saber muito se não saímos do nosso egoísmo nem praticamos o que conhecemos.

O projeto de vida olha para o passado de cada aluno (história), para o seu contexto atual e para as suas expectativas futuras. Isso pode ser trabalhado com histórias e narrativas:

> Ver a aprendizagem como algo ligado à história de vida é entender que ela está situada em um contexto, e que também tem história – tanto em termos de histórias de vida dos indivíduos e histórias e trajetórias das instituições que oferecem oportunidades formais de aprendizagem como de histórias de comunidades e situações em que a aprendizagem informal se desenvolve. (GOODSON, 2007, p. 250).

O currículo e a aprendizagem são narrativas que também se constroem ao longo do percurso, em contraposição às narrativas prontas, definidas previamente nos sistemas convencionais de ensino.

Cada um de nós vai construindo seu projeto de vida na fluência de uma rica trama de trocas, reflexões, vivências, histórias físicas e digitais, formais e informais, previsíveis e ocasionais, que se interligam e recombinam incessantemente. Nossa vida é uma narrativa dinâmica com enredo fluido, costurado com fragmentos das múltiplas histórias que vivenciamos e compartilhamos de diversas formas com alguns mais próximos física e digitalmente. Nessa narrativa em construção, nossa existência adquire mais sentido quando conseguimos perceber alguma coerência, alguns padrões importantes, junto com algumas descobertas iluminadoras. Construímos a vida como uma narrativa, com enredos múltiplos, bem como diversos atores internos e externos, que se explicita nessa troca incessante de mensagens, vivências e saberes.

Aprendemos mais e melhor quando encontramos significado para aquilo que percebemos, somos e desejamos, quando há alguma lógica nesse caminhar – no meio de inúmeras contradições e incertezas –, a qual ilumina nosso passado e presente, bem como orienta nosso futuro.

A educação no sentido mais amplo é aprender – e auxiliar os outros a fazê-lo, por meio de comunicação e compartilhamento – a construir histórias de vida que façam sentido, que nos ajudem a compreender melhor o mundo, aos demais e a nós mesmos; que nos estimulem a evoluir, a fazer escolhas, nos libertem das nossas dependências e nos tornem mais produtivos e realizados em todos os campos, como pessoas e cidadãos.

Bruner mostra que as narrativas são linguagens que contribuem para tornar significativa a aprendizagem na vida dos estudantes por meio da interação pela reelaboração das diversas experiências (BRUNER, 2001).

A educação de qualidade nos ajuda a construir histórias relevantes. A pessoa motivada para aprender consegue evoluir mais e desenvolver um projeto de vida mais significativo. Por isso, além de saber contar histórias e estimular que os alunos contem as suas, é fundamental que os ajudemos a perceber que a vida é uma grande história que vale a pena ser vivida e que a construímos em capítulos sucessivos: como crianças, jovens, adultos e idosos. Isso amplia enormemente o potencial motivador para viver e facilita a percepção de que, no meio de múltiplas pequenas histórias, estamos construindo uma narrativa silenciosa que as integra em uma sequência significativa. Costumamos dar muito mais ênfase a conteúdos específicos do que à construção dessa narrativa integradora de vida. O projeto de vida é a grande história que precisa ser estimulada em cada aluno pelos adultos. Infelizmente, muitos só navegam na superfície dos acontecimentos, sem construir um sentido mais profundo para sua existência. Não basta estar conectado para aprender o essencial.

Ênfase em valores e competências amplas: de conhecimento e socioemocionais

O centro do projeto pedagógico das escolas inovadoras é a construção de valores fundamentais sólidos e, a partir deles, das competências cognitivas e socioemocionais da comunidade educadora. Os valores, as competências e o projeto de vida não permanecem confinados nos documentos oficiais, mas são vivenciados no currículo, na formação continuada e na prática docente, na cultura de toda a comunidade escolar.

A educação é um processo de desenvolvimento humano que ocorre na aprendizagem 360 graus: uma aprendizagem ampla, integrada, desafiadora. No mundo complexo de hoje, a escola precisa ser pluralista, mostrando visões, formas de viver e diferentes possibilidades de realização pessoal, profissional e social, que nos ajudem a evoluir sempre mais na compreensão, vivência e prática cognitiva, emotiva, ética e de liberdade.

Aprender é um processo ativo e progressivo. Como disse Peter Senger (2006): "Aprender é se tornar capaz de fazer o que antes não conseguíamos". É desenvolver um conjunto integrado de competências de aprender a conhecer, a conviver, a ser e a agir.

A comunicação aberta, em múltiplas redes, é um componente-chave para a aprendizagem significativa, pelas possibilidades de acesso, troca, recombinação de ideias, experiências e sínteses. O desafio da escola é capacitar o aluno a dar sentido às coisas, compreendê-las e contextualizá-las em uma visão mais integradora, ampla, ligada à sua vida.

Temos baseado a educação mais no controle do que no afeto, mais no autoritarismo do que na colaboração.

> Talvez o significado mais marcante de nosso trabalho e de maior alcance futuro seja simplesmente nosso modo de ser e agir enquanto equipe. Criar um ambiente onde o poder é compartilhado, onde os indivíduos são fortalecidos, onde os grupos são vistos como dignos de confiança e competentes para enfrentar os problemas – tudo isto é inaudito na vida comum. Nossas escolas, nosso governo, nossos negócios estão permeados da visão de que nem o indivíduo nem o grupo são dignos de confiança. Deve existir poder sobre eles, poder para controlar. O sistema hierárquico é inerente a toda a nossa cultura. (ROGERS, 1992, p. 66).

A comunicação afetiva – com apoio das tecnologias – nos ajuda a aprender a partir das histórias de vida e dos sonhos de cada um dos alunos. O clima de acolhimento, confiança, incentivo e colaboração é decisivo para uma aprendizagem significativa e transformadora. "Se as pessoas são aceitas e consideradas, tendem a desenvolver uma atitude de mais consideração em relação a si mesmas" (ROGERS, 1992, p. 65).

A aprendizagem depende também da motivação profunda, se é **intrínseca** ou **extrínseca**. Na intrínseca, a pessoa não depende de controle externo, de premiação ou punição. Na extrínseca, o indivíduo depende de reforços externos: nota, remuneração, medo (BRITO, 1989).

O ensino híbrido combina algumas dimensões da motivação extrínseca com a intrínseca. A aprendizagem extrínseca é útil para criar hábitos, rotinas e procedimentos, sobretudo com crianças, mas, posteriormente, é mais importante que seja internalizada pelos próprios estudantes.

A aprendizagem é mais significativa quando motivamos os alunos em seu íntimo, quando eles acham sentido nas atividades propostas, quando consultamos suas motivações profundas, quando se engajam em projetos criativos e socialmente relevantes.

Equilíbrio entre compartilhar e personalizar

A aprendizagem se constrói em um processo equilibrado entre a elaboração coletiva – por meio de múltiplas formas de colaboração em diversos grupos – e a personalizada – em que cada um percorre roteiros diferenciadores. A aprendizagem acontece no movimento fluido, constante e intenso entre a comunicação grupal e a pessoal, entre a colaboração com pessoas motivadas e o diálogo de cada um consigo mesmo, com todas as instâncias que o compõem e definem, em uma reelaboração permanente.

Em um mundo tão dinâmico, de múltiplas linguagens, telas, grupos e culturas, cada um de nós precisa – junto com todas as interações sociais – encontrar tempo para aprofundar, refletir, reelaborar, produzir e fazer novas sínteses.

É na síntese dinâmica da aprendizagem personalizada e colaborativa que desenvolvemos todo o nosso potencial como pessoas e como grupos sociais, ao enriquecer-nos mutuamente com as múltiplas interfaces do diálogo dentro de cada um, alimentando e alimentados pelos diálogos com os diversos grupos dos quais participamos, com a intensa troca de ideias, sentimentos e competências em múltiplos desafios que a vida nos oferece.

As instituições mais inovadoras propõem modelos educacionais mais integrados, sem disciplinas. Organizam o projeto pedagógico a partir de valores, competências amplas, problemas e projetos, equilibrando a aprendizagem individualizada com a colaborativa; redesenham os espaços físicos e os combinam com os virtuais com apoio de tecnologias digitais. As atividades podem ser muito mais diversificadas, com **metodologias mais ativas**, que combinem o melhor do percurso individual e grupal. As tecnologias móveis e em rede permitem conectar todos os espaços e elaborar políticas diferenciadas de organização de processos de ensino e aprendizagem adaptados a cada situação, aos que são mais proativos e aos mais passivos; aos muito rápidos e aos mais lentos; aos que precisam de muita tutoria e acompanhamento e aos que sabem aprender sozinhos. Conviveremos nos próximos anos com modelos ativos não disciplinares e disciplinares com graus diferentes de "misturas", de flexibilização, de hibridização. Isso exige uma mudança de configuração do currículo, da participação dos professores, da organização das atividades didáticas e da organização dos espaços e do tempo.

As metodologias precisam acompanhar os objetivos pretendidos. Se queremos que os alunos sejam proativos, precisamos adotar metodologias nas quais eles se envolvam em atividades cada vez mais complexas, em que tenham de tomar decisões e avaliar os resultados, com apoio de materiais relevantes. Se queremos que sejam criativos, eles precisam experimentar inúmeras novas possibilidades de mostrar sua iniciativa.

Desafios e atividades podem ser dosados, planejados, acompanhados e avaliados com apoio de tecnologias. Os desafios bem planejados contribuem para mobilizar as competências desejadas, intelectuais, emocionais, pessoais e comunicacionais. Exigem pesquisar, avaliar situações, pontos de vista diferentes, fazer escolhas, assumir alguns riscos, aprender pela descoberta, caminhar do simples para o complexo.

Nas etapas de formação, os alunos precisam do acompanhamento de profissionais mais experientes para ajudá-los a tornar conscientes alguns processos, a estabelecer conexões não percebidas, a superar etapas mais rapidamente, a confrontá-los com novas possibilidades.

Nas metodologias ativas de aprendizagem, o aprendizado ocorre a partir da antecipação, durante o curso, de problemas e situações reais, os mesmos que os alunos vivenciarão depois na vida profissional.

Podemos oferecer propostas mais personalizadas, para cada estilo predominante de aprendizagem, monitorando-as e avaliando-as em tempo real, o que não era possível na educação mais massiva ou convencional. Os alunos mais pragmáticos preferirão atividades diferentes daquelas escolhidas por estudantes mais teóricos ou conceituais, e a ênfase nas atividades também será distinta.

É possível planejar atividades diferentes para grupos de alunos diferentes, em ritmos distintos e com possibilidade real de acompanhamento pelos professores. Esses recursos mapeiam, monitoram, facilitam e interaprendem com a prática e a experiência (SIEMENS, 2005). Há, hoje, um grande avanço na análise dos metadados, na geração de relatórios personalizados, no desenvolvimento de **plataformas adaptativas** e aplicativos que orientam os professores sobre como cada aluno aprende, em que estágio se encontra e o que o motiva mais (GOMES, 2013).

A escola pode integrar-se aos espaços significativos da cidade e do mundo pelo contato físico e digital: centros produtivos, comerciais e culturais – museus, cinemas, teatros, parques, praças, ateliês, entre outros. Podem organizar também os currículos com atividades profissionais ou sociais, com apoio da comunidade, além de todos os ambientes virtuais disponíveis.

Um dos muitos modelos interessantes para pensar como organizar de forma diferente a “sala de aula” é olhar para algumas escolas inovadoras. Por exemplo, os projetos das escolas Summit (Summit Schools) da Califórnia equilibram tempos de atividades individuais com as de grupo, sob a supervisão de dois professores, de áreas diferentes (humanas e exatas), que se preocupam com projetos que permitam olhares abrangentes, integradores, interdisciplinares. Acompanham o progresso de cada aluno (toda sexta-feira conversam individualmente com cada um), o qual tem um mentor, que o orienta em seu projeto de vida. Os estudantes fazem avaliações quando se sentem preparados. As competências socioemocionais são muito enfatizadas, assim como o desenvolvimento de atividades e projetos em organizações fora das escolas.[1]

O ambiente físico das salas de aula e da escola como um todo também foi redesenhado por essas instituições mais inovadoras, passando a ser mais centrado no aluno. As salas de aula são mais multifuncionais, combinam facilmente atividades de grupo, de plenário e individuais. Os ambientes estão cada vez mais adaptados para uso de tecnologias móveis.

As escolas precisam repensar esses espaços tão quadrados para outros mais abertos, onde lazer e estudo estejam mais integrados.

[1] Para mais informações, acesse: <http://www.summitps.org/>.

O que impressiona nas escolas com desenhos arquitetônicos e pedagógicos mais avançados é que os espaços são mais amplos e agradáveis. Há instituições mais em contato com a natureza, o que proporciona vantagens inegáveis para projetos de ecologia de aprendizagem mais integral (como o Projeto Âncora).[2] Também há projetos em comunidades carentes, como o da Escola Municipal Campos Salles, em que os alunos desenvolvem roteiros de aprendizagem personalizados, em pequenos grupos, com o acompanhamento dos professores tutores e o apoio dos dados da evolução de cada aluno, fornecidos *on-line* por uma plataforma adaptativa.[3]

Também no Rio de Janeiro e no Recife temos as escolas públicas do projeto NAVE – Núcleo Avançado de Educação –, que utiliza as tecnologias para capacitar alunos do ensino médio para profissões no campo digital. São espaços grandes, com pátios onde lazer e pesquisa se misturam.[4]

Os impactos positivos do programa vêm sendo colhidos também nas avaliações realizadas pelo Exame Nacional do Ensino Médio (Enem). Nos resultados divulgados nas duas últimas edições do exame, o Colégio Estadual José Leite Lopes obteve o primeiro lugar das escolas ligadas à Secretaria de Estado de Educação do Rio de Janeiro (SEEDUC-RJ), resultado também alcançado pela Escola Técnica Estadual Cícero Dias, primeira colocada entre as escolas de Pernambuco vinculadas à Secretaria Estadual de Educação de Pernambuco (SEEP). Um dos exemplos brasileiros de foco nas competências socioemocionais é o Colégio Estadual Chico Anysio, no Rio de Janeiro. A unidade, inaugurada em 2013, faz parte de um projeto da Secretaria de Educação fluminense e do Instituto Ayrton Senna. A escola tem jornada integral no ensino médio, mas sem conteúdo profissionalizante. Os eixos da formação envolvem trabalho, convívio, aprendizagem e autonomia (SANTOS; VIEIRA, 2014).

Outro conjunto interessante é composto pelas escolas públicas High Tech High, que lembram laboratórios multiuso, onde os alunos vão da ideia à realização e apresentação dos seus projetos, com apoio de ferramentas físicas e digitais, entre elas as impressoras 3D. Há ênfase na cultura do fazer (cultura *maker*) e nas competências socioemocionais.[5]

---

[2] Acesse: <http://www.projetoancora.org.br/index.php?lang= port>.

[3] Os alunos se reúnem em grupos de quatro integrantes para o desenvolvimento dos roteiros de pesquisa. Cada um tem o seu próprio roteiro e segue um ritmo individual de execução das tarefas solicitadas. As atividades extraclasse: aulas no cinema da escola, visitas à comunidade, pesquisas na internet na sala de informática, aulas de arte e de educação física. Mais informações em: <http://www.escolasqueinovam.org.br/escolas/.

[4] http://www.oifuturo.org.br/educacao/nave>.

[5] Acesse: <www.hightechhigh.org>.

No ensino superior, a área de saúde foi pioneira em trabalhar com solução de problemas, já na década de 1960, por meio da Universidade McMaster, no Canadá, e da Universidade de Maastricht, na Holanda (CYRINO; TORALLES-PEREIRA, 2004). Muitos cursos de medicina trabalham com problemas, e também diversos cursos de engenharia adotam a Metodologia de Projetos, como a Olin College[6] e, no Brasil, o Insper. Instituições inovadoras, como o Institute of Design, de Stanford, admitem alunos de todas as áreas do conhecimento e desenvolvem projetos criativos por meio da metodologia do *design thinking.*[7]

Agora, com as tecnologias móveis, os modelos de problemas e projetos são mais híbridos. Uma parte das atividades é realizada no ambiente virtual e outra de modo presencial. Também há maior flexibilidade para reuniões virtuais ou presenciais. O modelo híbrido é muito importante para aqueles que trabalham com problemas e com projetos. Instituições como a Unisal, em Lorena, desenvolvem metodologias ativas como a aprendizagem por pares (*peer instruction*), por times e outros. Trata-se de uma das metodologias inovadoras aplicadas por professores nos diversos cursos. Outros métodos utilizados são o PBL – *Project Based Learning* (aprendizagem baseada em projetos ou em problemas); o TBL – *Team-based Learning* (aprendizagem por times); o WAC – *Writing Across the Curriculum* (escrita por meio das disciplinas); e o *Study Case* (estudo de caso).[8]

Outra proposta interessante é a da Uniamérica, de Foz de Iguaçu, que aboliu, em cursos como os de Biomedicina e Farmácia, a divisão por semestres ou anos; além disso, o currículo não é organizado por disciplinas, mas por projetos e aula invertida. "Ao tirar a divisão por disciplinas, orientamos todas as competências necessárias através de projetos semestrais temáticos. O aluno escolhe um problema real de sua comunidade ou região para trabalhar os temas daquele período."[9] As aulas expositivas também foram abolidas. Agora, os alunos estudam os conteúdos em casa ou onde preferirem. São disponibilizados, em uma plataforma *on-line*, vídeos, textos e um conjunto de atividades às quais os estudantes devem se dedicar antes de ir à aula. Essas tarefas são de dois tipos: um de fixação e garantia de compreensão do conteúdo e outro de problematização, que estimula a pesquisa e a transposição do conhecimento para problemas reais. Com isso, o tempo em

[6] Para mais informações, consulte: <www.olin.edu>.

[7] Acesse o site da instituição em: <http://dschool.stanford.edu>.

[8] Eric Mazur recebe prêmio internacional pela criação de método aplicado no UNISAL (2014).

[9] Ryon Braga, Diretor da Uniamérica (KALENA, 2014).

sala de aula é usado para que os temas sejam debatidos mais profundamente, bem como para a realização dos projetos do semestre.

Na educação formal, alguns projetos pedagógicos dão mais ênfase à aprendizagem grupal, enquanto outros, à individualizada. Ambos são importantes e precisam ser integrados para dar conta da complexidade de aprender na nossa sociedade cada vez mais dinâmica e incerta.

Um bom projeto pedagógico prevê o equilíbrio entre tempos de aprendizagem pessoal e colaborativa. Aprendemos com os demais e aprendemos sozinhos.

Em um mundo de tantas informações, oportunidades e caminhos, a qualidade da docência se manifesta na combinação do trabalho em grupo com a personalização, bem como no incentivo à colaboração entre todos e, ao mesmo tempo, à que cada um possa personalizar seu percurso. As tecnologias *web* 2.0, gratuitas, facilitam a aprendizagem colaborativa entre colegas próximos e distantes. Cada vez adquire mais importância a comunicação entre pares, entre iguais, dos alunos entre si, que trocam informações, participam de atividades em conjunto, resolvem desafios, realizam projetos e avaliam-se mutuamente. Fora da escola, acontece o mesmo: a comunicação entre grupos, nas redes sociais, que compartilham interesses, vivências, pesquisas, aprendizagens. Cada vez mais a educação se horizontaliza e se expressa em múltiplas interações grupais e personalizadas.

A comunicação por meio da colaboração se complementa com a comunicação um a um, com a personalização, pelo diálogo do professor com cada aluno e seu projeto, com a orientação e o acompanhamento do seu ritmo. Podemos oferecer sequências didáticas mais personalizadas, monitorá-las e avaliá-las em tempo real, com o apoio de plataformas adaptativas, o que não era possível na educação mais massiva ou convencional. Com isso, o professor conversa, orienta seus alunos de forma mais direta, no momento que precisam e da forma mais conveniente.

Sozinhos, vamos até certo ponto; juntos, também. Essa interconexão entre a aprendizagem pessoal e a colaborativa, em um movimento contínuo e ritmado, nos ajuda a avançar muito além do que faríamos sozinhos ou apenas em grupo. Os projetos pedagógicos inovadores conciliam, na organização curricular, espaços, tempos e projetos que equilibram a comunicação pessoal e a colaborativa, presencial e *on-line*.

O papel ativo do professor como *design* de caminhos, de atividades individuais e de grupo, é decisivo e o faz de forma diferente. O professor se torna cada vez mais um gestor e orientador de caminhos coletivos e individuais, previsíveis e imprevisíveis, em uma construção mais aberta, criativa e empreendedora.

O que a tecnologia traz hoje é integração de todos os espaços e tempos. O ensinar e o aprender acontecem em uma interligação simbiótica, profunda e constante entre os chamados mundo físico e digital. Não são dois mundos ou espaços, mas um espaço estendido, uma sala de aula ampliada, que se mescla, hibridiza constantemente. Por isso, a educação formal é cada vez mais *blended*, misturada, híbrida, porque não acontece só no espaço físico da sala de aula, mas nos múltiplos espaços do cotidiano, que incluem os digitais. O professor precisa seguir comunicando-se face a face com os alunos, mas também deve fazê-lo digitalmente, com as tecnologias móveis, equilibrando a interação com todos e com cada um.

O digital facilita e amplia os grupos e comunidades de práticas, de saberes, de coautores. O aluno pode ser também produtor de informação, coautor com seus colegas e professores, reelaborando materiais em grupo, contando histórias (*storytelling*), debatendo ideias em um fórum, divulgando seus resultados em um ambiente de webconferência, *blog* ou página da *web*.

Essa mescla entre sala de aula e ambientes virtuais é fundamental para abrir a escola para o mundo e também trazer o mundo para dentro da instituição. Outra mescla ou *blended* é aquela entre processos de comunicação mais planejados, organizados e formais e outros mais abertos, como os que acontecem nas redes sociais, em que há uma linguagem mais familiar, maior espontaneidade e fluência constante de imagens, ideias e vídeos.

> Há indicadores que nos permitem argumentar a favor do currículo por projetos como uma matriz de mudança em potencial para aqueles segmentos da educação que entendem ser necessário recuperar a totalidade do conhecimento e romper com o conservadorismo das práticas pedagógicas repetitivas e acríticas. (KELLER-FRANCO; MASSETTO, 2012, p. 12).

O ensino híbrido é um programa de educação formal no qual um aluno aprende, pelo menos em parte, por meio do ensino *on-line*, com algum elemento de controle do estudante sobre o tempo, lugar, modo e/ou ritmo do estudo, *e* pelo menos em parte em uma localidade física supervisionada, fora de sua residência. (CHRISTENSEN; HORN; STAKER, 2013).

Todas as escolas podem implementar o ensino híbrido, misturado – tanto aquelas que possuem uma infraestrutura tecnológica sofisticada como as mais carentes. Todos os professores, também.

EDUCAÇÃO HÍBRIDA EM MODELOS PEDAGÓGICOS DISCIPLINARES

Podemos ensinar por problemas e projetos em modelos disciplinares e sem disciplinas; com modelos mais abertos – de construção mais participativa e processual – e com aqueles mais roteirizados, preparados previamente, mas executados com flexibilidade e forte ênfase no acompanhamento do ritmo de cada aluno e do seu envolvimento também em atividades em grupo.

Um dos modelos mais interessantes para se fazer avanços dentro do modelo disciplinar é o de concentrar no ambiente virtual aquilo que é informação básica e deixar para a sala de aula as atividades mais criativas e supervisionadas. É o que se chama de aula invertida. Nela, o docente propõe o estudo de determinado tema, e o aluno procura as informações básicas na internet, assiste a vídeos e animações e lê os textos que estão disponíveis na *web* ou na biblioteca da escola. O passo seguinte é fazer uma avaliação, pedindo que a turma responda a três ou quatro questões sobre o assunto, para diagnosticar o que foi aprendido e os pontos que necessitam de ajuda. Em sala de aula, o professor orienta aqueles que ainda não adquiriram o básico para que possam avançar. Ao mesmo tempo, oferece problemas mais complexos a quem já domina o essencial, assim, os estudantes vão aplicando os conhecimentos e relacionando-os com a realidade. Um modelo um pouco mais complexo é partir direto de desafios, o que pode ocorrer em uma só disciplina ou juntando-se várias. Três ou quatro professores que trabalhem com a mesma turma podem propor um problema interessante, cuja resolução envolva diversas áreas do conhecimento. É importante que os projetos estejam ligados à vida dos alunos, às suas motivações profundas, bem como que o professor saiba gerenciar essas atividades, envolvendo os estudantes, negociando com eles as melhores formas de realizar a tarefa e valorizando cada etapa, principalmente a apresentação e a publicação em um lugar do ambiente virtual que seja visível para além do grupo e da classe.

A combinação de aprendizagem por desafios, problemas reais e jogos com a aula invertida é muito importante para que os alunos aprendam fazendo, juntos e no seu próprio ritmo. Os jogos e as aulas roteirizadas com a linguagem de jogos estão cada vez mais presentes no cotidiano escolar. Para gerações acostumadas a jogar, as atividades com desafios, recompensas, de competição e cooperação são atraentes e fáceis de perceber.

Muitas escolas e professores preferem, neste momento, manter os modelos de aulas prontas, com roteiros definidos previamente, sobretudo os chamados sistemas de ensino. Dependendo da qualidade desses materiais, das atividades de pesquisa, dos projetos planejados e da forma de implementá-los (adaptando-os à realidade local e com intensa participação dos alunos), podem ser úteis, se não forem executados mecanicamente.

Um bom professor pode enriquecer materiais prontos com metodologias ativas: pesquisa, aula invertida, integração na sala de aula e atividades ***on-line***, projetos integradores e jogos.

De qualquer forma, esses modelos precisam também evoluir para incorporar propostas mais centradas no aluno, na colaboração e na personalização.

Em escolas com menos recursos, podemos desenvolver projetos significativos e relevantes para os estudantes, ligados à comunidade, utilizando tecnologias simples – como o celular, por exemplo – e buscando o apoio de espaços mais conectados na cidade. Embora ter boa infraestrutura e recursos gere muitas possibilidades de integrar atividades presenciais e *on-line*, muitos professores conseguem realizá-las de forma estimulante com recursos tecnológicos mínimos.

As escolas mais conectadas podem integrar melhor a sala de aula, os espaços da escola e do bairro e os ambientes virtuais de aprendizagem. Podem disponibilizar as informações básicas de cada assunto, atividade ou projeto em um ambiente *on-line* (Moodle, Desire2Learn, Edmodo e outros), bem como fazer atividades com alguns *tablets*, celulares ou *ultrabooks* dentro e fora da sala de aula, desenvolvendo narrativas "expansivas", que se conectam com a vida no entorno, com outros grupos e com os interesses profundos dos estudantes.

O papel do professor é mais o de curador e de orientador. Curador, que escolhe o que é relevante em meio a tanta informação disponível e ajuda os alunos a encontrarem sentido no mosaico de materiais e atividades disponíveis. Curador, no sentido também de cuidador: ele cuida de cada um, dá apoio, acolhe, estimula, valoriza, orienta e inspira. Orienta a classe, os grupos e cada aluno.

O professor precisa ser competente dos pontos de vista intelectual, afetivo e gerencial (gestor de aprendizagens múltiplas e complexas). Isso exige profissionais mais bem preparados, remunerados, valorizados. Infelizmente, não é o que acontece na maioria das instituições educacionais.

CONSIDERAÇÕES FINAIS

Algumas dimensões estão ficando claras na educação formal:

1. O modelo híbrido, misturado, com foco em valores, competências amplas, projeto de vida, metodologias ativas, personalização e colaboração, com tecnologias digitais. O currículo é mais flexível, com tempos e espaços integrados, combinados, presenciais e virtuais, nos quais nos reunimos de várias formas, em grupos e momentos diferentes, de acordo com a necessidade, com muita flexibilidade, sem os horários rígidos e o planejamento engessado;
2. Metodologias ativas com tecnologias digitais: aprendemos melhor por meio de práticas, atividades, jogos, problemas, projetos relevantes do que da forma convencional, combinando colaboração (aprender juntos) e personalização (incentivar e gerenciar os percursos individuais).

Cada aluno desenvolve um percurso mais individual e participa em determinados momentos de atividades de grupo. Nos cursos *on-line*, uma parte da orientação será via sistema (plataformas adaptativas com roteiros semiestruturados, que respondem as questões mais previsíveis), e a principal será feita por professores e tutores especialistas, que orientarão os alunos nas questões mais difíceis e profundas.

Todos os processos de organização do currículo, das metodologias, dos tempos e dos espaços precisam ser revistos. Isso é complexo, necessário e um pouco assustador, porque não temos muitos modelos prévios bem-sucedidos dos quais aprender. Estamos sendo pressionados para mudar sem muito tempo para testar. Por isso, é importante que cada instituição escolar defina um plano estratégico para tais mudanças. A princípio, pode ser de forma mais pontual, apoiando professores, gestores e alunos – e também alguns pais – que estão mais motivados e têm experiências em integrar o presencial e o virtual. Podemos aprender com aqueles que estão mais avançados em compartilhar seus projetos, atividades e soluções. Depois, precisamos pensar mais estruturalmente em mudanças. Capacitar coordenadores, professores e alunos para trabalhar mais com metodologias ativas, com currículos mais flexíveis, com inversão de processos (primeiro atividades *on-line* e, depois, atividades em sala de aula). Podemos realizar mudanças incrementais aos poucos e, quando possível, mudanças mais profundas, disruptivas, que quebrem os modelos estabelecidos.

Se as mudanças da educação dependessem somente de currículos mais flexíveis, metodologias ativas e tecnologias híbridas, seria mais fácil conseguir realizá-las. Porém, essas alterações dependem de pessoas que foram educadas de forma incompleta, com competências desiguais, valores contraditórios e práticas incoerentes com a teoria. A dificuldade de uma parte dos gestores e educadores em saber conviver e trabalhar juntos dificulta muito que os avanços necessários no ensino híbrido sejam implementados rapidamente. Precisamos mudar a educação para poder mudar o mundo, começando por nós mesmos.

REFERÊNCIAS

BRITTO, S. *Psicologia da aprendizagem centrada no estudante*. 3. ed. Campinas: Papirus, 1989.

BRUNER, J. A *Cultura da educação*. Porto Alegre: Artmed, 2001.

CHRISTENSEN, C. M.; HORN, M. B.; STAKER, H. *Ensino híbrido*: uma inovação disruptiva? Uma introdução à teoria dos híbridos. [S. l: s. n], 2013. Disponível em: <http://porvir.org/wp-content/uploads/2014/08/PT_Is-K-12-blended-learning-disruptive-Final.pdf>. Acesso em: 5 mar. 2015.

CYRINO, E.; TORALLES-PEREIRA, M. L. Trabalhando com estratégias de ensino-aprendizado por descoberta na área da saúde: a problematização e a aprendizagem baseada em problemas. *Cadernos Saúde Pública*, v. 20, n. 3, p. 780-788, 2004.

GOODSON, I. Currículo, narrativa e o futuro social. *Revista Brasileira de Educação*, v. 12, n. 35, maio/ago. 2007. Disponível em: <http://www.scielo.br/pdf/rbedu/v12n35/a05v1235.pdf>. Acesso em: jan. 2015.

GOMES, P. *Entenda como funcionam as plataformas adaptativas*. 2013. Disponível em: <http://porvir.org/porcriar/entenda-como-funcionam-plataformas-adaptativas/20130328>. Acesso em: 11 mar. 2015.

KELLER-FRANCO, E.; MASSETO, M. T. Currículo por projetos no ensino superior: desdobramentos para a inovação e qualidade na docência. *Revista Triângulo*, v. 5, n. 2, p. 3-21, 2012.

ROGERS, C. *Um jeito de ser*. São Paulo: EPU, 1992.

SANTOS, B. F.; VIEIRA, V. Educação do futuro será personalizada e híbrida. *Estadão*, out. 2014. Disponível em: <http://educacao.estadao.com.br/noticias/geral,educacao-do-futuro-sera-personalizada-e-hibrida-imp-,1575897>. Acesso em: 11 mar. 2015.

SIEMENS, G. Connectivism: a learning theory for the digital age. *International Journal of Instructional Technology and Distance Learning*, v. 2, p. 3-10, 2005. Disponível em: <http://www.elearnspace.org/Articles/connectivism.htm>. Acesso em: fev. 2015.

UNISAL. *Eric Mazur recebe prêmio internacional pela criação de método aplicado no UNISAL*. 2014. Disponível em: <http://unisal.br/blog/blog/eric-mazur-recebe-premio-internacional-pela-criacao-de-metodo-aplicado-no-unisal/#sthash.EfOyiv7l.42anFmxd.dpuf>. Acesso em: 11 mar. 2015.

LEITURAS SUGERIDAS

ALMEIDA, M. E. B. Integração de currículo e tecnologias: a emergência de web currículo. In: ENCONTRO NACIONAL DE DIDÁTICA E PRÁTICA DE ENSINO, 15., 2010. *Anais*... Belo Horizonte: UFMG, 2010.

ANASTASIOU, L. Aprender e apreender e processos de ensinagem. In: ANASTASIOU, L. G. C.; ALVES, L. P. (Org.). *Processos de ensinagem na universidade*: pressupostos para as estratégias de trabalho em aula. 8. ed. Joinville: Univille, 2009.

BERBEL, N. A. N. (Org.). *Metodologia da problematização*: fundamentos e aplicações. Londrina: Editora da UEL/INEP, 1999.

BUENO, M. et al. Inovação didática – projeto de reflexão e aplicação de metodologias ativas de aprendizagem no ensino superior: uma experiência com "peer instruction". *Janus*, v. 9, n. 15, p. 8-14, 2012.

CROUCH, C. H. et al. Peer instruction: engaging students one-on-one, all at once. *Reviews in Physics Education Research*. 2007. Disponível em: <http://www.compadre.org/Repository/document/ServeFile.cfm?DocID=241&ID=4990>. Acesso em: 5 mar. 2015.

DEWEY, J. *Vida e educação*. São Paulo: Nacional, 1959.

FREIRE, P. *Pedagogia da autonomia*. 36. Ed. São Paulo: Paz e Terra, 2009.

HARASIM, L. et al. *Learning networks*: a field guide to teaching and learning on-line. Cambridge: MIT Press, 1995.

KALENA, F. *Universidade abole disciplinas em prol de projetos*. 2014. Disponível em: <http://porvir.org/porfazer/universidade-abole-disciplinas-em-prol-de-projetos/20140409>. Acesso em: 11 mar. 2015.

MASSETO, M. T. *Competência pedagógica do professor universitário*. 2. ed. São Paulo: Summus, 2012.

MORAN, J. M. *A educação que desejamos*: novos desafios e como chegar lá. 5. ed. Campinas: Papirus, 2014.

MORAN, J. M. *Mudando a educação com metodologias ativas e valores*. No prelo. Disponível em: <http://www2.eca.usp.br/moran/wpcontent/uploads/2014/11/mudando_moran.pdf. Acesso em: 5 mar. 2015.

NOVAK, J. D.; GOWIN, D. B. *Aprender a aprender*. 2. ed. Lisboa: Plátano Edições Técnicas, 1999.

PORVIR. *Educação sob medida*. [201-?]. Disponível em: <http://www.porvir.org/especiais/personalizacao/#indice>. Acesso em: 5 mar. 2015

SILICON SCHOOLS; CLAYTON CHRISTENSEN INSTITUTE. *O ato de ensinar em um ambiente de ensino híbrido*: repensando o papel do professor. Khanacademy, c2014. Disponível em: <https://pt.khanacademy.org/partner-content/ssf-cci/sscc-teaching-blended-learning>. Acesso em: 5 mar. 2015.

SILVA PINTO, A. S. et al. O Laboratório de metodologias inovadoras e sua pesquisa sobre o uso de metodologias ativas pelos cursos de licenciatura do UNISAL, Lorena: estendendo o conhecimento para além da sala de aula. *Revista Ciências da Educação*, v. 2, n. 29, p. 67-79, 2013. Disponível em: <http://www.revista. unisal.br/ojs/index.php/educacao/article/view/288/257>. Acesso em: 5 mar. 2015.

TOLEDO, L. H. L. A. S. S.; LAGE, F. C. *O Peer Instruction e as metodologias ativas de aprendizagem*: relatos de uma experiência no curso de direito. [2013]. Disponível em: <http://www.publicadireito.com.br/artigos/?cod=f57a221f4a392b92>. Acesso em: 5 mar. 2015.

VALENTE, J. A. A comunicação e a educação baseada no uso das tecnologias digitais de informação e comunicação. *Revista UNIFESO – Humanas e Sociais*, v. 1, n. 1, p. 141-166, 2014. Disponível em: <http://revistasunifeso.filoinfo.net/index.php/revistaunifesohumanasesociais/article/viewFile/17/24>. Acesso em: 5 mar. 2015.

2

ENSINO HÍBRIDO

Personalização e tecnologia na educação

LILIAN BACICH
ADOLFO TANZI NETO
FERNANDO DE MELLO TREVISANI

Estruturalmente, a escola atual não difere daquela do início do século passado. No entanto, os estudantes de hoje não aprendem da mesma forma que os do século anterior.

> **Crianças e jovens estão cada vez mais conectados às tecnologias digitais, configurando-se como uma geração que estabelece novas relações com o conhecimento e que, portanto, requer que transformações aconteçam na escola.**

Essas constatações não são novidade na educação, e muitos estudos têm se dedicado a discutir esses temas.

A integração das tecnologias digitais na educação precisa ser feita de modo criativo e crítico, buscando desenvolver a autonomia e a reflexão dos seus envolvidos, para que eles não sejam apenas receptores de informações. O projeto político-pedagógico da escola que queira abarcar essas questões precisa ponderar como fazer essa integração das tecnologias digitais para que os alunos possam aprender significativamente em um novo ambiente, que agora contempla o presencial e o digital.

O uso de tecnologias digitais no contexto escolar propicia diferentes possibilidades para trabalhos educacionais mais significativos para os seus participantes. Entretanto, não devemos esquecer do planejamento de propostas didáticas que busquem o "aprender a aprender", o "aprender a fazer", o "aprender a ser" e o "aprender a conviver", pilares de uma proposta de Delors e colaboradores (1996), ou seja, da década de 1990, mas que ainda precisamos caminhar e refletir com a educação brasileira para que esses pilares sejam contemplados no nosso contexto escolar.

Essa autonomia é construída gradativamente, e as tecnologias digitais que estão ao nosso redor nos dias atuais enfatizam uma mudança de mentalidade. Para Lankshear (2007), as práticas sociais contemporâneas formais e informais do nosso dia a dia têm uma natureza mais participativa, colaborativa e distribuída. Segundo o autor, essas práticas sociais devem ser entendidas como um novo *ethos* ou uma nova mentalidade dos nossos alunos, que deve se diferenciar dos "tradicionalismos" da década de 1970, nos quais o mundo era centrado, hierárquico e se baseava na reprodução do modelo insdustrial da época, a pessoa era entendida como uma unidade de produção, as especialidades e autoridades estavam localizadas nos indivíduos e nas instituições, e as relações sociais eram estáveis. Entretanto, no contexto virtual – no qual a geração dos nossos alunos se encontra –, o mundo funciona a partir de princípios e lógicas não materiais, é descentrado e plano, o foco está na participação contínua dos indivíduos, no coletivo como unidade de produção, as competências são distribuídas e coletivas, e as relações sociais se dão nas mídias digitais, cada vez mais emergentes e visíveis (LANKSHEAR; KNOBEL, 2007).

Com essa alteração de paradigma, já observada nas práticas sociais de jovens em nosso país, é possível perceber o quanto a sociedade mudou. Porém, na escola, podemos observar que o modo de ensinar no contexto brasileiro ainda se baseia no primeiro tipo de mentalidade exposto por Lankshear, no qual o professor é a unidade de produção e competência, bem como de especialidades e autoridades, que estão localizadas no seu conhecimento e na instituição escolar.

As tecnologiais digitais começam a fazer parte da rotina escolar, encorajando muitos educadores para a mudança de mentalidade. Lévy (2000) propõe uma reflexão sobre o papel de tais tecnologias e suas aplicações nessa mudança. O autor diz que as tecnologias digitais proporcionam acesso rápido a uma grande quantidade de informação, modificando as formas de pensar e de construir conhecimentos, e que, por isso, seu papel deve ser pensado em relação às modificações que causam nas formas de pensar, bem como nas alterações comportamentais de quem as utiliza ou está cercado por elas. Pela facilidade de acesso à informação, novas formas de aprendizagem surgem, com conhecimentos sendo construídos coletivamente e compartilhados com todos a partir de um clique no *mouse*. Dessa forma, sendo construído a muitas mãos é possível perceber que não há um conhecimento pronto e acabado, mas reorganizações conceituais que consideram diferentes cenários.

Antes de ser possível construir conhecimento de modo colaborativo com a utilização das tecnologias digitais, a informação era dada unidirecionalmente para quem a buscava. Por exemplo, as informações veiculadas por rádio ou televisão. A criação da internet, a *web* 1.0, modificou essas características, possibilitando uma comunicação bidirecional e a busca não linear pelas informações.

Depois, com a denominada *web* 2.0, tornou-se possível a colaboração entre as pessoas que buscavam informações em *sites*, os quais foram aprimorados em suas interfaces visando garantir uma experiência de obtenção dessas informações de forma bidirecional por interações síncronas e assíncronas. A *web* 3.0 (semântica) e a *web* 4.0 (imersiva) estão sendo construídas com as tecnologias de *cloud computing*, ou seja, aquelas que permitem que todo o seu armazenamento aconteça na nuvem, sem a necessidade de utilizar equipamentos caros para armazenamento de informações, o que amplia o acesso das pessoas aos ambientes digitais.

Refletindo sobre tais mudanças de mentalidade e a forma de transmitir conhecimento por meio das tecnologias digitais, cabe uma análise sobre as pessoas envolvidas nesse processo. Adultos, jovens e crianças estão recebendo, transmitindo e produzindo informações em uma rede que é atualizada diariamente. Qual a afinidade dessas gerações com as tecnologias digitais? Segundo Marc Prensky (2010), temos gerações diferentes envolvidas nesse processo: a dos nativos e a dos imigrantes digitais. Os primeiros são aqueles que já nasceram inseridos em uma cultura digital e cujas relações com essas tecnologias foram aprendidas intuitivamente e marcam sua forma de relacionamento com os conhecimentos. A maioria dos professores, imigrantes digitais que se inseriram no mundo da tecnologia, têm uma forma de ensinar que nem sempre está em sintonia com o modo como os nativos aprendem melhor, ou, pelo menos, que lhes desperta maior interesse. Aprender passo a passo, em coletivo e concomitantemente, tendo o professor como transmissor de conhecimentos, com sua explicação partindo da teoria para a prática, são algumas das formas pelas quais os imigrantes digitais aprenderam. Tais modelos podem não ser adequados para todos os estudantes que preferem aprender em paralelo, em seu próprio ritmo, solicitando ajuda individual quando necessário e, muitas vezes, tendo interesse em saber, por meio da prática, a teoria que está por trás dela. Aulas que privilegiam apenas exposições orais tendem a ser cada vez mais curtas, porque mantêm os estudantes atentos e concentrados por pouco tempo. Nesse sentido, as tecnologias digitais oferecem diferentes possibilidades de aprendizagem e, se bem utilizadas pela escola, constituem-se como oportunidade para que os alunos possam aprender mais e melhor.

As tecnologias digitais modificam o ambiente no qual estão inseridas, transformando e criando novas relações entre os envolvidos no processo de aprendizagem: professor, estudantes e conteúdos.

Coll, Mauri e Onrubia (2010) chamam essas três partes de *triângulo interativo*. Considerando um ambiente com tecnologias digitais em que um conhecimento esteja sendo construído, há três tipos de relações:

- *A relação professor-tecnologia*: com um objetivo de aprendizagem já fixado, o professor busca utilizar uma ferramenta tecnológica específica para potencializar a construção do conhecimento pelo aluno. Há preferência por ferramentas que tornem possível observar, explorar ou desenvolver algum aspecto, ações que não seriam viáveis sem seu uso, justificando, assim, a escolha do instrumento em questão. Como veremos no decorrer do livro, algumas ferramentas possibilitam ao professor coletar dados de cada um dos seus alunos para personalizar o ensino e a aprendizagem;
- *A relação aluno(s)-tecnologia*: pode ser a relação de um aluno em um trabalho individualizado ou diversos estudantes (grupo) com a tecnologia digital. É caracterizada por interações constantes com as ferramentas a partir da primeira interação, que pode ser originada do próprio instrumento (p. ex., um comando inicial para que o aluno comece uma atividade de programação) ou pelo aluno (p. ex., a construção de um gráfico em um *software* de matemática). Nessas interações, a princípio, tende a ocorrer o processo de ação-reflexão-ação, em que primeiro o estudante faz uma ação com o uso da ferramenta, reflete sobre as consequências e age novamente. Nesses casos, não costuma haver uma reflexão prévia bem construída sobre as consequências que serão geradas a partir da ação, pois as ferramentas possibilitam um trabalho a partir da intuição dos estudantes, sobretudo no primeiro contato com o instrumento, sendo necessário, portanto, mexer (tomar ações) para entender seu funcionamento na prática. Posteriormente, há uma tendência ao processo de reflexão-ação-reflexão, em que o estudante primeiro refletirá sobre a ação desejada, buscando prever suas consequências, para depois agir de fato.
- *A relação professor-aluno(s)-tecnologia*: é uma mescla das duas relações anteriores, com o professor tendendo a ser tornar um mediador na re-

lação do(s) estudante(s) com a ferramenta na busca de informação e construção de conhecimentos.

Estudantes da mesma idade não têm as mesmas necessidades, possuem relações diferentes com professores e/ou tecnologias digitais e nem sempre aprendem do mesmo jeito e ao mesmo tempo. Nem sempre é necessário que toda a turma caminhe no mesmo ritmo. Avançamos gradativamente para outro desafio da educação: a personalização do ensino.

Um projeto de personalização que realmente atenda aos estudantes requer que eles, junto com o professor, possam delinear seu processo de aprendizagem, selecionando recursos que mais se aproximam de sua melhor maneira de aprender. Aspectos como o ritmo, o tempo, o lugar e o modo como aprendem são relevantes quando se reflete sobre a personalização do ensino.

As modificações possibilitadas pelas tecnologias digitais requerem novas metodologias de ensino, as quais necessitam de novos suportes pedagógicos, transformando o papel do professor e dos estudantes e ressignificando o conceito de ensino e aprendizagem. Nesse sentido, o ensino *on-line* permite tal personalização, uma vez que pode ajudar a preencher lacunas no processo de aprendizagem.

O ENSINO HÍBRIDO COMO POSSIBILIDADE

A importância do uso das tecnologias digitais na escola, possibilitando a personalização do ensino, é um desafio para muitos educadores. O ensino híbrido, da maneira que vem sendo utilizado em escolas de educação básica nos Estados Unidos, na América Latina e na Europa, difere das definições de *blended learning* voltadas para o ensino superior e entendidas como aquele modelo em que o método tradicional, presencial, se mistura com o ensino a distância e, em alguns casos, determinadas disciplinas são ministradas na forma presencial, enquanto, outras, apenas *on-line*. Esse seria o uso original do termo, que evoluiu para abarcar um conjunto muito mais rico de estratégias ou dimensões de aprendizagem, entre elas, a forma proposta neste livro. A expressão *ensino híbrido* está enraizada em uma ideia de educação híbrida, em que não existe uma forma única de aprender e na qual a aprendizagem é um processo contínuo, que ocorre de diferentes formas, em diferentes espaços.

É possível, portanto, encontrar diferentes definições para ensino híbrido na literatura. Todas elas apresentam, de forma geral, a convergência de dois modelos de aprendizagem: o modelo presencial, em que o processo ocorre em sala de aula, como vem sendo realizado há tempos, e o modelo *on-line*, que utiliza as tecnologias digitais para promover o ensino. Podemos considerar que esses dois ambientes de aprendizagem, a sala de aula tradicional e o espaço virtual, tornam-se gradativamente complementares. Isso ocorre porque, além do uso de variadas tecnologias digitais, o indivíduo interage com o grupo, intensificando a troca de experiências que ocorre em um ambiente físico, a escola. O papel desempenhado pelo professor e pelos alunos sofre alterações em relação à proposta de ensino considerado tradicional, e as configurações das aulas favorecem momentos de interação, colaboração e envolvimento com as tecnologias digitais. O ensino híbrido configura-se como uma combinação metodológica que impacta na ação no professor em situações de ensino e na ação dos estudantes em situações de aprendizagem.

De acordo com o modelo proposto pelo Clayton Christensen Institute, o ensino híbrido é um programa de educação formal no qual um aluno aprende por meio do ensino *on-line*, com algum elemento de controle do estudante sobre o tempo, o lugar, o modo e/ou o ritmo do estudo, e por meio do ensino presencial, na escola.

Para saber mais, acesse o vídeo:

http://apoio.grupoa.com.br/ensinohibrido/

As modalidades ao longo do caminho de aprendizado de cada estudante em um curso ou disciplina são conectadas para oferecer uma experiência de educação integrada. Os autores apresentam as propostas híbridas como concepções possíveis para o uso integrado das tecnologias digitais na cultura escolar contemporânea, enfatizando que não é necessário abandonar o que se conhece até o momento para promover a inserção de novas tecnologias em sala de aula; pode-se aproveitar "o melhor dos dois mundos".

A organização dos modelos de ensino híbrido, feita pela equipe de pesquisadores do Clayton Christensen Institute, aborda formas de encaminhamento das aulas em que as tecnologias digitais podem ser inseridas de forma integrada ao currículo e, portanto, não são consideradas como um fim em si mesmas, mas que têm um papel essencial no processo, principalmente em relação à personalização do ensino. Segundo Bray e McClaskey (2013), em um ambiente de aprendizado individualizado, as necessidades do aluno são identificadas por meio de avaliações, e a instrução é adaptada. Nesse ambiente diferenciado, os alunos são identificados com base em seus conhecimentos ou habilidades específicas em uma área, e o professor organiza a classe em grupos por afinidades para atendê-la melhor. Em um ambiente de aprendizagem personalizado, o aprendizado começa com o aluno. O aprendiz informa como aprende melhor para que organize seus objetivos de forma ativa, junto com o professor. Em um ambiente de aprendizado individualizado, a aprendizagem é passiva. Os professores fornecem instruções individualmente. O aluno não tem voz em seu projeto de aprendizagem. Em uma sala de aula diferenciada, os estudantes podem ser participantes ativos em sua aprendizagem. Os professores modificam a forma de ensinar por meio de estações ou aula invertida, apresentando o mesmo conteúdo para diferentes tipos de alunos, mas que ainda recebem informações de forma passiva. Quando os estudantes personalizam a sua aprendizagem, eles participam ativamente, dirigindo seu processo e escolhendo uma forma de aprender melhor.

As propostas de ensino híbrido organizam-se de acordo com o esquema apresentado na Figura 2.1 e serão discutidos a seguir.

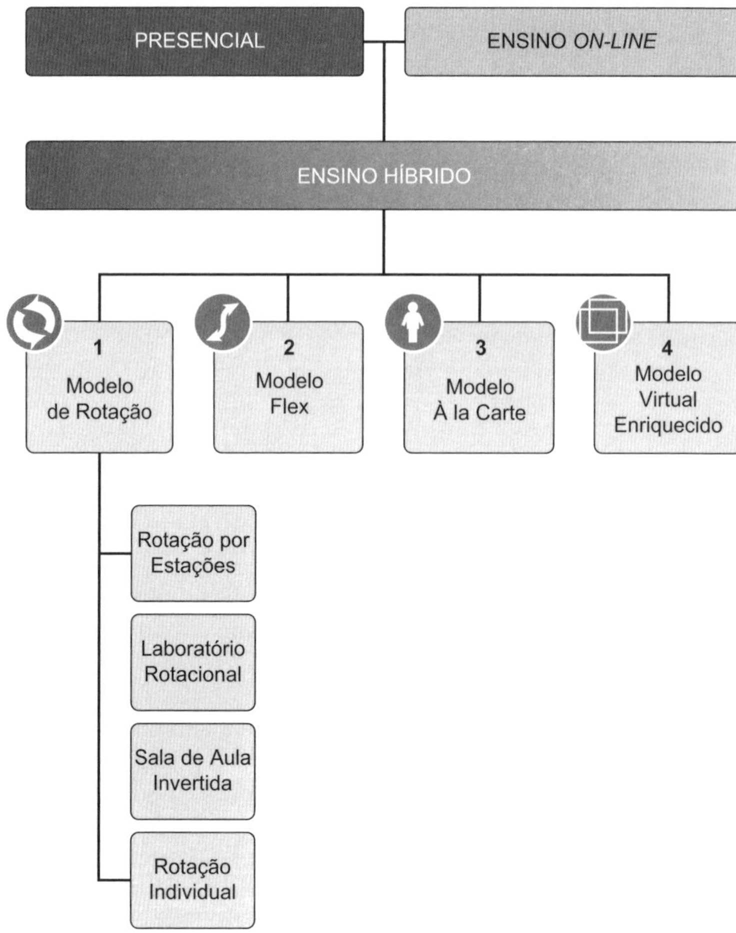

FIGURA 2.1
Propostas de ensino híbrido.
Fonte: HORN, M.B.; STAKER, H. *Blended*: using disruptive innovation to improve schools. Wiley. © 2015 by Michael B. Horn, Heather Staker. All rights reserved.

MODELOS

1 **Modelo de rotação**: os estudantes revezam as atividades realizadas de acordo com um horário fixo ou orientação do professor. As tarefas podem envolver discussões em grupo, com ou sem a presença do professor, atividades escritas, leituras e, necessariamente, uma atividade *on-line*. Nesse modelo, há as seguintes propostas:

- *Rotação por estações*: os estudantes são organizados em grupos, cada um dos quais realiza uma tarefa, de acordo com os objetivos do professor para a aula em questão. Podem ser realizadas atividades escritas, leituras, entre outras. Um dos grupos estará envolvido com propostas *on-line* que, de certa forma, independem do acompanhamento direto do professor. É importante valorizar momentos em que os estudantes possam trabalhar de forma colaborativa e aqueles em que possam fazê-lo individualmente.
  Em um dos grupos, o professor pode estar presente de forma mais próxima, garantindo o acompanhamento de estudantes que precisam de mais atenção. A variedade de recursos utilizados, como vídeos, leituras, trabalho individual e colaborativo, entre outros, também favorece a personalização do ensino, pois, como sabemos, nem todos os estudantes aprendem da mesma forma. Após um determinado tempo, previamente combinado com os estudantes, eles trocam de grupo, e esse revezamento continua até todos terem passado por todos os grupos. O planejamento desse tipo de atividade não é sequencial, e as tarefas realizadas nos grupos são, de certa forma, independentes, mas funcionam de forma integrada para que, ao final da aula, todos tenham tido a oportunidade de ter acesso aos mesmos conteúdos. Ao início e ao término do trabalho, como ocorre na experiência desenvolvida na Innova Schools,[1] no Peru, o professor pode atuar como um mediador, levantando os conhecimentos prévios, estimulando o trabalho colaborativo e sistematizando, ao final, os aprendizados da aula. Nessa rede de escolas, por exemplo, o ensino híbrido é organizado no momento *group learning*, que é conduzido pelo professor e incentiva o trabalho colaborativo entre os alunos, e no momento *solo learning*, que estimula o uso do ensino *on-line*. De maneira geral, a rotação por estações é um dos modelos mais utilizados por professores[2] que optam por modificar o espaço e a condução de suas aulas.
- *Laboratório rotacional*: os estudantes usam o espaço da sala de aula e laboratórios. O modelo de laboratório rotacional começa com a sala de aula tradicional, em seguida adiciona uma rotação para computador ou laboratório de ensino. Os laboratórios rotacionais frequentemente aumentam a eficiência operacional e facilitam o aprendizado personalizado, mas não substituem o foco nas lições tradicionais em sala de aula. O modelo não rompe com as propostas que ocorrem

---

[1] Para mais informações, acesse: <http://www.innovaschools.edu.pe>.

[2] Depoimento da professora Alison Elizondo, da escola pública Burnett Elementary, na Califórnia, Estados Unidos, que pode ser encontrado em Katena (2014).

de forma presencial em classe, mas usa o ensino *on-line* como uma inovação sustentada para ajudar a metodologia tradicional a atender melhor às necessidades de seus alunos. Nesse modelo, portanto, os estudantes que forem direcionados ao laboratório trabalharão nos computadores, de forma individual e autônoma, para cumprir os objetivos fixados pelo professor, que estará, com outra parte da turma, realizando sua aula da maneira que achar mais adequada. A proposta é semelhante ao modelo de rotação por estações, em que os alunos fazem essa rotação em sala de aula, porém, no laboratório rotacional, eles devem se dirigir aos laboratórios, onde trabalharão individualmente nos computadores, acompanhados por um professor tutor.

- *Sala de aula invertida*: nesse modelo, a teoria é estudada em casa, no formato *on-line*, e o espaço da sala de aula é utilizado para discussões, resolução de atividades, entre outras propostas. O que era feito em classe (explicação do conteúdo) agora é feito em casa, e o que era feito em casa (aplicação, atividades sobre o conteúdo) agora é feito em sala de aula. Esse modelo é valorizado como a porta de entrada para o ensino híbrido, e há um estímulo para que o professor não acredite que essa seja a única forma de aplicação de um modelo híbrido de ensino, a qual pode ser aprimorada. Podemos considerar algumas maneiras de aperfeiçoar esse modelo, envolvendo a descoberta e a experimentação como proposta inicial para os estudantes, ou seja, oferecer possibilidades de interação com o fenômeno antes do estudo da teoria (que pode acontecer em vídeos, leituras, etc.). Diversos estudos têm mostrado que os estudantes constroem sua visão sobre o mundo ativando seus conhecimentos prévios e integrando as novas informações com as estruturas cognitivas já existentes para que possam, então, pensar criticamente sobre os conteúdos ensinados. Essas pesquisas indicam que os alunos desenvolvem habilidades de pensamento crítico e compreendem melhor conceitualmente uma ideia quando exploram um domínio primeiro e, então, têm contato com uma forma clássica de instrução, como palestras, vídeos ou leitura de textos. Estudiosos dessa área afirmam que o modelo que tem início pela exploração é muito mais eficiente, uma vez que não é possível buscar respostas antes de pensar nas perguntas (SCHNEIDER; BLIKSTEIN; PEA, 2013).
- *Rotação individual*: cada aluno tem uma lista das propostas que deve contemplar em sua rotina para cumprir os temas a serem estudados. Aspectos como avaliar para personalizar devem estar muito presentes nessa proposta, uma vez que a elaboração de um plano de rotação

individual só faz sentido se tiver como foco o caminho a ser percorrido pelo estudante de acordo com suas dificuldades ou facilidades.

A principal diferença entre personalização, diferenciação e individualização é que a *personalização* é centrada no aprendiz, enquanto as demais são centradas no professor.

Uma das experiências relatadas nas pesquisas do Clayton Christensen Institute se refere à "School of One",[3] um curso de verão para o ensino de matemática. Nessa proposta, ao final do dia, os alunos realizavam atividades para verificar o que haviam aprendido. Com essas informações em mãos, era criada uma "*playlist*" de aprendizagem para o dia seguinte, com um grupo de atividades ou conceitos nos quais cada estudante deveria trabalhar de acordo com suas necessidades. Observou-se que, ao final do período de atividades de verão, os estudantes que faziam parte desse grupo-piloto desenvolveram competências e habilidades matemáticas sete vezes mais rápido em comparação aos participantes dos demais grupos. Essa proposta se aproxima de um dos modelos de rotação, a rotação individual. Nele, os estudantes rotam por modalidades de aprendizagem de acordo com uma agenda personalizada. A diferença da rotação individual para outros modelos de rotação é que os estudantes não passam necessariamente por todas as modalidades ou estações propostas. Sua agenda diária é individual, customizada de acordo com as suas necessidades. O tempo de rotação, em alguns exemplos relatados, é livre, variando de acordo com as necessidades dos estudantes. Em outros exemplos, pode não ocorrer rotação, ou, ainda, pode ser necessário determinar um tempo para o uso dos computadores disponíveis. De acordo com os estudos sobre o modelo de ensino híbrido, observa-se que não há uma proposta de rotação individual que ocorra durante todo o período de aula, ou como o único tipo de estratégia a ser utilizado. Pelo que se nota, essa proposta é uma das estratégias de personalização do ensino, mas que não impede a realização das demais. As Summit Schools,[4] por exemplo, estimulam uma cultura de altas expectativas, que coloca os estudantes como

---

[3] Para mais informações, acesse: <http://izonenyc.org/?project=school-of-one>.

[4] Mais informações em: <http://www.summitps.org>.

protagonistas, no controle de seu aprendizado a maior parte do tempo. O ideal, segundo essas instituições, seria que os estudantes pudessem aprender em seu próprio ritmo e que tivessem projetos para sustentar seu aprendizado. Não deveriam depender de memorização, mas aplicar o que aprenderam em situações reais. Nessas escolas, ao chegar, os estudantes pegam seus computadores, acessam seu plano personalizado de estudo e começam a trabalhar em seus objetivos. Ao término desses trabalhos, seguem para as demais propostas do dia. Seguindo esse plano personalizado e atingindo seus objetivos, eles indicam, anotando em um quadro, quando estão prontos para serem avaliados. O controle individual de seu aprendizado é a chave do envolvimento dos estudantes.

2 **Modelo flex**: os alunos também têm uma lista a ser cumprida, com ênfase no ensino *on-line*. O ritmo de cada estudante é personalizado, e o professor fica à disposição para esclarecer dúvidas. Esse modelo, apesar de ser considerado uma possibilidade metodológica, é tido como *disruptivo* e propõe uma organização de escola que não é comum no Brasil. O Projeto Âncora[5] é um dos exemplos para esse tipo de abordagem, que assemelha-se à rotação individual, pois requer um plano personalizado a ser seguido pelo estudante, porém, a organização dos alunos não é por séries ou anos. Estudantes do 6º ano podem realizar um projeto junto com aqueles do 7º ou do 8º ano, por exemplo.

3 **Modelo *à la carte***: o estudante é responsável pela organização de seus estudos, de acordo com os objetivos gerais a serem atingidos, organizados em parceria com o educador; a aprendizagem, que pode ocorrer no momento e local mais adequados, é personalizada. Nessa abordagem, pelo menos um curso é feito inteiramente *on-line*, apesar do suporte e da organização compartilhada com o professor. A parte *on-line* pode ocorrer na escola, em casa ou em outros locais.

4 **Modelo virtual enriquecido**: trata-se de uma experiência realizada por toda a escola, em que em cada disciplina (como a de matemática, por exemplo), os alunos dividem seu tempo entre a aprendizagem *on-line* e a presencial. Os estudantes podem se apresentar, presencialmente, na escola, apenas uma vez por semana. Assim como o modelo *à la carte*, o modelo virtual enriquecido também é considerado disruptivo porque propõe uma organzação da escola básica que não é comum no Brasil.

---

[5] Acesse o projeto em: <http://www.projetoancora.org.br/index.php?lang=port>.

Para saber mais, acesse o vídeo:

http://apoio.grupoa.com.br/ensinohibrido/

É importante ressaltar que não há uma ordem estabelecida para aplicação e desenvolvimento desses modelos em sala de aula, tampouco uma hierarquia entre eles. Alguns professores utilizam essas metodologias de forma integrada, propondo uma atividade de sala de aula invertida para a realização, na aula seguinte, de um modelo de rotação por estações.

Outro aspecto importante é que grande parte das propostas apresentadas não é novidade na educação. Decroly, com os centros de interesse, e Freinet, com os complexos de interesse, já propunham uma organização da sala de aula em espaços que atuavam de forma diferenciada, de acordo com as necessidades dos estudantes, aproximando-se do que é proposto na rotação por estações e no laboratório rotacional. Segundo Imbernón (2010), muitas das técnicas propostas por Freinet mantêm essa capacidade de adaptação à "escola do futuro" e baseiam-se no respeito ao ritmo de cada criança, bem como estimulam a livre expressão e a comunicação. O plano de trabalho é outra técnica apresentada por Freinet e que se aproxima da rotação individual. Nessa proposta, cada aluno trabalha "[...] de acordo com seu ritmo, desenvolvendo as tarefas escolares segundo a ordem que mais lhe convenha" (IMBERNÓN, 2010, p.38). O progresso pessoal de cada um é acompanhado pelo professor, que, diariamente, verifica os resultados desse trabalho e propõe novas atividades.

Os modelos flex e de rotação valorizam as atividades colaborativas, que ocorrem tanto nos grupos quanto no ensino *on-line*. Aprender com os pares também não é novidade na educação. Nos modelos considerados construtivistas, ou socioconstrutivistas, entre outras nomenclaturas, verifica-se a importância de aprender com o outro.

A mediação é um elemento essencial para a aprendizagem. Pode-se observar o conceito de mediação em ação quando nos reportamos à definição de Vigotski (2000) para a zona de desenvolvimento próximo ou proximal: a distância entre aquilo que a criança é capaz de fazer sozinha e aquilo que ela faz com ajuda e, em breve, será capaz de realizar de modo autônomo. Aquilo que o sujeito realiza de forma independente constitui seu nível de desenvolvimento real, de onde deve partir a ação educativa. Assim, a partir do momento que o educador identifica aquilo que o estudante é capaz de fazer sozinho, a ação educativa pode ter início, pois o ensino deve ser prospectivo, promovendo avanços e indo além daquilo que já está construído. Na interação com os adultos e pares mais experientes, a criança é capaz de realizar, com ajuda, a partir de seu nível de desenvolvimento real, atividades que não realizaria de forma autônoma; os adultos e os pares atuam, portanto, na zona de desenvolvimento próximo e favorecem o avanço conceitual.

Revisitando teorias pedagógicas, inserindo as tecnologias digitais na construção de um encaminhamento metodológico que tenha como objetivo valorizar a integração do ensino *on-line* ao currículo escolar e, ao mesmo tempo, valorizando as relações interpessoais e a construção coletiva do conhecimento, os modelos de ensino híbrido, de certa forma, organizam uma metodologia que engloba diferentes vertentes e que tem como objetivo principal encontrar maneiras de fazer o aluno aprender mais e melhor.

GRUPO DE EXPERIMENTAÇÕES: UM BREVE ESTUDO DE CASO

Será possível pensar em um processo de implementação de um modelo de ensino híbrido, como o proposto pelo Clayton Christensen Institute, em nossa realidade? Após visitar escolas e professores norte-americanos que utilizavam essa metodologia, as equipes envolvidas na gestão do Grupo de Experimentações em Ensino Híbrido, projeto desenvolvido em parceria pelo Instituto Península[6] e pela Fundação Lemann,[7] com o apoio do Clayton Chris-

---

[6] O Instituto Península nasceu em 2010 com o objetivo de canalizar em uma única frente o investimento social dos membros da família Abílio Diniz. Dessa forma, recursos e esforços são potencializados em prol das causas que interessam e mobilizam a todos: educação e esporte.

[7] A Fundação Lemann é uma organização sem fins lucrativos, criada em 2002 pelo empresário Jorge Paulo Lemann. Contribuir para melhorar a qualidade do aprendizado dos alunos brasileiros e formar uma rede de líderes transformadores são os grandes objetivos da instituição. Para cumprir essa missão, a fundação aposta em uma estratégia que envolve quatro áreas complementares de atuação: inovação, gestão, políticas educacionais e talentos.

tensen Institute,[8] organizaram um encontro com um grupo de professores, coordenadores, secretários de educação e empresários. Iniciou-se, então, um desenho do que seria o Grupo de Experimentações.

Os resultados, baseados em *design thinking*,[9] apontaram para a criação de um grupo de professores que experimentasse a proposta metodológica denominada ensino híbrido. Essa experimentação envolveria a troca com outros professores e com a equipe de gestão. O grupo de 35 professores, escolhidos na primeira etapa do processo de seleção, foi constituído após uma avaliação de 1.700 planos de aula com relato de uso de tecnologias digitais. Tratava-se, portanto, de uma amostra que já contava com alguma experiência no uso dessas tecnologias na escola. O grupo teve a oportunidade, então, de participar de um *workshop* com Michael Horn[10] e produzir novos planos de aula. Ao término desse dia de trabalho, 16 professores foram aprovados na última etapa de seleção e deram início ao Grupo de Experimentações em Ensino Híbrido.

Novos questionamentos surgiram: É possível pensar em um passo a passo e em etapas lineares a serem alcançadas em um procedimento de implementação? Como imigrantes digitais, tendemos a pensar em etapas que norteiem uma abordagem de ensino e que possam, ao final dessa sequência, ter como resultado um projeto claro, definido e implementado. Porém, com uma leitura de nativos digitais, é possível refletir que a aprendizagem não precisa acontecer necessariamente de forma linear, mas em paralelo, de acordo com as necessidades e aspirações de quem aprende. Aspectos como o papel do professor, a valorização e construção da autonomia do aluno, a organização do espaço escolar para facilitar ações de personalização e para o uso integrado das tecnologias digitais, a reflexão sobre qual a melhor forma de avaliação e o envolvimento da gestão para propiciar uma mudança gradativa na cultura escolar foram alguns dos temas envolvidos nessa implementação. Mas como organizar esses temas? Pensamos em uma implementação em que peças de uma engrenagem se articulam com o objetivo de le-

---

[8] O Clayton Christensen Institute é um *think tank* apartidário sem fins lucrativos, dedicado a melhorar o mundo por meio de inovação disruptiva. Embasado nas teorias do professor Clayton M. Christensen, da Harvard Business School, o instituto desenvolve ferramentas exclusivas para a compreensão de muitos dos problemas mais prementes da sociedade, como educação e saúde.

[9] Para mais informações, consulte: <http://www.dtparaeducadores.org.br/site>.

[10] Michael Horn escreveu com Clayton M. Christensen, seu professor em Harvard, o livro *Inovação na sala de aula: como a inovação disruptiva muda a forma de aprender*, no qual aborda o nascimento de uma nova forma de fazer educação. Horn tornou-se cofundador do Innosight Institute, que, em 2013, passou a se chamar Clayton Christensen Institute (GOMES, 2014).

var o grupo a refletir sobre a melhor forma de atuar em sala de aula na realidade brasileira atual.

Um dos professores de nosso grupo afirmou: "Não há uma realidade brasileira, mas várias realidades". Concordamos com ele nesse sentido, pois sabemos que há, em nosso país, escolas nas quais as tecnologias digitais estão presentes em maior intensidade, com uma certa obrigatoriedade de uso por parte dos docentes; outras em que estão presentes e seu uso é facultativo; aquelas que não contam com tecnologias digitais, mas que dispõem de entusiastas em seu uso; e, ainda, existem escolas em que não há nem sinal da presença ou do uso de tais tecnologias. Nessas muitas realidades, é possível pensar em uma prática híbrida desde que ela tenha uma forma sustentada de atuação, isto é, não como uma forma puramente disruptiva. O que significa ter uma forma **sustentada** de atuação? Significa incentivar o uso das tecnologias digitais em diferentes modelos, não apenas substituindo recursos já existentes, mas mantendo aquilo que sustenta o ensino da escola em questão. Trata-se de organizar a escola de forma a aproveitar o "melhor dos dois mundos", o presencial e o *on-line*. Não adianta querer mudar, da noite para o dia, toda uma cultura escolar, como proposto em uma abordagem disruptiva.

O papel do professor é essencial na organização e no direcionamento do processo. O objetivo é que, gradativamente, o profissional planeje atividades que possam atender às necessidades da turma.

É importante que o processo de ensino e aprendizagem ocorra de forma colaborativa, com foco no compartilhamento de experiências e na construção do conhecimento por meio das interações com o grupo.

Essas interações, em alguns momentos, são feitas por meio de tecnologias digitais e, em outros, acontecem nas discussões de questões levantadas em sala de aula.

Segundo a proposta do Clayton Christensen Institute, o envolvimento das equipes da escola é fundamental para a implantação de um modelo sustentado e, se julgarem conveniente, de um modelo disruptivo. Algumas ações estão nas mãos do professor, que inicia a mudança em sua sala de aula. De modo gradual, ele desperta o interesse de outros professores da escola, que podem se envolver com a proposta. Porém, de acordo com pesquisas feitas pelo grupo, essas mudanças não impactam, necessariamente, em toda a escola. São alterações individuais. Quando há necessidade de mudanças que envolvam a organização da escola, como no modelo de laboratório rotacional – que sugere que os estudantes de uma mesma turma sejam distribuídos em espaços físicos diferentes ou, ainda, que duas turmas sejam mescladas e distribuídas em espaços diferentes –, é fundamental o envolvimento da equipe de gestão da instituição, que aprovaria essas modificações e avaliaria seu impacto no ensino e na escola.

Assim, nosso objetivo foi levar os professores a experimentar novas formas de atuação e verificar até que ponto essas novas maneiras poderiam impactar nos resultados esperados em relação ao desempenho de sua turma. Para isso, foram elaborados desafios, propostos periodicamente, em que cada professor do grupo refletia sobre os temas envolvidos nesse processo de implementação, planejava aulas a partir dessas reflexões, aplicava e registrava os resultados e discutia, durante todo o processo, com os tutores e com os demais professores do grupo, por meio de uma plataforma de interação (Edmodo).[11] O resultado da reflexão do grupo de professores, embasado por uma revisão da literatura, foi sistematizado em cada um dos capítulos que compõem este livro.

Os temas organizados em forma de engrenagem são apresentados na Figura 2.2, criada para uma publicação especial sobre personalização do ensino elaborada pelo Porvir,[12] em que compartilhamos cada um dos desafios

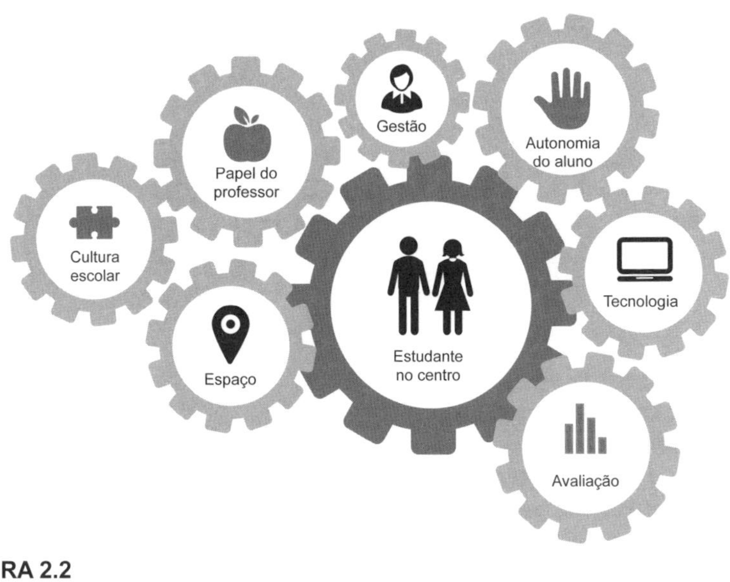

FIGURA 2.2
Temas do Grupo de Experimentações em Ensino Híbrido.

[11] Para mais informações, acesse: <www.edmodo.com>.

[12] Acesse: <http://www.porvir.org/especiais/personalizacao>. Ao clicar em "Sua vez", é possível conhecer todos os desafios propostos ao grupo de professores que fez parte do projeto, além de vídeos e depoimentos.

elaborados para os professores do grupo. Todos esses desafios, complementados pelas reflexões dos participantes, foram organizados em um curso *on-line* (MOOC)[13] disponível para professores da educação básica.

Nos próximos capítulos, cada um desses aspectos será discutido pelos professores de nosso grupo e complementado por depoimentos que refletem o resultado do Grupo de Experimentações em Ensino Híbrido.

REFERÊNCIAS

BRAY, B.; MCCLASKEY, K. *Personalization vs differentiation vs individualization report*. 2013. Disponível em: <http://www.personalizelearning.com/2012/04/explaining-chart.html>. Acesso em: 12 mar. 2015.

COLL, C.; MAURI, T.; ONRUBIA, J. A incorporação das tecnologias de informação e comunicação na educação: do projeto técnico-pedagógico às práticas de uso. In: COLL, C.; MONEREO, C. (Org.). *Psicologia da educação virtual*: aprender e ensinar com as tecnologias da informação e comunicação. Porto Alegre: Artmed, 2010. p. 66-96.

DELORS, J. et al. *Learning*: the treasure within. Paris: UNESCO, 1996. Disponível em:<http://unesdoc.unesco.org/images/0010/001095/109590eo.pdf>. Acesso em 13 mar. 2015.

GOMES, P. *Ensino híbrido é o único jeito de transformar a educação*. 2014. Disponível em: <http://porvir.org/porpensar/ensino-hibrido-e-unico-jeito-de-transformar-educacao/20140220>. Acesso em: 12 mar. 2015.

HORN, M.B., STAKER, H. *Blended*: usando a inovação disruptiva para aprimorar a educação. Porto Alegre: Penso, 2015.

IMBERNÓN, F. *Pedagogia Freinet*: a atualidade das invariantes pedagógicas. Porto Alegre: Penso, 2010.

KALENA, F. *Quando uma professora inspirada usa o ensino híbrido*. 2014. Disponível em: <http://porvir.org/porpessoas/a-chave-para-ensino-hibrido-e-equilibrio/20140424>. Acesso em: 12 mar. 2015.

LANKSHEAR, C. The stuff of new literacies. In: MARY LOU FULTON SYMPOSIUM. Arizona State University, abril 2007. Disponível em: <http://everydayliteracies.net/files/stuff.pdf>. Acesso em: 11 mar. 2015.

LÉVY, P. *Cibercultura*. São Paulo: Editora 34, 2000.

PRENSKY, M. O papel da tecnologia no ensino e na sala de aula. *Conjectura,* v. 15, n. 2, p. 201-204, maio/ago. 2010.

---

[13] Curso On-line Aberto e Massivo, do inglês Massive Open Online Course (MOOC).

SCHNEIDER, B.; BLIKSTEIN, P.; PEA, R. The flipped, flipped classroom. *The Stanford Daily*, aug. 2013. Disponível em: <http://www.stanforddaily.com/2013/08/05/the--flipped-flipped-classroom/>. Acesso em: 11 mar. 2015.

VALENTE, J. A. Análise do diferentes tipos de software na educação. In:___. (Org.). *O computador na sociedade do conhecimento*. Campinas: UNICAMP/NIED, 1999.

VIGOTSKI, L. S. *A construção do pensamento e da linguagem*. São Paulo: Martins Fontes, 2000.

LEITURAS SUGERIDAS

CHRISTENSEN, C. M.; HORN, M. B.; JOHNSON, C. W. *Inovação na sala de aula*: como a inovação disruptiva muda a forma de aprender. Porto Alegre: Bookman, 2012.

CHRISTENSEN, C. M.; HORN, M. B.; STAKER, H. *Is K-12 Blended Learning disruptive?* An introduction to the theory of hybrids. [S. l.]: Clayton Christensen Institute, 2013. Disponível em: <http://www.christenseninstitute.org/wp-content/uploads/2014/06/Is-K-12-blended-learning-disruptive.pdf>. Acesso em: 5 mar. 2015.

DELORS, J. *The four pillars of education*. Paris: UNESCO, 1998. Disponível em: <http://www.unesco.org/delors/>. Acesso em 20 jan. 2015.

LANKSHEAR, C.; KNOBEL, M. Sampling "the new" in new literacies. In: ___. (Org.) *A new literacies sampler:* new literacies and digital epistemologies. New York: Peter Lang, 2007. p. 1-24. v. 29.

3 OTIMIZAÇÃO DO ESPAÇO ESCOLAR POR MEIO DO MODELO DE ENSINO HÍBRIDO

FERNANDA SCHNEIDER

O ALUNO NO CENTRO DO ENSINO

É trivial discutirmos a necessidade de readequação de nosso sistema de ensino no Brasil. A partir da elaboração dos Planos Curriculares Nacionais (PCNs), em 1998, e, posteriormente, com os Parâmetros Curriculares Nacionais do Ensino Médio (2000), os professores tiveram a oportunidade de refletir sobre a necessidade de um ensino que valorize o pensamento crítico, desenvolvido a partir da interação entre os alunos, permitindo-lhes o contato com diferentes formas de pensar e ampliando sua autopercepção como cidadãos no contexto em que estão inseridos. A partir de então, podemos dizer que algumas modificações ocorreram em sala de aula; entretanto, parece-nos que essas mudanças estão mais atreladas ao conteúdo em si, não abordando, assim, a forma de ensinar. Isso não significa que esse fato não tenha sido importante: pensamos que a elaboração dos PCNs é um marco, mas é preciso ir além. Nesse sentido, este capítulo apresenta algumas considerações voltadas de modo mais específico para o aluno. Para isso, partimos da constatação de que as modificações no sistema educacional, como as proporcionadas pelos PCNs (1998a, 1998b), ainda não foram suficientes para que de fato tivéssemos um impacto altamente positivo na aprendizagem. Isso pode ser observado nas muitas pesquisas que têm sido realizadas e que envolvem ensino e aprendizagem: muitas delas têm apontado o fato de que os resultados, em muitas instituições de ensino, não satisfazem as expectativas em relação ao desempenho dos alunos. Entre esses trabalhos, podemos citar os estudos de Martinelli e Genari (2009), Silva e Brandão (2011), Souza e Zibetti (2011) e Bragagnolo e Souza (2011), que abordam o fracasso escolar a partir de causas como falta de motivação e de análise subjetiva do aluno, fatores biológicos, emocionais, familiares e culturais (PINHEIRO; WEBER, 2012). Além das pesquisas, podemos observar todos os anos os resultados das provas sistemáticas realizadas nas diferentes esferas educacionais. Para entender de fato o problema, certamente, pesquisas são necessárias, pois colaboram para o entendimento das necessidades e lançam luz a novos caminhos. No entanto, é preciso um olhar mais de perto, associando estudos e pesquisas ao mesmo tempo em que se questiona, discute e abre espaço a quem está em sala de aula no dia a dia: professores e alunos. Qual é a realidade das escolas no Brasil? O que o docente pode fazer? Como se sente o aluno? Como se sente o professor? É possível transformar a educação utilizando os recursos disponíveis? Que importância tem o desenvolvimento da autonomia do aluno para a aprendizagem? Como desenvolver a autonomia do estudante? Essas questões serão abordadas no decorrer do capítulo, e as noções a serem apresentadas são fruto de leituras, discussões e aplicações do modelo de ensino chamado *híbrido* em sala de aula. Para isso, baseamo-nos em autores como Fantin e Rivoltella (2012), Moran, Masetto e Behrens (2013), Rohrs (2010) e Lévy (1997). Primeiramente, na seção "Personalização do ensino: o que é, onde ocorre e quais são seus benefícios?", abordamos a personalização e procuramos responder às questões propostas; em seguida, na seção "O desafio de promover a aprendizagem do aluno", apresentamos aspectos que envolvem o desenvolvimento de todos os alunos; e, por fim, em "De mero espectador a protagonista da aprendizagem: o desenvolvimento da autonomia do aluno em diferentes contextos educacionais – relato de experiências", apresentamos relatos de atividades e depoimentos, com o objetivo de compartilhar observações e de exemplificar questões práticas.

PERSONALIZAÇÃO DO ENSINO: O QUE É, ONDE OCORRE E QUAIS SÃO SEUS BENEFÍCIOS?

Para refletirmos sobre a questão da personalização do ensino, partimos dos seguintes questionamentos: o que significa personalizar? Onde a personalização da aprendizagem acontece? Por que personalizar? Em um primeiro momento, cabe ressaltar que a personalização do ensino não é um conceito novo, ela "[...] parte do princípio de que pessoas aprendem de formas diferentes e em ritmos diferentes, com base nos seus conhecimentos prévios, habilidades, interesses e emoções" (PORVIR..., 2014, p. 1).

Há muito se discute a possibilidade de um ensino que atenda às necessidades de aprendizagem do aluno; entretanto, hoje, contamos com um facilitador: o uso das novas tecnologias em sala de aula.

Com as diferentes realidades educacionais em nosso país e com a dificuldade que o professor poderia encontrar para adaptar suas aulas, as "[...] novas tecnologias têm facilitado a coleta e a análise das informações sobre aprendizagem e possibilitado a sua adoção em maior escala" (PORVIR..., 2014, p. 1). Assim, personalizar significa que as atividades a serem desenvolvidas devem considerar o que o aluno está aprendendo, suas necessidades, dificuldades e evolução – ou seja, significa centrar o ensino no aprendiz.

Determinar um rumo para a educação não é uma tarefa fácil, várias são as mudanças, e vários são os desafios. Nesse contexto, não se pode negar que o avanço do mundo digital trouxe-nos diversas possibilidades; contudo, em termos de incorporação em sala de sala, parece que a tecnologia caminha a passos lentos em muitas instituições. Claro que "[...] não temos certeza de que o uso intensivo de tecnologias digitais se traduz em resultados expressivos" (MORAN; MASETTO; BEHRENS, 2013, p. 11), mas, pensando na personalização do ensino, os recursos digitais apresentam-se como grandes aliados do professor. E essa questão vai além:

> [...] para que a escola hoje recupere sua condição de ser um espaço social e cultural "legítimo" de apropriação do conhecimento é fundamental pensar na reorganização dos saberes, juntamente com a presença da mídia-educação na escola e na formação dos professores. (FANTIN; RIVOLTELLA, 2012, p. 67).

Assim, a personalização acontece nos diferentes espaços escolares, entre eles – e talvez em primeiro lugar – a sala de aula. Entretanto, para isso, é preciso reorganizar os saberes, aliando a presença das tecnologias na educação, ou seja, não é suficiente incluir as tecnologias na sala de aula sem, antes, repensar o papel do aluno e do professor. Diríamos até que essa reflexão é fundamental para que se contemple "[...] a utilização das novas tecnologias visando à aprendizagem dos nossos alunos e não apenas servindo para transmitir informações" (MORAN; MASETTO; BEHRENS, 2013, p. 8). Desse modo, não se pode "fazer mais do mesmo": simplesmente introduzir as tecnologias sem pensar nos objetivos e benefícios do seu uso, destacando-se a possibilidade e a necessidade de personalização, no sentido de sugerir ao aluno atividades adequadas ao desenvolvimento de seu conhecimento e de suas habilidades.

Assim, para que a personalização aconteça, é preciso que o professor reveja as propostas desenvolvidas em sala de aula, de forma a oportunizar ao aluno a efetiva participação na construção do conhecimento. Para refletir sobre essa questão, vamos imaginar o seguinte cenário: professor em frente à turma, explicando os conteúdos, e os alunos, em fileiras, ouvindo a explicação para, posteriormente, reproduzir o que aprenderam em uma sequência de atividades. Essa cena ainda é comum em nossas escolas, arriscaríamos até afirmar que em grande parte delas. Como personalizar as atividades se todos os estudantes fizerem as mesmas atividades, ao mesmo tempo, com mesmos ritmo e grau de dificuldade? Um primeiro passo, nesse contexto, seria proporcionar aos alunos pesquisa sobre o conteúdo e tarefas diferenciadas, individuais e em grupos. Assim, a personalização do ensino pode acontecer em sala de aula, dinamizando o espaço, trabalhando em grupos e estações, bem como incluindo tecnologias (músicas, vídeos, filmes/trechos de filmes, *data show*, *tablets* e computadores). Isso depende da infraestrutura de cada local. Além disso, a personalização pode ocorrer na biblioteca, no laboratório de informática, no pátio, no refeitório – e que tal na cozinha da escola?

> A escola pode transformar-se em um conjunto de espaços ricos em aprendizagem significativas, presenciais e digitais, que motivem os alunos a aprender ativamente, a pesquisar o tempo todo, a serem proativos, a saber tomar iniciativas e interagir. (MORAN; MASETTO; BEHRENS, 2013, p. 31).

O essencial é utilizar todo o espaço disponível – e talvez nunca pensado –, mas sempre em consonância com o objetivo proposto.

Sintetizadas as ideias em torno das duas primeiras questões apresentadas no início desta seção, precisamos ainda refletir sobre "por que personalizar?". No livro *Inovação na sala de aula: como a inovação disruptiva muda a forma de aprender*, de Clayton Christensen, Michael Horn e Curtis Johnson (2012), são apresentados exemplos de ensino e aprendizagem nos Estados Unidos. Entre outras noções, a obra aborda o desafio de oferecer ao aluno um aprendizado motivador, e os autores apontam caminhos que objetivam a inovação do ensino, com o propósito de maximizar a capacidade de aprendizagem do estudante. Pensando na questão da motivação, é fato que o aluno não se sentirá motivado quando suas necessidades não forem atendidas, porque "[...] o conhecimento acontece quando algo faz sentido, quando é experimentado, quando pode ser aplicado de alguma forma ou em algum momento" (MORAN, 2012, p. 23). Por esse motivo, é preciso aceitar e reconhecer que, em sala de aula, temos alunos com facilidades em determinados conteúdos e dificuldades em outros; assim, cada um tem seu ritmo, por isso a importância de personalizar, tornando as tecnologias aliadas e centralizando o ensino no aluno. Cabe ressaltar, como salientam Christensen, Horn e Johnson (2012), que a utilização das tecnologias deve ganhar espaço em sala de aula quando essa for de fato a melhor alternativa para o aluno aprender, ou seja, não basta utilizar as tecnologias sem antes pensar em sua finalidade.

Para o estudante, os benefícios da personalização são, sobretudo, a motivação – que substitui a frustração por não aprender e não acompanhar o ritmo, ditado, muitas vezes, pelo professor – e a maximização do aprendizado, no sentido de que o aluno tem oportunidade de aprender de forma individual, com o grupo, com o uso das tecnologias e, efetivamente, com o professor.

O DESAFIO DE PROMOVER A APRENDIZAGEM DO ALUNO

Pensar o aluno no centro do ensino está longe de ser uma concepção dos dias atuais. Há mais de dois séculos, surgiram estudos pioneiros preocupados, tentando inverter o círculo vicioso vigente: em vez de o aluno estar em torno de uma instrução imposta, a escola deveria girar em torno dele. Os princípios dessa nova visão – nova pedagogia – serviram de inspiração para reformas educacionais. Nesse contexto, Maria Montessori tem papel de destaque: "[...] o conceito fundamental que sustenta a obra pedagógica de Montessori é que as crianças necessitam de um ambiente apropriado onde possam viver e aprender" (RÖHRS, 2010, p. 170). O que Montessori traz de novo, no que ficou conhecido como Método Montessori,[1] é que, além de levar em conta os centros de interesse das crianças, esforçava-se para encorajar a autodisciplina e o senso de responsabilidade. Nessa pedagogia, "[...] as diferenças entre os alunos passaram a ser a referência principal a ser considerada no processo de ensino e aprendizagem" (RÖHRS, 2010, p. 35), ou seja, parte-se da noção que a escola deva proporcionar o desenvolvimento para todos.

Promover a aprendizagem do aluno é um desafio para o professor. O que fazer diante disso? Pensamos que a solução possa partir, inicialmente, de três aspectos: planejamento, foco na pesquisa e no desenvolvimento de projetos e uso das tecnologias. No que diz respeito ao primeiro fator, duas coisas não podem ocorrer: o planejamento sem flexibilidade e a criatividade desorganizada (MORAN, 2012). Com o planejamento fechado, é impossível fazer as adaptações necessárias no dia a dia para atender ao aluno; já a criatividade desorganizada, que implica no fato de muitas vezes improvisar as aulas, faz com que se perca o foco e a potencialização do que se está ensinando. O segundo aspecto, o foco na pesquisa e no desenvolvimento de projetos, pode garantir que sejam realizadas conexões dos conteúdos com a curiosidade e as necessidades dos alunos. Das perguntas, dúvidas e inquietações podem surgir boas pesquisas e projetos – que também irão exigir planejamento e organização. Por fim, temos o uso das tecnologias, que

> [...] podem trazer hoje dados, imagens, resumos de forma rápida e atraente. O papel do professor – o papel principal – é ajudar o aluno a interpretar esses dados, a relacioná-los, a contextualizá-los. O papel do educador é mobilizar o desejo de aprender, para que o aluno se sinta sempre com vontade de conhecer mais. (MORAN, 2012, p. 33).

[1] O Método Montessori dá ênfase à independência, à liberdade com limites e ao respeito pelo desenvolvimento natural das habilidades físicas, sociais e psicológicas da criança.

Com certeza, esse novo papel do educador pode gerar insegurança, afinal, estamos acostumados, de modo geral, a pensar o professor como quem planeja, "transmite", para que, depois, o aluno "devolva" o conhecimento em forma de avaliações, predominantemente escritas.

Contudo, se olharmos por outro viés, percebemos que essa concepção liberta. Durante muitos anos, foi cobrado do professor – e ainda é – o domínio total do conhecimento de sua área. Assim, ainda causa surpresa o docente admitir para seus alunos e colegas que não sabe determinado assunto. Pode ser que, em algum momento do passado, tenha sido possível ao professor dominar o conhecimento na sua área – o que é difícil de acreditar; relacionamos isso mais a uma estrutura de ensino que não permitia ir além. Entretanto, com a rapidez das informações e do próprio conhecimento, torna-se mais visível o fato de que não dominamos tudo. Nesse sentido, o que queremos compartilhar é que o aluno, tendo a possibilidade de construir seu próprio conhecimento, por meio da sua autonomia, tira, pelo menos em parte, a total responsabilidade do professor pelo fracasso escolar.

Ou seja, um ensino personalizado exige muito mais do estudante, que tem de ter autonomia e responsabilidade a ponto de ir atrás de suas necessidades, curiosidades e interesses.

Claro que isso se dá com o planejamento, auxílio e monitoramento do professor, inclusive no processo de desenvolvimento da autonomia – tão necessária na perspectiva de ensino aqui abordada.

Contudo, para que o professor consiga fazer esse papel de monitoramento, é preciso que ele reconheça as formas de aprendizagem dos alunos e os meios para ensiná-los. Isso não é uma tarefa difícil, porque nas salas de aulas, de modo geral, as dificuldades se repetem – bem como a forma de resolvê-las, no sentido de se criar meios e tarefas adequadas aos estudantes, oferecendo-lhes a oportunidade de reconhecer como aprendem. Não é difícil encontrarmos alunos com dificuldades em leitura, outros que aprendem ou fazem o exercício mais rapidamente, alguns que precisam de repetição de tarefas, que precisam fazer anotações, que precisam ler várias vezes, que têm baixo nível de concentração. O importante é variar as atividades e os níveis de dificuldade, cabendo ao professor propor tarefas que tenham o objetivo de contribuir para o crescimento do estudante. No caso do trabalho em estações, pode ser delimitado o tempo e as etapas a serem seguidas, ou até mesmo deixar os alunos livres para escolher o que fazer. Tudo depende do "para quê". Entretanto, ressaltamos a necessidade do planejamento, das adequações e também do efetivo trabalho com as tecnologias, pois:

> [...] embora a presença das tecnologias da informação e comunicação (TICs) não seja algo novo, a inserção curricular da mídia-educação começou a ser mais discutida a partir de diversas pesquisas e experiências escolares com projetos desenvolvidos em escolas, por meio de diferentes formas previstas na autonomia escolar. No entanto, apesar da diversidade de experiências em mídia-educação no contexto escolar brasileiro, elas ainda não foram devidamente sistematizadas, pois na maioria das vezes são consideradas "práticas isoladas", que dependem mais do interesse e do trabalho de profissionais do que de políticas públicas a esse respeito. (FANTIN; RIVOLTELLA, 2012, p. 82).

Nesse sentido, as tecnologias têm de fazer parte dos currículos, dos planejamentos. Por meio delas, estão à disposição do aluno diferentes ferramentas para aprimorar seus conhecimentos, e o professor pode explorar as diferentes formas de aprender do estudante. Para refletirmos mais sobre o ensino voltado às necessidades do discente, na seção a seguir serão apresentados alguns relatos, muitos dos quais se constituem de iniciativas simples e que até poderiam ser complementadas; porém, todas partem do esforço e empenho de professores que buscam e anseiam por um desempenho satisfatório do aluno no que diz respeito à sua aprendizagem.

DE MERO ESPECTADOR A PROTAGONISTA DA APRENDIZAGEM: O DESENVOLVIMENTO DA AUTONOMIA DO ALUNO EM DIFERENTES CONTEXTOS EDUCACIONAIS – RELATO DE EXPERIÊNCIAS

Ao iniciar este capítulo, nosso objetivo não era aprofundar conceitos, nem apresentar densas reflexões, mas abordar algumas questões, do ponto de vista de professor-pesquisador, cujo laboratório de pesquisa é a própria sala de aula. Assim, a prática diária, aliada a estudos e à participação no Grupo de Experimentações em Ensino Híbrido, uma parceria da Fundação Lemann e do Instituto Península, possibilitou a reflexão sobre atividades, métodos e modelos, visando à maximização da aprendizagem do aluno.

Inicialmente, um dos principais destaques da proposta de ensino híbrido – e que mais nos chamou atenção – é que o aluno deixa de ser mero espectador, ao contrário do que ocorre na ainda comum estrutura de aula em que, durante a maior parte do tempo, o professor explica os conteúdos e o estudante os recebe.

Uma das características do ensino híbrido é o desenvolvimento da autonomia do aluno.

Em uma atividade realizada no curso Técnico em Informática do Instituto Federal de Educação, Ciência e Tecnologia do Rio Grande do Sul (IFRS) – Câmpus Ibirubá, os alunos deveriam passar por quatro estações. O tempo era delimitado para cada estação, nas quais os alunos poderiam trabalhar no grupo que a compunha ou em duplas. A tarefa consistia em:

1. ouvir uma música em inglês – quantas vezes fosse necessário;
2. destacar as palavras-chave, procurando seu significado, caso fosse necessário, e compreendendo o sentido no contexto;
3. o sentido, procurando palavras desconhecidas no dicionário – caso fosse necessário;
4. estação extra: para que as duplas ou grupos que concluíssem a tarefa lessem textos em inglês (revistas).

As estações podem e devem ter variações, e podem ser três, quatro ou mais. É possível que todos os alunos passem por todas as estações ou não. Isso dependerá sempre do objetivo da aula. No caso do exemplo citado, todos passavam por todas as estações. Destacamos nesse caso dois fatores que consideramos importantes: combinando previamente com o grupo ou não, o professor pode aproveitar as habilidades daqueles alunos que têm mais facilidade em determinado conteúdo, para que sejam "monitores". O interessante é que, muitas vezes, mesmo sem o professor direcionar, o trabalho em estações favorece a troca, e os alunos se ajudam e trabalham colaborativamente. Outro fator a ser destacado é que o docente tem a oportunidade de acompanhar os estudantes e pode se dedicar mais àqueles que necessitam de explicações adicionais e auxílio. Nas práticas que tivemos a oportunidade de aplicar, pudemos verificar que são muitos os benefícios do ensino híbrido em sala de aula. No entanto, não podemos dizer que seja fácil. Um dos desafios é que o aluno precisa tomar decisões, e muitos deles não estão acostumados a isso. Assim como ainda há professores cujas aulas são totalmente expositivas, temos estudantes acostumados a ouvir e "reproduzir", sempre seguindo o "passo a passo".

Diante desse desafio e após aplicações do modelo em sala de aula, a professora Verônica Martins Cannatá,[2] do Colégio Dante Alighieri, sugere que

> [...] devemos propor atividades que desenvolvam a autonomia. [...] muitas vezes os alunos se sentem inseguros por não estarem acostumados com a liberdade de escolha. Precisamos estimular a autonomia para minimizar esta insegurança. Quantos mais aplicarmos, mais eles se acostumarão. É preciso criar a cultura híbrida na sala de aula.

Concordamos com o que nos relata a professora Verônica; o aluno pode resistir e precisar de um "direcionamento" maior no início, afinal a experiência pode ser totalmente nova também para o estudante. Porém, quanto mais o estimularmos a buscar, mais satisfeito ficará com os resultados. Em pouco tempo, ele aprende que pode ir além, que não é preciso esperar e que a aprendizagem depende em grande parte do seu próprio esforço.

Outro aspecto a ser destacado no modelo de ensino híbrido é o fato de unir aprendizagem presencial e *on-line*. Nesse sentido, enfatizamos a importância do uso das tecnologias em sala de aula. Ademais, quando falamos em unir ambos os métodos, é porque o ensino presencial não deixa de ser importante: a tecnologia serve para otimização dos espaços de aprendizagem. Assim, o professor tem ao seu alcance inúmeras ferramentas para auxiliá-lo. Na imagem apresentada na Figura 3.1, os alunos, depois de ler (em inglês) e debater, em sala de aula, sobre doação de órgãos, elaboraram, no laboratório de informática, um mapa conceitual (em inglês) sobre o tema, utilizando a ferramenta *Cmaptools*. O que mais destacamos dessa experiência[3] é a aplicabilidade do que foi debatido em sala de aula, a contextualização, a busca por informações novas e vocabulário.

---

[2] Verônica Martins Cannatá é professora de Tecnologia Educacional do Colégio Dante Alighieri. Bacharel e Licenciada em Ciências Sociais pela FAFIL-FSA, pós-graduada em Sistema de Informação pela FAECO-FSA. A professora é integrante do Grupo de Experimentações em Ensino Híbrido, e o depoimento faz parte do material compilado durante a realização das atividades.

[3] Atividade realizada no IFRS – Câmpus Ibirubá. Curso Técnico em Informática, 3º ano. Professora: Fernanda Schneider.

Figura 3.1
Estudantes no laboratório de informática.

Pierre Lévy, filósofo francês da cultura virtual contemporânea, já em 1996 chamava atenção para o fato de que as tecnologias fazem parte de nossa cultura e devem ser potencializadas. Em entrevista para a revista *Gestão Educacional*, em 2013, o pesquisador, quando questionado sobre as dificuldades de utilização das tecnologias em sala de aula, argumentou:

> Não há obstáculos. Todos os estudantes têm uma habilidade extraordinária para usar esse tipo de ferramenta. Agora, os professores têm que conhecer tão bem quanto as crianças. Sobretudo, isso tem que ser utilizado numa ótica de aprendizagem colaborativa. Eu acredito que o professor precisa se capacitar, porque ele só pode ensinar aquilo que domina. Eu não acredito na formação do professor apenas para usar as redes sociais. O professor também tem que se esforçar. Utilizar isso para si próprio. É só uma questão de entrar nessa cultura. E de implementar o *know-how* pedagógico utilizando essas ferramentas. (MESQUITA, 2013, p. 1).

Nessa perspectiva, a professora Lisiane Cézar de Oliveira,[4] do Instituto Federal de Educação, Ciência e Tecnologia do Rio Grande do Sul, destaca que

---

[4] A professora Lisiane Cézar de Oliveira é graduada em Informática e possui mestrado em Ciências da Computação pela Universidade Federal de Santa Catarina. Foi professora parceira nas atividades realizadas na instituição onde trabalha (IFRS – Câmpus Ibirubá). Depoimento cedido durante a realização das atividades.

> [...] diante da grande facilidade de interação com a tecnologia, "os nativos digitais" têm chegado às escolas pensando e processando as informações e o conhecimento de forma bem diferente das gerações anteriores. Diante desse cenário, alguns professores, os chamados "imigrantes digitais", têm se deparado com dificuldades em relação à docência, assumindo diferentes posturas perante essa realidade de intensas mudanças.

Assim, é preciso aceitar essas mudanças, compreendê-las e inserir as tecnologias como recursos potencializadores do processo de ensino e aprendizagem nas práticas docentes.

Cabe-nos ainda ressaltar que, ao aceitar o desafio e propor aulas utilizando estações, misturando ensino presencial e *on-line* e proporcionando ao aluno diferentes espaços de aprendizagem, passamos a fazer parte de um grupo de professores e de pesquisadores que têm interesses em comum, entre eles o de refletir e contribuir por meio de práticas, observações e estudos para melhorar a qualidade de ensino de nosso país. Alguns podem nos chamar de sonhadores; outros, de idealistas. O certo é que ensinar – sobretudo em sala de aula – tem se tornado, a cada ano, um grande desafio.

Conheça outras experiências que valorizam a autonomia do aluno em sua concepção de ensino:

http://apoio.grupoa.com.br/ensinohibrido/

Desse modo, cada profissional, seja ele professor, gestor ou técnico, tem em suas mãos o poder de decidir entre simplesmente aceitar que o sistema está defasado ou ser um agente das tão almejadas mudanças. Aceitando o desafio que nos foi proposto, acreditamos que a segunda opção, apesar de ser a mais desafiadora, também é a mais satisfatória.

Desafios nos foram propostos. Estudamos, planejamos, erramos e acertamos, mas sempre com responsabilidade e a certeza de que era o melhor que cada um podia fazer naquele momento. Com os relatos, queremos inspirar outros professores a compartilhar suas experiências e instigar aqueles que ainda não incorporaram as concepções aqui abordadas a ousar, tentar e experimentar. O fato de não termos a educação ideal (não no sentido de perfeição, mas de qualidade) torna cada um de nós uma peça fundamental e, com isso, carrega-nos de responsabilidades, afinal, está também em nossas mãos a mudança que tanto queremos.

REFERÊNCIAS

BRAGAGNOLO, R. I.; SOUZA, S. V. Atendimento a queixa escolar: desafios e possibilidades metodológicas na intervenção a crianças com histórico de fracasso escolar. In: CONGRESSO NACIONAL DE PSICOLOGIA ESCOLAR E EDUCACIONAL, 10., 2011, Maringá. *Anais eletrônicos*... Maringá: UEM, 2011. Disponível em: <http://www.abrapee.psc.br/xconpe/trabalhos/1/67.pdf>. Acesso em: 05 set. 2014.

BRASIL. Secretaria de Educação Fundamental. *Parâmetros curriculares nacionais*: primeiro e segundo ciclos do ensino fundamental. Secretaria de Educação Fundamental. Brasília: MEC, 1998a.

BRASIL. Secretaria de Educação Fundamental. *Parâmetros curriculares nacionais*: terceiro e quarto ciclos do ensino fundamental. Secretaria de Educação Fundamental Brasília: MEC, 1998b.

BRASIL. Secretaria da Educação Média e Tecnológica. *Parâmetros curriculares cacionais (Ensino Médio)*: linguagens códigos e suas tecnologias. Brasília: MEC, 2000.

CHRISTENSEN, C.; HORN, M.; JOHNSON, C. *Inovação na sala de aula:* como a inovação disruptiva muda a forma de aprender. Porto Alegre: Bookman, 2012.

FANTIN, M.; RIVOLTELLA, P. C. (Org.) *Cultura digital e escola:* pesquisa e formação de professores. Campinas: Papirus, 2012.

LÉVY, P. *As tecnologias da inteligência:* o futuro do pensamento na era da informática. Rio de Janeiro: Editora 34, 1997.

MARTINELLI, S. C.; GENARI, C. H. M. Relações entre desempenho escolar e orientações motivacionais. *Revista Estudos de Psicologia*, v. 14, n. 1, p. 13-21, jan./abr. 2009. Disponível em: <http://www.scielo.br/pdf/epsic/v14n1/a03v14n1.pdf>. Acesso em: 05 set. 2014.

MESQUITA, D. Internet e escola de mãos dadas. *Revista Gestão Educacional*, abr. 2013. Disponível em: <http://www.gestaoeducacional.com.br/index.php/reportagens/entrevistas/115-internet-e-escola-de-maos-dadas>. Acesso em 13 set. 2014.

MORAN, J. M. *A educação que desejamos:* novos desafios e como chegar lá. 5. ed. Campinas: Papirus, 2012.

MORAN, J. M. ; MASETTO, M. T.; BEHRENS, M. A. *Novas tecnologias e mediação pedagógica*. 21. ed. rev. atual. Campinas: Papirus, 2013.

PINHEIRO, S. S.; WEBER, C. *Fracasso escolar*: o que as pesquisas recentes indicam acerca de suas causas?. 2012. Disponível em: <http://www.portalanpedsul.com.br/admin/uploads/2012/GT20___Psicologia_da_Educacao/Trabalho/03_25_32_GT_20_-_Silvia_Siqueira_Pinheiro.pdf>. Acesso em: 5 set. 2014.

PORVIR: o futuro se aprende. *Personalização*. [2014]. Disponível em: <http://porvir.org/wiki/personalizacao>. Acesso em 3 set. 2014.

RÖHRS, H. *Maria Montessori*. Recife: Fundação Joaquim Nabuco, 2010. Disponível em: <http://download.uol.com.br/educacao/colecao_educadores/maria_montessori.pdf>. Acesso em: 8 ago. 2014.

SILVA, K. L.; BRANDÃO, D. B. S. R. O subjetivo no processo de ensino-aprendizagem: uma reflexão sobre o fracasso escolar. In: CONGRESSO NACIONAL DE PSICOLOGIA ESCOLAR E EDUCACIONAL, 10., 2011, Maringá. *Anais eletrônicos...* Maringá: UEM, 2011. Disponível em: <http://www.abrapee.psc.br/xconpe/index.php?pagina=9&criterio=t&buca=&grupo=1>. Acesso em: 27 ago. 2011.

SOUZA, F. L. F.; ZIBETTI, M. L.T. O fracasso escolar na opinião das famílias: um estudo de caso em Rolim de Moura – RO. In: CONGRESSO NACIONAL DE PSICOLOGIA ESCOLAR E EDUCACIONAL, 10., 2011, Maringá. *Anais eletrônicos...* Maringá: UEM, 2011. Disponível em: < https://abrapee.files.wordpress.com/2012/02/conpe-trabalhos-completos-anais_x-conpe-final.pdf>. Acesso em: 5 set. 2014.

Anexo: DEPOIMENTO

O ESTUDANTE E O ENSINO HÍBRIDO

CARLA FERNANDA FERREIRA PIRES

A experiência de trabalhar com uma nova metodologia em sala de aula sempre foi um grande desafio para os docentes. O novo sempre causa um pouco de desconforto para os professores. Esses, na maioria das vezes, estão acostumados com uma rotina própria, satisfatória e que atende a boa parte dos alunos. No entanto, é notório que há alguns estudantes que não são contemplados com um processo de ensino e aprendizagem exitoso em uma mesma dinâmica de sala de aula.

A realidade da educação, das salas de aula, dos alunos e dos professores, da comunidade escolar como um todo é bem diferente da educação de 50 anos atrás. Vivemos em um mundo globalizado e tecnológico, mas o que observamos é que, apesar da sociedade ter passado por transformações e o mundo por muitas mudanças, a metodologia utilizada em diversas escolas ainda é a mesma.

Essa realidade não era diferente na minha escola. A existência de alunos que não conseguiam acompanhar a turma ou que não aprendiam o conteúdo era um fato de conhecimento e aceitação de todos.

A utilização da tecnologia em sala de aula era vista como uma oportunidade de substituir o quadro, ou seja, o uso de computadores, *data show* e internet não configurava uma oportunidade de adotar uma metodologia que contemplasse todos os alunos de uma mesma sala, mas sim corroborava a metodologia de uma educação tradicional calcada na transmissão de conteúdo, controlada única e exclusivamente pelos professores. Assim, os professores eram os atores principais do processo de ensino e aprendizagem, enquanto os alunos eram simples coadjuvantes, agentes passivos desse processo.

Desse modo, foi a clareza do cenário da educação da atualidade, das necessidades de transformação em tal panorama, e tendo em mente a função de professor pesquisador defendida por Paulo Freire, que iniciei uma busca para mudar essa realidade. Mudar a realidade na qual o aluno não tinha controle sobre o processo de ensino e aprendizagem, mudar a realidade na qual todos os alunos deveriam caminhar juntos e aprender da mesma forma e no mesmo tempo, e mudar o uso da tecnologia de forma a reforçar as metodologias tradicionais de transmissão de conteúdos.

Pesquisar, refletir e discutir sobre o ensino híbrido vem ao encontro de alguns anseios para esse movimento de mudança no cenário educacional, em que incluo a minha sala de aula. Com base nos três pilares do ensino híbrido – personalizar, individualizar e diferenciar –, iniciei algumas experimentações com as diferentes metodologias no âmbito do ensino híbrido. Para tal, foram necessárias algumas mudanças que envolviam o espaço físico e a postura do professor e do aluno ante o processo de ensino e aprendizagem. E é exatamente desta última mudança, de postura do aluno no processo de ensino e aprendizagem, que o relato a seguir trata.

A aula apresentada a seguir foi realizada no modelo rotação por estações, no laboratório de ciências, em uma escola do município do Rio de Janeiro, para o 7º ano do ensino fundamental. O objetivo era trabalhar o conceito de transporte de seiva pelos vasos condutores dos vegetais. Para tanto, foram propostas três estações separadas por cores: a estação verde, onde os alunos realizavam o experimento de colorir as pétalas das rosas brancas com corante azul ou vermelho; a estação azul, onde os alunos realizavam o ex-

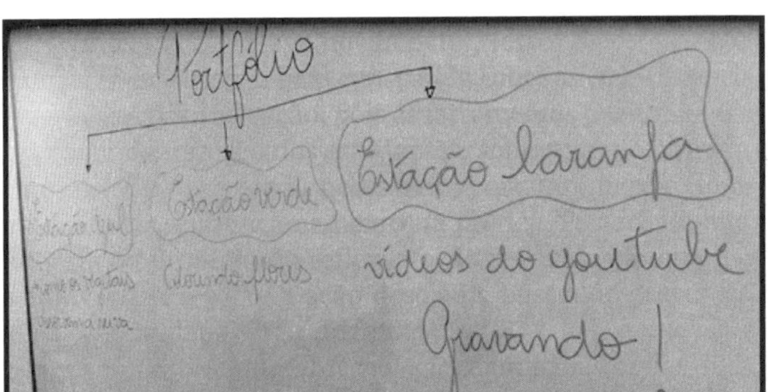

FIGURA 3.2
Esquema das estações.

perimento de observar o fenômeno de capilaridade a partir de papel filtro; e a estação laranja, onde assistiam vídeos com explicações e experimentos que abordavam a mesma temática e, posteriormente, produziam seus próprios vídeos. O aluno deveria gravar um vídeo de 1 minuto explicando o experimento de acordo com o conteúdo abordado na aula. Todas as etapas das aulas deveriam ser registradas com o celular de cada aluno com a finalidade de construção de um portfólio *on-line* da aula.

Alguns elementos-chave em relação à postura dos alunos nas metodologias híbridas foram observados durante a aula. A busca pela autonomia do aluno, a personalização do ensino, a educação para o domínio do conhecimento e as relações interpessoais em sala de aula foram alguns dos elementos considerados essenciais para o sucesso do processo de ensino e aprendizagem que serão elencados neste relato de experiência. É importante destacar que a aula relatada não foi o primeiro contato dos alunos com o ensino híbrido. Essa aula aconteceu em meados do ano letivo, e os alunos vinham trabalhando com essa metodologia desde o início das aulas. Logo, a mudança de postura dos alunos no processo de ensino e aprendizagem foi algo progressivo e trabalhado ao longo do ano.

A personalização das aulas é um elemento desafiador para o professor. A visão de propor aulas diferentes para cada aluno é um equívoco quando se pensa em personalizar as aulas.

Temos em nossas salas de aula diferentes sujeitos, com necessidades distintas, e, na lógica da metodologia híbrida, estabelecer o mesmo ritmo e a mesma dinâmica para todos os alunos acaba prejudicando o grupo.

Os alunos que já têm proficiência em tal conteúdo desperdiçam um tempo em que poderiam estar avançando. Já os alunos que apresentam alguma dificuldade, como o não domínio de um conhecimento anterior ou até mesmo a necessidade de desenvolvimento de alguma habilidade, não são contemplados.

A intenção das atividades propostas nessa aula era diversificar as estações, de modo que todos os diferentes sujeitos do processo de ensino e aprendizagem fossem assistidos. As estações apresentavam diferentes habilidades apontadas como essenciais para o ensino de ciências. A observação, a comparação, a descrição e a apropriação dos conteúdos foram algumas das habilidades trabalhadas.

Na estação verde, os alunos observavam o processo de coloração das pétalas de rosas brancas e descreviam o experimento. Durante a atividade,

FIGURA 3.3
Estudantes trabalhando em uma das estações.

podiam consultar o material da apostila, em que encontravam o conteúdo adequadamente explicado. Assim, a personalização acontecia para os alunos que ainda apresentavam dificuldades nas habilidades de observação e descrição e, ao mesmo tempo, atendia aqueles que estavam com dificuldades no domínio do conteúdo, por meio da retomada do tema pela apostila. Possibilitava, também, assistir aos alunos que apresentavam proficiência na temática, com um trabalho mais específico baseado no aprofundamento da metodologia científica a partir dos protocolos e relatórios. Desse modo, todas as estações foram concebidas pensando em cada um e em suas necessidades.

A autonomia do aluno é outro elemento trabalhado durante as aulas. É indispensável que ele aprenda a gerenciar seu aprendizado, isto é, aprenda a aprender. Esse foi um elemento que julguei mais fácil para o aluno do que para o professor. Minha turma apresentou uma grande facilidade em gerenciar seu aprendizado. Ditar o ritmo, a dinâmica que o atende melhor e entender que cada atividade tem um objetivo a ser alcançado. O professor passa a ser um coadjuvante, um facilitador para que os estudantes alcancem o objetivo. Assim, a ação do professor passa a ser pontual e, como facilitador, ele atua se necessário. Quando o aluno tem alguma dificuldade, o professor não apresenta a solução para o problema, mas indica o caminho a percorrer para que o próprio aluno busque solução. Assim, o professor garante indivíduos bem-sucedidos nas aulas e na vida.

Ao desenvolver a autonomia, o aluno solicita cada dia menos o professor. Isso é uma mudança bem radical quando pensamos na metodologia tradicional, cujo professor é detentor de todo o conhecimento. No trabalho citado, a autonomia dos alunos pode ser bem observada nas fotografias. Como, durante a aula, quase não fui solicitada, praticamente não apareço nas fotografias.

Cada estação tinha um roteiro explicativo para a realização da tarefa. Na Figura 3.4, a aluna Jaianne consulta o roteiro da estação azul, enquanto a aluna Bruna consulta a apostila. No fundo da foto, temos o aluno João fazendo anotações sobre o experimento. Cada um gerencia o seu tempo e a sua dinâmica de aprendizagem.

Pode parecer que existe um afastamento da relação entre aluno e professor. No entanto, o que pude observar é que há um estreitamento entre as relações interpessoais. Isso porque os alunos ficam mais próximos do professor. Quando solicitado, este passa a atender, praticamente de forma particular, o aluno. Além disso, os alunos passam a dialogar mais com seus pares, ou seja, passam a dividir suas dúvidas e seus conhecimentos com os demais alunos.

Durante as aulas, observei a construção de parcerias entre eles. E, como nos modelos rotacionais os grupos podem se misturar, essas parcerias aconteciam a todo momento entre atores diferentes.

Na Figura 3.5, temos dois momentos registrados dessa parceria entre os alunos. A primeira foto retrata a estação verde, onde o experimento era realizado individualmente, mas os alunos compartilhavam suas dúvidas, suas habilidades e seus conhecimentos. Já na estação laranja, após assistir aos vídeos pelo computador, cada aluno gravava o seu vídeo com duração de 1 minuto, explicando os experimentos realizados na aula. Na fotografia, as alunas Débora e Bruna auxiliam a colega Jennifer durante a gravação.

FIGURA 3.4
Alunos desenvolvendo as atividades de maneira autônoma.

FIGURA 3.5
Alunos trabalhando em parceria.

Todas as estações e as atividades propostas durante a aula tinham um objetivo geral, o domínio do conteúdo. Esse objetivo é claro para alunos e professores. Assim, mesmo que o tempo e o caminho de cada indivíduo sejam diferentes no processo de ensino e aprendizagem, todos precisam apresentar o domínio do conteúdo trabalhado. Para tal, o processo avaliativo também se torna foco de mudanças. Não podemos esperar uma prova escrita no final do bimestre para constatar que algum aluno não alcançou o domínio de determinado conteúdo. É preciso que todos apresentem competência no conteúdo para então avançar. Como método avaliativo, usamos a observação da realização das atividades ao longo da aula, os relatórios produzidos em cada estação e o vídeo gravado pelos alunos.

Ao listar todas as mudanças de postura observadas nos alunos e alguns elementos importantes para o processo de ensino e aprendizagem, parece que o trabalho de planejamento de uma aula nos modelos de ensino híbrido é algo extremamente trabalhoso. Mas o que percebi durante o ano que trabalhei com essa metodologia é que a tecnologia é uma aliada importantíssima para o êxito dessas aulas. Além de ser um elemento altamente atrativo para os alunos, que têm grande facilidade em seu manejo, é essencial para a otimização do tempo.

Durante essa aula, os alunos assistiram à explicação do conteúdo por meio de vídeos da internet, assim, eu estava livre para atender aqueles com mais dificuldades. O aluno poderia assistir uma, duas, três vezes o mesmo vídeo para sanar dúvidas, sem que os demais estudantes fossem prejudicados. Na Figura 3.6, o aluno João assiste a um dos vídeos selecionados.

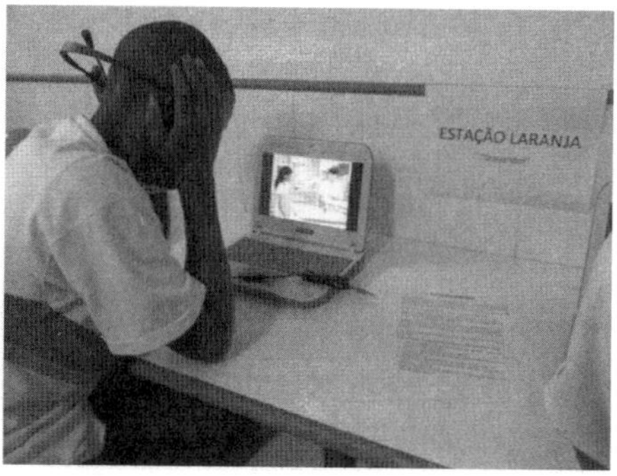

FIGURA 3.6
Aluno assistindo a um dos vídeos selecionados.

A tecnologia também foi usada durante os experimentos. Os alunos deveriam registrar os pontos mais importantes das atividades por meio de fotos tiradas com os seus celulares para a construção do portfólio. Assim, pude unir o problema do uso do celular em sala de aula com a importância da atenção na realização dos experimentos. Ao mesmo tempo, burlava a falta de material disponível para todos os alunos, pois não havia a possibilidade de disponibilizar um computador para cada estudante.

Por fim, a tecnologia também foi uma grande aliada no processo avaliativo. Como cada aluno deveria produzir um vídeo de 1 minuto, esses vídeos serviram como avaliação. Ao assistir aos vídeos, pude definir, em pouco tempo, quem ainda apresentava dificuldade. Assim, foi possível traçar novas estratégias de personalização para trabalhar as dificuldades de cada aluno.

À primeira vista, o ensino híbrido parecia algo muito distante da minha realidade. Escola pública, no Rio de Janeiro, que atendia alunos de uma comunidade bem carente. Mas o que me despertou o interesse foi a possibilidade de adaptação das metodologias híbridas a cada diferente cenário da educação. Gosto da ideia de que o ensino híbrido é o melhor de dois mundos. O mundo da educação tecnológica e o mundo da educação tradicional. E que, por ser uma metodologia aberta, eu posso adaptá-la a minha realidade.

O que observei durante esse ano, com o uso do ensino híbrido nas minhas aulas, foi um grande ganho para os meus alunos. Autonomia, mais interesse nas aulas, domínio do seu processo de ensino e aprendizagem, entre outros, foram ganhos imensuráveis para a construção de cidadãos críticos e reflexivos, prontos para exercer sua cidadania com consciência dos seus direitos e deveres, ganhos para a vida.

4

O PROFESSOR NO ENSINO HÍBRIDO

LEANDRO HOLANDA FERNANDES DE LIMA
FLAVIA RIBEIRO DE MOURA

O PROFESSOR E A INFORMAÇÃO

O papel do professor está intrinsecamente relacionado com a evolução da informação na sociedade. O desenvolvimento da escrita com a inserção do espaçamento entre as palavras facilitou muito a forma de produzir informação e foi uma das causas do desenvolvimento das bibliotecas no século XVIII (CARR, 2010). O desenvolvimento do papel e dos livros permitiu que cada vez mais pessoas produzissem informação. Foi com a premissa de levar a informação à sociedade que surgiram os professores, os quais eram tutores com elevado conhecimento, obtido pela leitura silenciosa de muitos e muitos livros. A prática de ensinar era baseada naquilo que o tutor acreditava ser importante repassar aos seus alunos. Com o aumento da demanda, surgiram as salas de aula, e nelas o professor serviria como filtro de toda a informação que deveria chegar ao estudante.

Com o desenvolvimento da tecnologia, muita coisa mudou na forma de produzir e acessar a informação. A internet global foi criada nos anos de 1980, porém, somente em 1994 se tornou uma ferramenta funcional para utilização em computadores domésticos (INTERNET SOCIETY, c2015). Nas últimas duas décadas, muitos *softwares*, *sites*, plataformas e redes sociais foram criados, facilitando a autoria de informação. Hoje, podemos expor nossos pensamentos em um *blog*, ideias em vídeos e até mesmo opiniões em 140 caracteres. A forma como temos acesso à informação foi facilitada e se expandiu de forma exponencial. Podemos acessar rapidamente um livro do celular, em qualquer lugar, a qualquer momento.

Em contraste com a linha de evolução das tecnologias digitais aconteceu a evolução das salas de aula. Mesmo com a presença de multimídias na sala, a forma de ensinar, avaliar e orientar sofreu poucas mudanças. No início do século XX, o professor transmitia conhecimento, avaliava de forma subjetiva e pouco intencional e raramente usava essas informações para modificar a forma de ensinar seus alunos. Mais de um século depois, pouca coisa mudou. Os docentes não utilizam mais a lousa, usam *slides* em retroprojetores digitais; as avaliações são periódicas e idealizadas para refletir toda a capacidade do aluno em utilizar seus conhecimentos desenvolvidos em aula. As tecnologias digitais pouco alteraram as práticas pedagógicas.

Na formação continuada do professor nas escolas brasileiras, tanto públicas quanto particulares, pouco foi desenvolvido em relação às novas habilidades, sobretudo aquelas necessárias para o uso intencional de tecnologias digitais, o que reflete diretamente na continuidade de práticas pedagógicas ultrapassadas, muitas das quais, por sua vez, são reflexo de uma graduação incompátivel com o cenário atual das salas de aula.

Apenas alguns cursos de licenciatura trazem uma ementa pautada em ferramentas tecnológicas e ensino *on-line*. Os professores recém-formados são nativos digitais, porém, foram graduados por uma academia experimental em termos de novas tecnologias.

O estudo de como integrar as tecnologias com o currículo foi iniciado nos anos de 1990 (VALENTE et al., 1993), com acentuado crescimento na pesquisa na primeira década do século XXI, quando elas chegaram efetivamente no universo escolar. Em um trabalho sobre essas visões, Mauri (2010 apud COLL; MONERO, 2010) definiu a existência de três concepções sobre o papel do professor utilizando tecnologias digitais:

- Uma concepção do processo de ensino e aprendizagem virtual centrada na dimensão tecnológica, em que a tecnologia deve ter resultado efetivo na aprendizagem do aluno e o professor precisa dominar o conhecimento tanto dessas ferramentas como das diferentes formas de inseri-las em seu trabalho;
- Uma concepção de acesso à informação por meio das tecnologias digitais, caso em que, além de dominar a ferramenta, o professor deve mediar o processo interativo do aluno com a informação, e esse acesso crítico geraria um impacto na aprendizagem;

- Uma concepção do processo de ensino e aprendizagem virtual centrada na construção do conhecimento, em que o professor pode trabalhar junto com programadores e *designers* para desenvolver ferramentas visando a individualização e até a personalização do ensino.

A última concepção, focada na construção do conhecimento e na personalização, assemelha-se aos ideais do ensino híbrido. Trata-se de uma forma de ensinar que mistura as melhores práticas da sala de aula tradicional com ferramentas digitais personalizadas ou ajustadas às finalidades pedagógicas. O ouro sozinho é um metal muito fraco, quebradiço; porém, quando misturado a outros metais, gera um novo composto (em inglês, esse material recebe o nome de *"blend"*), muito mais resistente do que os componentes primários. Da mesma forma, o ensino híbrido tem como objetivo construir uma prática pedagógica inovadora e que potencialize o aprendizado dos alunos por meio de tecnologias digitais. A presença de tecnologias adaptativas não diminui a importância do professor nas escolas, apenas modifica seu papel.

Nessa nova concepção de aprendizagem, o docente é um arquiteto do conhecimento e precisa mostrar para o aluno que existem diferentes formas de construir o saber. O uso de tecnologias serve como combustível bastante diversificado de ferramentas que podem estimular e facilitar o processo de aprendizagem, e cabe ao professor ensinar ao aluno como utilizá-las de forma crítica e produtiva. Este capítulo discutirá os desdobramentos no papel do professor moderno que utiliza a tecnologia como aliada para promover inovação em sala de aula.

AS HABILIDADES DO PROFESSOR NO ENSINO HÍBRIDO

A escola, hoje, precisa ser redesenhada, e o professor precisa mudar junto com ela.

O mundo moderno requer um docente que promova discussões nas aulas, que estimule o protagonismo dos alunos e seja o mediador de crianças e jovens, os quais ensinam a si mesmos e uns aos outros.

Se há algo que precisa ser dito é que os professores devem investir na sua formação e ampliar os seus horizontes. Não podemos continuar fazendo mais do mesmo. É preciso inovar. Motivar. Encantar. Inspirar.

Um dos caminhos para essa mudança é buscar práticas de diferenciação pedagógica. Não cabe mais ensinar a todos os alunos como se estivéssemos ensinando a um só. Segundo o educador José Pacheco, idealizador da

Escola da Ponte,[1] “nossa deficiência não é de aprendizagem, e sim de ‘ensinagem’”. E qual é a grande dificuldade em ensinar?

Toca o sinal na escola X, informando que a aula vai começar. O professor de matemática caminha para sua turma de 9º ano do ensino fundamental. A turma 1901 tem 35 alunos. A aula começa. O professor coloca no quadro um resumo sobre o conteúdo de conjuntos numéricos; em seguida, pede para os alunos copiarem. Enquanto isso, faz a chamada da turma. Passados 15 minutos, ele explica tudo o que foi colocado no quadro e pede para os alunos abrirem o livro e resolverem os exercícios da página 46. Trinta minutos depois, o professor corrige no quadro as atividades. Durante a correção, havia alunos conversando, um dormindo, outro mexendo no celular e alguns acompanhando a explicação. Cinco minutos depois, toca novamente o sinal. A aula termina.

***

Toca o sinal na escola Y. O professor de ciências já está na sala de aula. A turma é de 7º ano do ensino fundamental e está, hoje, com 20 alunos. O professor liga o projetor, e a aula da 1702 sobre o Reino Plantae já está no quadro branco. Os alunos acompanham as explicações dos *slides*. Passados 20 minutos, o professor avisa que não precisam copiar os *slides* pois será enviada para o *e-mail* dos estudantes uma cópia do arquivo da aula. Em seguida, pede aos alunos que liguem seus computadores, acessem o livro digital e resolvam as questões das páginas 132 e 133. Eles têm 30 minutos para concluir as atividades. Nesse período, foi observado que alguns acessaram *sites* de redes sociais em vez do livro digital, outros estavam perguntando as respostas para o colega ao lado, alguns faziam a atividade conforme orientação e uns três alunos entraram no seu *e-mail* a fim de baixar o arquivo da aula e consultá-lo para realizar os exercícios. O professor projeta no quadro branco a correção das atividades; toca o sinal e a aula termina.

---

[1] A Escola da Ponte situa-se em São Tomé de Negrelos, conselho de Santo Tirso, distrito do Porto, Portugal. Abrangendo o ensino pré-escolar, 1º, 2º e 3º ciclos, a escola adota práticas educativas que se afastam do modelo tradicional. Está organizada segundo uma lógica de projeto e de equipe, estruturando-se a partir das interações entre os seus membros, alicerçando suas práticas em valores como: solidariedade e democraticidade, autonomia, liberdade, responsabilidade e cooperação.

Acabam de ser descritas duas situações que se repetem todos os dias em muitas escolas do país. É possível observar que os professores de matemática e de ciências das escolas X e Y atuam de forma diferente. O professor da escola X não utiliza nenhuma tecnologia na sua aula, enquanto o da escola Y utiliza o computador e o projetor; além disso, os alunos têm seu próprio *notebook* com acesso à internet. Na turma 1901 são 35 alunos, 15 a mais do que na turma 1702. As diferenças encerram-se aqui. Do ponto de vista pedagógico, os professores estão caminhando juntos. Embora em uma das turmas o recurso da tecnologia esteja presente, as aulas são muito parecidas (tediosas), pois os professores são oradores e a individualidade dos alunos não é considerada no processo de ensino e aprendizagem. Não há diferença também nas queixas dos professores sobre o rendimento, a participação e a disciplina dos estudantes. Estes não têm autonomia e não acham as aulas interessantes.

Talvez a grande dificuldade esteja em romper com séculos de ensino voltado para uma educação vertical, com o professor no topo da relação.

Hoje, acredita-se que com uma simples mudança de postura do docente e do aluno, por meio de uma relação de parceria e apoio mútuo, é possível criar um ambiente ideal para a aprendizagem, com estudantes e professores motivados. Esse é o grande desafio.

> É impossível haver progresso sem mudança, e
> quem não consegue mudar a si mesmo
> não muda coisa alguma.
> Bernard Shaw

Nas últimas três décadas, consolidou-se a ideia de que um professor precisa tanto de conhecimento acadêmico quanto pedagógico, além de saber como utilizar essas habilidades de forma sinérgica. Segundo Freire (1997), ensinar exige pesquisa, método, criticalidade e diálogo com os estudantes. Em uma de suas obras mais famosas, Freire afirma que ensinar não é apenas transmitir conhecimento. O professor precisa estar em contato com seus alunos, conhecer sua realidade social e contribuir para uma formação não apenas de conteúdos, mas também de habilidades não cognitivas, como o protagonismo, a sociabilidade e a estabilidade emocional. Ensinar exige também inovação constante. Segundo Antônio Nóvoa (1997), uma mudança educacional depende dos professores, de sua formação e também das práticas pedagógicas. Essa inovação pode acontecer paralelamente à introdução de tecnologias digitais integradas ao currículo, sobretudo em uma época na qual dispositivos e *softwares* são cada vez mais interativos e funcionais.

As práticas de transmissão são habilidades pouco acessadas por professores nos modelos de ensino híbrido. A ação do docente é voltada para a tutoria de aprendizado, sendo capaz de identificar problemas e agir com foco em individualizar e personalizar o ensino. Essa mediação é uma habilidade pouco explorada na prática docente, e a tecnologia permite ao professor passar instrução *on-line* e trabalhar propostas inovadoras em sala. Uma das práticas bastante vinculada aos modelos híbridos é a abordagem de conteúdos baseada em projetos, a qual, além de muito mais atrativa e engajadora para os alunos, potencializa o desenvolvimento de habilidades não cognitivas, como a criticalidade e a colaboração. Trabalhar em cooperação não implica necessariamente aprender em grupo, e é nesse ponto que as tecnologias podem auxiliar o aluno quanto à orientação individualizada. Quando um estudante utiliza um vídeo como forma de instrução, essa informação pode ser acessada em qualquer momento ou ambiente, porém, só se tornará significativa quando compreendida e interpretada. A aprendizagem baseada em projetos auxilia na promoção da informação em conhecimento.

O planejamento é fundamental no modelo híbrido de ensino. As tecnologias utilizadas devem ser escolhidas com objetivos pedagógicos muito bem definidos.

Se o necessário é a instrução, o professor deve selecionar ou criar um vídeo adequado; se o objetivo é a interatividade, ele pode escolher um *game* ou um simulador; e se a meta é avaliar, ele deve escolher uma ferramenta eficiente no levantamento de dados para transformar *feedback* em orientação educacional. Em um planejamento de aula eficiente, devem ser escolhidas as ferramentas e a forma de utilizá-las, bem como se definir o papel do aluno e do professor. Quando o docente instrui uma atividade, ele pode utilizar o tempo de realização para ter contato com os estudantes que apresentam mais dificuldades e auxiliá-los de forma personalizada.

O acesso e a utilização das ferramentas digitais estão cada vez mais simples, e isso é importante porque, assim, o professsor não precisa ser um especialista em informática para utilizá-las. Muitas vezes, ele pode pedir ajuda aos professores orientadores de informática, ou até mesmo aos alunos que são nativos digitais e possuem muito mais facilidade em absorver essas novas tecnologias. O docente precisa definir como essas ferramentas podem auxiliar positivamente na aprendizagem de seus alunos.

Um professor que escolhe o ensino híbrido precisa conhecer, testar, escolher e validar ferramentas digitais. Testar implica pesquisar e estar em contato constante com o que é desenvolvido em tecnologia, procurando instrumentos cada vez mais simples e concisos. Escolher implica definir que determinada ferramenta será útil para cumprir o objetivo de aprendizagem em questão e, consequentemente, deve ser experimentada pelos alunos. A validação é o processo mais complexo, pois exige que o professor verifique se o instrumento causou impacto no processo de aprendizagem.

Outra vantagem do uso das ferramentas digitais é a assincronicidade. O estudante não precisa estar no mesmo ambiente que o professor para aprender. Muitas vezes, o aluno apresenta dificuldades na hora de estudar sozinho, e, nesse momento, um vídeo pode ser muito útil para o seu progresso. Segundo a professora Thaís Arten, seu curso de Ciências no ensino fundamental foi transformado pela utilização de uma plataforma virtual de aprendizagem, na qual ela posta vídeos para que os alunos se preparem para debates em classe; os estudantes realizam atividades *on-line* e tudo fica registrado, permitindo-lhe acompanhar a evolução de cada aluno. Os estudantes também realizaram um experimento durante várias semanas e postaram os resultados na forma de vídeo. No grupo, os alunos se ajudam tirando dúvidas um dos outros, e toda essa comunicação e colaboração foi incentivada pelo uso da plataforma virtual (SALA..., 2014).

Outra ferramenta que facilita bastante a metodologia de ensino híbrido é o acompanhamento do domínio de habilidades por meio de plataformas adaptativas, programadas para identificar o desempenho cognitivo de alunos em determinadas disciplinas. Tais plataformas utilizam dados para promover instrução com retorno e correção em tempo real. Os dados acumulados personalizam o conteúdo disponibilizado ao aluno e geram relatórios de acompanhamento para os professores. Desse modo, o docente precisa saber trabalhar com planos de ação baseados em dados. Atualmente, um projeto da Fundação Lemann leva a plataforma adaptativa Khan Academy para mais de 50 mil alunos em escolas públicas no Brasil. Essa plataforma foi traduzida para diversas línguas e, só no Brasil, já soma mais de 1 milhão de usuários.

Personalizar não implica necessariamente utilizar a tecnologia. Professores de ensino básico têm feito isso por décadas com ferramentas bastante simples, como o livro. Quando um aluno não aprende um conteúdo lendo, o professor indica um problema ou uma leitura extra, e isso é uma forma de personalizar.

Desse ponto de vista, a personalização abrange uma gama de métodos e abordagens, e as plataformas computacionais adaptativas são apenas mais uma ferramenta para auxiliar o professor nesse objetivo. Personalizar o ensino não é apenas trabalhar com foco em habilidades, mas compreender que cada aluno aprende de forma e em ritmo diferentes (CHRISTENSEN; HORN; JOHNSON, 2008).

Priorizando um ritmo pessoal de aprendizagem, o professor precisa conhecer as diversas ferramentas que podem ajudar seus alunos a aprender. Nesse caso, a internet é a principal inovação tecnológica que permite o acesso a informações. Nela, o conhecimento pode ser desenvolvido em uma leitura de um *blog*, assistindo a um vídeo em uma rede social ou, ainda, em um jogo. Para atender a uma demanda de personalização e estimular a autonomia de seus alunos, o professor exerce menos seu papel de palestrante, pois os estudantes podem obter toda instrução teórica *on-line*. Além de guiar o aprendizado do aluno de acordo com suas necessidades, o docente precisa também de características de *coach*, motivando o estudante a traçar seu próprio caminho de aprendizagem. O papel do *coach* está vinculado ao profissional que ajuda pessoas a atingir seus objetivos por meio do desenvolvimento de novas habilidades. Segundo Michael Horn, a educação não é mais sinônimo de promoção social, e cabe ao professor estimular seus alunos dentro da sala de aula (CHRISTENSEN; HORN; JOHNSON, 2010).

Em modelos híbridos mais evoluídos, o professor precisa trabalhar direto com programadores e *designers* instrucionais, desenvolvendo materiais específicos para aprimorar o uso de ferramentas *on-line* em prol da aprendizagem. Técnicas de *design thinking* são muito utilizadas no desenvolvimento de cursos *on-line*, porém são pouco conhecidas por educadores dos níveis fundamental e médio. O *design thinking* é uma estratégia de problemas para busca de soluções coletivas. Tais técnicas ajudam a segmentar os projetos de implantação de objetos digitais educacionais. Professores têm utilizado o *design thinking* em escolas rurais na Austrália com o objetivo de inovar e realizar práticas que desenvolvam a criatividade dos alunos, utilizando apresentações multimídia e *games* como suporte tecnológico (ANDERSON, 2012).

Inovar exige disposição. Essa é a principal habilidade que um professor precisa ter para usar a tecnologia de forma pedagogicamente intencional em um modelo híbrido. Será necessário criar, testar e adaptar metodologias especiais para a realidade heterogênea das escolas brasileiras, e esse será o principal desafio dos professores nos próximos anos. Contudo, as tecnologias estão se tornando cada vez mais acessíveis e funcionais e, em muitos casos, criadas especificamente para aplicação na educação, o que facilitará bastante esse processo.

Professores que se permitiram agir diferente e ter esse novo olhar sobre como se aprende e se ensina garantem que a tarefa não é fácil, mas é muito viável. É preciso saber combinar as atividades presenciais que estimulam a colaboração entre alunos, bem como a valorização e a humanização da relação professor/aluno, com as atividades virtuais em que o aluno estuda sozinho, utilizando-se das ferramentas digitais:

> Acho que, para qualquer programa ter sucesso, as crianças precisam ser livres para arriscar e para errar. A tecnologia tem um papel importante na abordagem e contribui muito para essa liberdade. Quando os alunos se sentem mais estimulados e inspirados, passam a entender que o aprendizado é contínuo durante a vida, que não é restrito ao ambiente escolar. (ELIZONDO apud KALENA, 2014).

É importante ressaltar que a tecnologia é uma aliada. O aprendizado pode acontecer em qualquer hora e em qualquer lugar, não vamos limitar nem confinar nossos alunos. Vamos encontrar formas de facilitar esse aprendizado.

Para saber mais, acesse o vídeo:

http://apoio.grupoa.com.br/ensinohibrido/

COMO O PROFESSOR PERSONALIZA

A realidade das escolas brasileiras envolve turmas bastante numerosas, o que dificulta um atendimento individual. Alunos com defasagem necessitam de atenção especial, pois, além do atraso em conteúdos, também apresentam dificuldade de criar autonomia para traçar seu caminho de aprendizagem. O professor precisa ajudar o estudante a superar as dificuldades para que, no final de um ciclo, seu conhecimento seja concreto e capaz de ser aplicado em problemas do seu cotidiano. Além disso, ele é o intermediário entre o aluno e a informação, e cabe a esse profissional compartilhar as diferentes formas de obter informação, entre elas a leitura de livros e artigos na internet, assistindo a um vídeo, realizando exercícios e experimentos.

Por outro lado, existem estudantes proficientes que precisam de fomento para conseguir ir além dos conteúdos básicos do currículo tradicional. Esses alunos apresentam maior autonomia de estudo e conseguem desenvolver bem seu conhecimento, mas, para isso, precisam de ferramentas que os ajudem – e o professor, novamente, é a ponte que promove o contato entre esses estudantes e tais ferramentas. Em 2014, alunos de uma instituição de ensino apresentaram melhor desempenho na Olimpíada Brasileira de Matemática das Escolas Públicas utilizando a plataforma Khan Academy como ferramenta de aprendizagem. No ano anterior, sem o uso da plataforma adaptativa, a quantidade de alunos na fase final da olimpíada foi 13% menor (TOLEDO, 2014). A plataforma facilita o acesso ao conteúdo *on-line* de matemática e incentiva o interesse na disciplina em um processo de aprendizagem por *gameficação*.

Personalizar não é traçar um plano de aprendizado para cada aluno, mas utilizar todas as ferramentas disponíveis para garantir que os estudantes tenham aprendido. Se um aluno aprende com um vídeo, outro pode aprender mais com uma leitura, e um terceiro com a resolução de um problema – e, de forma mais completa, com todos esses recursos combinados. Quando o professor usa um texto e a mesma sequência de exercícios para todos os estudantes, ele exclui essas possibilidades e impõe um único caminho para construir o conhecimento.

A personalização não é um projeto de implantação e desenvolvimento imediato, ela deve ser trabalhada em todos os momentos, desenvolvendo uma nova cultura escolar. O computador é apenas uma ferramenta que apresenta diversas possibilidades de acessar a informação.

Vamos pensar no cenário de uma aula de matemática bastante tradicional: o professor introduz o assunto, repassa aos alunos toda a formalidade teórica, fórmulas e algoritmos de resolução de problemas, por exemplo. Em um segundo momento, todos os estudantes realizam a mesma sequência de exercícios, e o professor os corrige mesmo sabendo que em alguns dos problemas, apenas uma parcela muito pequena da turma apresentou dificuldades de desenvolvimento. Já utilizando um modelo híbrido de sala de aula invertida, os alunos podem assistir em casa a um vídeo contendo toda a instrução teórica. Junto ao vídeo, os estudantes resolvem problemas com ferramentas *on-line* que geram dados sobre a aprendizagem. Em sala de aula, eles podem desenvolver um projeto e, nesse tempo, o professor conversa com cada um, ou com aqueles que tiveram menor desempenho, auxiliando-os em uma forma de suprir suas necessidades para melhorar o processo de aprendizagem. Existe uma mudança clara nesse último cenário, em que o professor não é somente o responsável por explicar um conteúdo, mas também por realizar intervenções quando identificar que o aluno se distancia do objetivo proposto.

Para realizar essa atividade, o docente precisa de planejamento direcionado, sabendo exatamente qual será seu papel em cada momento do processo. Para o modelo de sala de aula invertida, é possível produzir seus próprios vídeos, ou selecionar aquilo que precisa ensinar em vídeos já disponíveis *on-line*. Durante a aula, fica disponível como tutor, auxiliando seus alunos individualmente ou em grupos. Com atividades bem elaboradas, os alunos desenvolvem autonomia, buscando também ajuda em recursos virtuais, e o professor pode cada vez mais focar em atendimentos individuais.

Segundo Moran (2007), o professor, em um futuro muito próximo, será multitarefa, orientará muitos grupos de alunos, dará consultoria a empresas, treinamento e capacitações *on-line*, alternando esses momentos com aulas, orientações de grupos e desenvolvimento de pesquisas com colegas de outras instituições. Para isso, é essencial que utilize instrumentos virtuais como ambientes de aprendizagem, vídeos e ferramentas de *chat*. O professor deverá identificar quando será necessário atender a seus alunos presencialmente e quando poderá promover o aprendizado *on-line*.

Para personalizar, pode utilizar ferramentas *on-line* a fim de obter dados dos seus alunos. Após uma atividade, os estudantes podem responder a um *quiz on-line,* e essas informações podem ser utilizadas para montar o agrupamento da próxima aula ou para fornecer um plano de aprendizagem baseado no desempenho dos alunos. Essa prática não exclui atividades mais elaboradas nas quais o aluno precisa dissertar e argumentar, e estas formas de avaliação também servem como dados para desenvolver o planejamento das aulas. O importante é promover uma orientação mais dinâmica. Em um modelo clássico, o aluno tem aulas por um período de tempo, e somente após uma avaliação é que o professor identifica falhas. No ensino híbrido, essas falhas devem ser identificadas a cada aula e utilizadas como combustível das atividades seguintes. Um modelo de avaliação contínua é mais adequado para acelerar a orientação pedagógica dos estudantes.

Trabalhar com agrupamentos dinâmicos é uma prática muito indicada no ensino híbrido. Os alunos podem ser distribuídos em grupos de acordo com seu desempenho ou com pareamento, elegendo-se estudantes para serem tutores em seus grupos. O aluno tutor pode ser também um aliado no trabalho do professor e uma forma de incentivar ações de colaboração.

Os dados obtidos em sala podem servir de apoio para formar pares, em que um aluno proficiente pode auxiliar outro com dificuldades de aprendizagem.

Esse trabalho de monitoria tem sido desenvolvido em uma escola de Terenos, no Mato Grosso do Sul (LOPES; SANTOS; JESUS, 2013). Em um projeto de implantação do uso de *laptops* em sala de aula, um grupo de monitores recebeu formação continuada para a troca de conhecimentos e tutoria. Além de proporcionar um espaço de engajamento social, a prática ainda tornou o processo de aprendizagem criativo e colaborativo. De forma voluntária, os monitores receberam formação e atendiam aos alunos com dificuldades durante as aulas e no contraturno. Segundo os monitores, foi muito positivo mostrar aos demais que o computador poderia ser uma potencial ferramenta de aprendizagem.

A escola vive um momento em que os professores estão aprendendo e se adaptando ao uso de ferramentas tecnológicas, enquanto seus alunos são nativos digitais. A forma como esses estudantes utilizam a tecnologia em favor da aprendizagem é uma habilidade que só se concretizará com novas práticas de ensino e professores inovadores, estimulando um espírito crítico em seus alunos perante toda informação disponível na rede.

Todos passamos por uma sala de aula, todos temos a lembrança de um professor e sabemos a importância que teve em nossas vidas, não por ser o "dono do saber" ou "trazer o conhecimento", como se pensava antigamente, mas por ser a pessoa responsável por despertar em nós o gosto e o interesse pelas coisas, por ser alguém que está perto torcendo e ajudando quando necessário. É preciso resgatar essa essência, não podemos perder o foco principal da escola: educar. Não podemos pensar apenas em resultados, nem olhar os alunos como números. Cabe ao professor começar essas mudanças.

A mudança não ocorre de um dia para o outro, nem existem receitas ou fórmulas prontas, mas a tendência é que, com o modelo híbrido de ensino e o uso das tecnologias como suporte aos professores, seja possível criar um ambiente ideal de aprendizagem, docentes motivados e alunos participativos, responsáveis e felizes.

Mas sonhar é coisa que não se ensina. Brota das profundezas do corpo, como a água brota das profundezas da terra. Como mestre só posso então lhe dizer uma coisa: Conte-me os seus sonhos, para que sonhemos juntos!

Rubem Alves – Alegria de Ensinar

REFERÊNCIAS

ANDERSON, N. Design thinking: employing an effective multidisciplinary pedagogical framework to foster creativity and innovation in rural and remote education. *Australian and International Journal of Rural Education*, v. 22, n. 2, p. 43-52, jul. 2012.

CARR, N. G. *The Shallows*: what the internet is doing to our brains. New York: W.W. Norton, 2010.

CHRISTENSEN, C. M.; HORN, M. B.; JOHNSON, C. W. *Disrupting class*: how disruptive innovation will change the way the world learns. New York: McGraw-Hill, 2008.

CHRISTENSEN, C. M.; HORN, M. B.; JOHNSON, C. W. *Disrupting class*: how disruptive innovation will change the way the world learns. 2nd ed. New York: McGraw-Hill, 2010.

COLL, C.; MONERO, C. *Psicologia da educação virtual*: aprender e ensinar com as tecnologias da informação e da comunicação. Porto Alegre: Artmed, 2010.

FREIRE, P. *Pedagogia da autonomia*: saberes necessários à prática educativa. Rio de Janeiro: Paz e Terra, 1997.

INTERNET SOCIETY. *Brief history of the Internet*. [c2015]. Disponível em: <http://www.internetsociety.org/internet/what-internet/history-internet/brief-history-internet>. Acesso em: 20 set. 2014.

KALENA, F. *Quando uma professora inspirada usa o ensino híbrido*. 2014. Disponível em: <http://porvir.org/porpessoas/a-chave-para-ensino-hibrido-e-equilibrio/20140424>. Acesso em: 18 set. 2014.

LOPES, M. C. L. P.; SANTOS, R. M. R.; JESUS, A. M. R. O olhar de alunos monitores em contexto de formação continuada para/no uso de laptops educacionais. *Cadernos de Educação, Tecnologia e Sociedade*, v. 4, n. 1, p. 61-72, 2013.

MORAN, J. M.; MASETTO, M.; BEHRENS, M. *Novas tecnologias e mediação pedagógica*. 15. ed. São Paulo: Papirus, 2007.

NÓVOA, A. Formação de professores e profissão docente. In: ___. (Org.). *Os professores e sua formação*. Lisboa: Publicações Dom Quixote, 1997.

SALA de aula invertida tem aula em casa e tema na escola. *Terra Notícias*, 25 mar. 2014. Disponível em: <http://noticias.terra.com.br/educacao/sala-de-aula-invertida-tem-aula-em-casa-e-tema-na-escola,1684eee6359f4410VgnVCM4000009bcceb0aRCRD.html>. Acesso em: 26 set. 2014.

TOLEDO, L. F. Final da Olimpíada de Matemática terá 542 adolescentes da Fundação Casa. *O Estadão*, 11 set. 2014. Disponível em: <http://educacao.estadao.com.br/noticias/geral,final-da-olimpiada-de-matematica-tera-542-adolescentes-da-fundacao-casa,1558481>. Acesso em 20 set. 2014.

VALENTE, J. A. et al. Diferentes usos do computador na educação. In: ___. (Org.). *Computadores e conhecimento*: repensando a educação, 1993, p. 1-23.

5 ESPAÇOS DE APRENDIZAGEM

GLAUCO DE SOUZA SANTOS

REFLETINDO SOBRE A ORGANIZAÇÃO ESPACIAL DA ESCOLA

A palavra *escola* vem do grego e significa "espaço do ócio" (ALVES; PRETTO, 1999), ou seja, para os gregos este espaço deveria ser local de lazer, descontração e, portanto, prazer. Definitivamente, o espaço denominado "escola" pelos gregos era bem diferente do que entendemos como escola hoje. Qualquer local onde eles pudessem se reunir e debater ideias poderia ser considerado uma escola. Era um espaço livre, onde o sujeito ia quando queria, permanecia o tempo que julgasse necessário e debateria temas que fossem definidos em conjunto com seu mestre. A prática escolar, para os gregos, estava mais associada ao livre interesse do aluno do que à prática repetitiva e orientada a uma determinada formação técnica.

Foi na Idade Média que o espaço escolar começou a adquirir a conotação que tem hoje. O homem medieval saía de sua casa para se dirigir a outro local específico, onde obteria conhecimentos específicos sobre determinada técnica de produção, fabricação ou conhecimentos orientados para o trabalho (KOSMINSKY, 1990). Com o surgimento da burguesia mercantil, já no final desse período, a escola e a universidade passam a ser espaços privilegiados de obtenção do conhecimento. Os debates perdem espaço para a instrumentalização do ensino. O espaço escolar passa a ser local de aquisição de saberes e técnicas.

É nesse momento, também, que se cunha o termo "escola". Em uma sociedade muito marcada pela íntima ligação entre religião e política, a escola foi construída para ser orientada como um espaço de formação técnica, mas também religiosa, sendo presidida pelo *scholasticus*, ou eclesiástico, clérigo responsável pela formação religiosa dos habitantes de uma paróquia (BLOCH, 1999). A burguesia medieval logo enxerga nesse espaço um local de ascensão social e de obtenção de *status*, visto que começava a se transformar a ideia de que só poderia atingir o topo da sociedade quem tivesse sangue nobre. O dinheiro e o *status* social eram de importância relevante nesse final de Idade Média. Assim, a escola se torna a escada ("*scolae scalae*") que possibilita ao indivíduo adquirir conhecimentos para escalar a pirâmide social (MODERNOS..., 2004).

Nessa caminhada da construção do espaço escolar que conhecemos há um último e importante passo: a organização desse "local do conhecimento". Somente no século XVIII começam os primeiros experimentos de pensar a formação básica do ser humano em uma larga escala. A Revolução Industrial transformou não só o modo de produção, mas também as relações sociais. Era preciso uma massa de trabalhadores que tivesse um mínimo de instrução necessário para operar as máquinas e otimizar o processo de produção. Nesse sentido, não fazia mais sentido apenas uma elite privilegiada ter acesso a conhecimentos como ler, escrever e contar, que deveriam estar disponíveis a toda a população proletária das cidades (IGLÉSIAS, 1981). Vale aqui destacar que a escola, como espaço de aprendizado, é um ambiente essencialmente urbano.

Foi nesse contexto de industrialização das cidades europeias que começou a se pensar em um ensino básico para toda a população.[1] Para ampliar o ensino, precisava-se pensar a escola como um espaço de treino para a indústria, seguindo o mesmo modelo que se aplicava nas fábricas: produção em larga escala, trabalhadores segmentados em seções e produção voltada a resultados mensuráveis. No século XIX, a partir do modelo prussiano,[2] o espaço escolar passa a atender um número cada vez maior de alunos, com salas de aula que deixam de misturá-los em várias idades e passam a atender, em cada série, a uma idade específica. O aluno é avaliado de maneira padronizada, visando estabelecer quem pode prosseguir na cadeia evolutiva da escola e quem deve ser retido para reaprender o conteúdo daquela série. A escola deixa de ter amplos espaços comunitários para se segmentar em diversas salas de aula, onde se define até mesmo quando e onde o contato entre alunos deve ser feito. A disciplina se torna papel principal na formação desse indivíduo, que será um futuro operário-padrão. O professor deixa de trabalhar junto com o aluno para ser disseminador de informações, fiscal e avaliador do progresso individual. O espaço escolar se torna meio de organização social.

---

[1] Os filósofos iluministas (e sua defesa pela instrução pública) podem ser enxergados como um reflexo da demanda que se fazia necessária nesse momento da Revolução Industrial.

[2] Para um aprofundamento nesse modelo de espaço escolar, sugerimos assistir ao filme *A educação proibida*.

A partir dessa breve introdução histórica, é perceptível que o espaço escolar foi e é objeto primordial na confecção do tipo de ensino que se espera praticar. Ele limita determinadas ações "indesejáveis" naquele tipo de prática estudantil, mas também pode criar inúmeras possibilidades de interação entre alunos, entre eles e o professor e entre eles e os objetos de aprendizagem.

Nos últimos 30 anos, o mundo passou por profundas transformações, assim como as formas de produção e as relações humanas; contudo, o espaço escolar continua formatado para atender às demandas de uma sociedade que não existe mais.

Como, então, buscar práticas pedagógicas diferenciadas em um espaço que atendia velhas demandas? "Isso quer dizer que a mudança da pedagogia centrada no ensino para a pedagogia centrada na aprendizagem exige uma reelaboração do significado do espaço da aula" (SILVA; PEREZ, 2012, p. 125). A implantação de qualquer atividade ou método pedagógico que seja diferente da aula expositiva centrada na figura do professor merece uma revisão do espaço da sala de aula. E por que não repensar o espaço escolar? Mais ainda: seria a escola o único espaço de aprendizagem?

ESPAÇO, ENSINO E APRENDIZAGEM

Em uma aula de história, o professor explicava sobre um dos temas mais importantes para os alunos do 7º ano: Renascimento. Eis que, ao falar dos grandes pintores desse período, um aluno se mostra muito interessado em ver os quadros e murais criados por Michelangelo. O professor se vê em um momento de crise. Por um lado, achou a ideia do estudante excelente, afinal os alunos não só poderiam conhecer uma obra de arte do Renascimento, mas ver todas as técnicas de pintura que ele havia explicado, potencializando o aprendizado. Por outro, na sala não há projetor, e o docente sabe que a sala de informática é disputada "a faca" pelos professores (provavelmente está sendo utilizada por outra turma). O que fazer?

Com certeza, você, professor, já passou por situações semelhantes a essa. Há muito material interessante na internet que pode ser usado em sala de aula para ampliar o aprendizado dos alunos. Existem também vários vídeos-aula e ferramentas *on-line* (como jogos, *quizzes*, testes) que poderiam ajudar seu aluno a aprender mais e em seu próprio ritmo. Mas até que ponto conseguimos trazer essas ferramentas para nossa escola?

O espaço, na maioria das instituições de ensino, foi construído para atender a um tipo de ferramenta didática: a aula expositiva. Todos os alunos sentados em suas carteiras individuais, enfileirados, com foco na figura do professor, que profere um discurso na frente da sala. A lousa, aparato "moderno" (no século XVIII), dá sustentação à explanação do mestre. Esse espaço estimula a obediência, a concentração em quem fala na frente e a repetição e cópia do que é palestrado. Hennings afirma que o espaço de aprendizagem "[...] fixa de modo permanente as atividades a realizar, já que afeta o comportamento das pessoas dentro desse espaço e a maneira como se comunicarão umas com as outras" (HENNINGS, 1978 apud ZABALZA, 1998, p. 246). A sala de aula atual, portanto, é um espaço válido para esse tipo de atividade, mas não deve ser o único.

Como vimos no início deste capítulo, as mudanças pelas quais a sociedade passou nas últimas décadas nos levaram a demandar uma nova escola.

Os alunos do século XXI, das chamadas geração Y ou Z, aprendem por múltiplos canais de informação, utilizam várias ferramentas que dinamizam o aprendizado e querem poder instrumentalizar seu ensino com a tecnologia que já utilizam para se comunicar e se relacionar com seus amigos. É uma geração que não só ouve, mas fala, critica e constrói.

Nesse sentido, a escola precisa ser repensada com vistas a criar vários espaços onde o aluno possa aprender a partir de uma aula expositiva, uma roda de debate, uma leitura, etc., a fim de experimentar aquilo que aprendeu na teoria. "A ideia de espaço faz alusão, mais do que aos componentes isolados que o formam, à particular relação que se estabelece entre ele e as pessoas que o frequentam" (ZABALZA, 1998, p. 241). Cada espaço deve permitir ao aluno utilizar diferentes ferramentas para que busque seu melhor caminho rumo ao completo aprendizado. O espaço funciona como um impulsionador e facilitador para o processo de ensino e aprendizagem do estudante. Para adaptar a escola a esses novos alunos, algumas instituições preferiram recomeçar do zero, derrubar paredes e repensar todo o espaço escolar. Contudo, essa "revolução" não é a única solução; basta que o professor repense o espaço da sala de aula como um dos espaços para a prática do ensino, complementar a outros espaços da escola, como o laboratório de informática, a bilbioteca, o pátio, etc. A sala de aula também pode ser reconfigurada de acordo com as atividades propostas pelo professor. Para isso, é necessário que o docente faça um levantamento prévio do nível de aprendizado dos alunos e das ferramentas mais adequadas para que todos possam ter êxito na assimilação daquele conteúdo. Após essa etapa, o professor pode refletir sobre qual espaço é mais adequado para a prática daquela atividade específica ou como poderia reconfigurar o espaço da sala de aula.

ESPAÇO ESCOLAR: ALUNOS COMO CENTRO DAS ATENÇÕES

Nessa mudança de paradigma sobre a forma de ensinar para alunos do século XXI, o espaço de aprendizagem tem papel importante.

> Se eu considero que as crianças são os verdadeiros protagonistas da sua aprendizagem, que aprendem a partir da manipulação e da experimentação ativa da realidade e por meio das descobertas pessoais; se, além disso, entendo que "os outros" também são uma fonte importante de conhecimento, tudo isso terá reflexos na organização de minha sala de aula: tendo espaços para o trabalho em pequenos grupos, distribuindo o mobiliário e os materiais para que as crianças tenham autonomia e "enchendo" o espaço de materiais que despertem o interesse infantil para manipular, experimentar e descobrir. (ZABALZA, 1998, p. 249).

A sala de aula ou os demais espaços escolares precisam ser pensados pelo professor de maneira que se integrem a partir das atividades que os alunos irão realizar. Apesar das paredes, o espaço não é fixo e pode ser configurado e reconfigurado para que se adapte ao processo de ensino e aprendizagem. Diferentemente do modelo massificado de ensino ao qual estamos acostumados, não é o aluno que deve se adaptar ao espaço, mas este adaptar-se àquele, como afirma Zabalza (1998, p. 255): "[...] o núcleo básico de um modelo de funcionamento não está constituído pela sala de aula nem pelas matérias, e sim pelas atividades".

A escola do passado (e que ainda resiste e persiste no presente) era pautada pela massificação do ensino, pela lógica do "eu sei e você está aqui para aprender comigo". Assim, seu espaço foi e está todo configurado para atender dois tipos de atividades: a audição à palestra do professor e a pesquisa em bibliotecas e laboratórios de informática para complementar a aula expositiva. No fim, esse espaço atinge o objetivo de centrar a atenção na figura do docente, tido até então como detentor universal do conhecimento, fonte de todas as informações possíveis nesse mundo.

Com o advento da internet e, principalmente, das redes sociais e dos espaços colaborativos *on-line*, um mundo vem sendo desconstruído. Não podemos mais imaginar a escola como o único "espaço do saber", o professor como a única fonte de informação confiável e a biblioteca como o arquivo de dados sobre o mundo. No lugar da escola, abriu-se o mundo; o docente se tornou mais uma fonte de informação, entre as tantas que a internet nos possibilita (incluindo vídeos-aula de outros professores); e a biblioteca perdeu espaço para fontes de informação *on-line,* como a Wikipedia ou o Google Books, por exemplo. O aluno, sem perceber, não vai mais à escola para adquirir conhecimento, afinal ele pode fazer isso em casa, no seu computador, *tablet* ou celular. "A internet e suas possibilidades de contato com o mundo podem ser entendidas como recurso e também canal de abertura para espaços pedagógicos infinitos", afirmam Silva e Perez (2012, p. 124). Mas, então, qual é o papel do espaço escolar?

A escola passa a ser local de produção e significação do conhecimento, além de ser espaço privilegiado de relações humanas. O aluno do século XXI frequenta esse ambiente não para buscar informações, mas para ter orientação de um professor sobre como usar e organizar esse mar de dados para atingir um objetivo específico.

Quantas vezes não nos deparamos com estudantes que chegam à nossa aula já com informações sobre determinado assunto, como corpo humano, acontecimentos históricos ou eventos climáticos, as quais ele obteve da internet? Muitas vezes, esses alunos estão sedentos por saber se aquilo é verdade e como pode afetar suas vidas. O espaço escolar deixa de se localizar no início do processo de ensino e aprendizagem para se posicionar no meio e no final desse processo.

Isso posto, podemos perceber que os sistemas de ensino têm buscado se adaptar a essa ressignificação do espaço escolar. Da massificação, passamos à personalização do ensino. O aluno deixa de ser enxergado como um número e passa a ser entendido pelas suas habilidades e competências. O professor desce do palco na frente da sala e senta ao lado do aluno para observá-lo, avaliá-lo constantemente e orientá-lo. As atividades deixam de ser únicas para todos os alunos e se transformam em tarefas personalizadas para cada grupo de indivíduos, segundo seu nível de proficiência naquela disciplina e/ou conteúdo.

> A forma como organizamos e administramos o espaço físico de nossa sala de aula constitui, por si só, uma mensagem curricular, reflete o nosso modelo educativo [...]. A forma como organizamos os espaços a cada uma de suas áreas e elementos reflete direta e indiretamente o valor que lhe damos e a função que lhe outorgamos e, além disso, diz muito em relação ao tipo de comportamento instrutivo e transmite o que esperamos de nossos alunos(as). (ZABALZA, 1987, P. 124).

Para esse modelo de ensino personalizado, o espaço escolar não pode mais ter como centro a aula expositiva, o professor e a simples obediência, mas deve se adaptar às peculiaridades de cada atividade e de cada aluno. Se um grupo de estudantes precisa de exercícios de reforço em matemática, por que não, por exemplo, organizar um canto da sala ou do laboratório de informática em que possam assistir a vídeos-aula da Khan Academy ou realizar uma lista de exercícios mais básicos a fim de solidificar o conteúdo antes de partir para um nível mais avançado? Se tenho alguns alunos que precisam melhorar sua leitura e interpretação de textos, preciso repensar minha sala de aula ou utilizar a biblioteca da escola, criando um espaço silencioso e que possibilite a concentração.

É importante notar que nem todos os estudantes da sala de aula têm a mesma necessidade de aprender ou reforçar determinado conteúdo; logo, o professor não pode pensar em aplicar a mesma atividade em um mesmo espaço para todos os alunos ao mesmo tempo.

Muitas vezes, notamos que alguns alunos terminam rapidamente uma atividade e ficam ociosos, enquanto outros precisariam de mais tempo para concluí-la. Nesse sentido, o espaço da sala de aula e os múltiplos ambientes da escola devem ser pensados como partes do processo de aprendizagem que o estudante percorrerá. Na sala, ele terá três ou quatro espaços com atividades diferentes em níveis distintos; no laboratório de informática, os alunos com dificuldades de aprendizagem poderão usar ferramentas *on-line* para rever conteúdos anteriores ou reforçar o conteúdo atual; e na biblioteca, aqueles que fizeram com facilidade as tarefas da sala de aula poderão se aprofundar em atividades mais complexas. Mas como o professor dará conta de tantas atividades diferentes? A tecnologia se torna aliada e também transformadora do papel do docente.

CONSTRUINDO O ESPAÇO PARA O ENSINO HÍBRIDO

O ensino híbrido, como já exposto nos demais capítulos deste livro, insere a tecnologia no espaço escolar, sem a necessidade de derrubar paredes, mas quebrando as velhas formas de se enxergar o ensino. Ao contrário do que muitos afirmam, a tecnologia aproxima o professor do aluno e os estudantes entre si. O uso de equipamentos como o computador, o *tablet* e o *smartphone* libera o professor para atuar como orientador e avaliador de seus alunos, aproximando-o muito mais da realidade de cada um, como bem observa Zabalza (1998, p. 131) quando afirma que:

> O centro de atenção já não é o que há no quadro-negro, mas o que está acontecendo no campo dos alunos. Esse simples deslocamento põe em dúvida muitas das formas habituais de se relacionar em classe, mas questiona consideravelmente o cenário. O que interessa não é o que mostra o quadro, mas o que acontece no terreno das cadeiras e, mais concretamente, em cada uma das cadeiras.

Nessa mudança do foco do quadro negro para as cadeiras, a tecnologia tem papel fundamental na transformação do espaço escolar, afinal, como vimos, o ambiente deve ser orientado e adaptado com vistas às atividades que o professor organiza a fim de atender às necessidades de aprendizado de seus alunos. Nesse ponto entra o ensino híbrido, que atua como uma ponte entre a estrutura de espaço escolar que temos para uma futura grande disrupção nesse espaço. Com a tecnologia, o professor pode gerenciar os diversos grupos e suas atividades, além de avaliá-los de forma mais rápida e profunda. A tecnologia também possibilita ao professor transformar a sala de aula em um grande laboratório de informática ou de ciências, ou em uma bilbioteca virtual, dependendo da criatividade e da necessidade de aprendizado de seus alunos.

Não há uma regra a ser seguida, mas alguns passos são fundamentais para se iniciar a transformação do espaço da sala de aula rumo ao ensino híbrido.

Passo 1: avaliação dos alunos

Toda atividade, seja de ensino híbrido ou não, deve começar com uma avaliação diagnóstica dos alunos. Como ensinar um conteúdo se o professor não conhece seus alunos, suas dificuldades de aprendizado e suas potencialidades? Nesse sentido, torna-se necessário avaliar os estudantes antes de cada etapa nova do trabalho no processo de ensino e aprendizagem. Essa avaliação, seja por meio de uma prova, de um trabalho em grupo ou da observação e anotação do professor, dará subsídio para que a atividade que será proposta aos alunos seja mais efetiva e tenha maior assertividade.

Passo 2: planejamento das atividades e dos grupos

Com os resultados da avaliação diagnóstica, o professor poderá pensar as atividades sobre determinado conteúdo, diferenciando-as em segmentos de proficiência dos alunos da turma em questão. Se há muitos estudantes com um nível inicial das habilidades e competências exigidas para aquele conteúdo, é necessário planejar uma atividade de revisão ou reforço antes de uma tarefa de aprofundamento no novo conteúdo. Se a sala possui uma heterogeneidade razoável, o professor pode pensar em dois ou três tipos de atividades segundo os níveis de proficiência da classe, com etapas pelas quais os alunos podem avançar ao longo de um tempo determinado. A tecnologia tem papel fundamental para prover ao docente ferramentas *on-line* que possibilitem essa diversidade de atividades para cada grupo de estudantes. Algumas delas, como a Khan Academy, permitem ao aluno aprender matemática assistindo a vídeos-aula, realizando exercícios e avançando em níveis do conhecimento daquele conteúdo de forma autônoma. Isso libera o professor para avaliar os dados de aprendizagem do estudante produzidos pelo sistema.

Passo 3: planejamento do espaço de aprendizagem

A partir do planejamento das atividades das turmas, o professor está pronto para pensar nos equipamentos necessários e na formatação que dará ao ambiente escolar.

Vale lembrar que os espaços da escola e da sala de aula, apesar de suas paredes de concreto, não são fixos nem devem ser delimitadores do trabalho do professor.

Mesmo com um espaço moldado para uma realidade escolar antiga, o professor do século XXI pode utilizá-lo de forma a atender às demandas de estudantes do século XXI, devendo observar que

> [...] o ensino centrado no aluno, a atenção à aprendizagem significativa e a ênfase na pedagogia da pergunta passam a exigir novos espaços de aprendizagem e, mesmo considerando o espaço tradicional da sala de aula, são necessários uma revisão e novos procedimentos. (SILVA; PEREZ, 2012, p. 125).

Se o laboratório de informática não está disponível ou não existe, por que não trazer os equipamentos para dentro da sala de aula? *Tablets*, *notebooks* e *smartphones* podem servir de suporte para as atividades, tanto para simples pesquisas como para acessar ferramentas *on-line* que possibilitem ao estudante assistir a um filme ou jogar um *game* educativo. A sala de aula deve ser pensada para que existam espaços onde cada atividade planejada possa ser realizada. Um canto para leitura de um texto selecionado pelo professor ou para os alunos assistirem a um vídeo-documentário; outro onde as carteiras são agrupadas em dupla para que os alunos realizem uma atividade *on-line* de pergunta e resposta; e um terceiro local onde se possa colocar tapetes que deem oportunidade aos alunos de se sentar no chão e jogar um *game on-line* que vai ajudar a fixar aquele conteúdo. Nesse tipo de formatação do ambiente, os alunos devem ter livre circulação para que escolham a atividade pela qual querem começar e, uma vez concluída, possam mudar rapidamente de espaço.

> O espaço da sala de aula funciona melhor para as crianças quando está dividido em diferentes áreas de trabalho. Essas áreas ajudam as crianças a ver quais são as suas opções, já que cada área oferece um conjunto único de materiais e oportunidades de trabalho. (HOHMANN; BANNET; WIKART, 1990, p. 58).

No caso de existência de espaços anexos à sala de aula, como o laboratório de informática, a biblioteca e o laboratório de ciências, o professor pode pensar o ambiente da sala como uma etapa das atividades a serem realizadas pelos alunos. Eles começam aí, e cada aluno que terminar a primeira tarefa dirige-se ao laboratório de informática ou à biblioteca, onde realizará outra atividade, geralmente de aprofundamento e que ele possa fazer sozinho, sem a ajuda do professor, que continuará na sala, orientando os demais. Para isso, o docente precisa pensar o espaço da escola como um todo – se há possibilidade de integração da sala com os laboratórios, se há liberdade para esse tipo de atuação nas regras da instituição ou se a equipe escolar pode auxiliá-lo nesse trabalho.

Passo 4: integração da equipe escolar

Antes da aplicação das atividades, caso o professor necessite utilizar espaços diversos à sala de aula, é necessária a integração com parte da equipe escolar. Realizar parte da atividade no laboratório de informática pressupõe um acordo com o instrutor ou professor responsável, para que observe o trabalho dos alunos e dê suporte quanto a possíveis questões técnicas. Até que os estudantes se acostumem com esse tipo de atividade, é importante que sempre haja alguém observando se eles estão fazendo aquilo que foi combinado, uma vez que o professor não está presente.

Passo 5: implementação

Por fim, após a prévia avaliação, o planejamento dos grupos e das atividades e a formatação do(s) espaço(s) onde os alunos atuarão, o professor está pronto para aplicar a atividade, que pode durar uma aula ou várias semanas, se for um projeto amplo. É sempre importante ressaltar que, para cada atividade, refaçam-se esses passos, pois um conteúdo pode exigir mais tempo dos alunos na biblioteca, enquanto outro pode demandar mais tempo no laboratório de informática, e um terceiro, que os alunos tenham uma pequena exposição do professor em sala.

Lembre-se: apesar das aparências, os espaços da escola são sempre flexíveis e dinâmicos, variando de acordo com a atividade que o docente propuser.

ALGUMAS POSSIBILIDADES: DEPOIMENTO

Para exemplificar a implantação do ensino híbrido, relatamos dois modelos de atividades que podem servir como introdutórios à prática. Para as aulas de história dos anos finais do ensino fundamental e do ensino médio, foi proposta a utilização dos modelos de sala de aula invertida e de rotação por estações.

No primeiro modelo de atividade em ensino híbrido, o aluno inicia o processo em casa, assistindo a um vídeo-aula, por exemplo, e pratica o conteúdo aprendido em sala de aula sob a orientação do professor – por isso o nome "sala de aula invertida". Dessa forma, espera-se que o estudante possa utilizar o tempo que precisar para aprender determinado conteúdo. Para que os alunos se inteirassem sobre os regimes totalitários da Europa no início do século XX, foi organizado e gravado um vídeo-aula explicando como o nazismo e o fascismo se utilizaram da propaganda, da educação e dos esportes para massificar suas ideologias. Foi solicitado que assistissem ao vídeo em casa e fizessem todas as anotações que considerassem oportunas. Na aula seguinte, no laboratório de informática, eles responderam a dois tipos de questionário: um de múltipla escolha e outro com questões subjetivas. Alguns precisaram recorrer outra vez ao vídeo, outros responderam diretamente com suas anotações. Alguns alunos conseguiram resolver as questões sem auxílio do professor, mas outros precisaram de orientação. O mais importante dessa modalidade de ensino híbrido é possibilitar ao estudante autonomia no aprendizado, pois ele conduz o ritmo e a busca de informações que precisa para aprender. Nesse modelo, a casa do aluno virou sala de aula, e esta, local para a prática daquilo que aprendeu.

O segundo método de ensino híbrido aplicado consistiu na rotação por estações, em que os alunos têm à disposição três ou quatro atividades-

FIGURA 5.1
Implantação do método sala de aula invertida.

des diferentes em espaços distintos (estações) na sala de aula ou no laboratório de informática. As tarefas podem ser complementares ou sobre o mesmo assunto, mas com abordagens diferentes. O estudante pode escolher por qual estação vai começar. Terminando a atividade daquela estação, o professor avalia os resultados (ou o próprio aluno, caso utilize uma ferramenta *on-line* que ofereça *feedback*), e o estudante se dirige para outra estação, até finalizar o percurso. É possível colocar estações extras para aqueles que tenham maior domínio sobre o assunto e terminem mais rápido a atividade ou para reforçar o conteúdo, caso o aluno sinta a necessidade de estudar mais.

Na atividade ilustrada na Figura 5.2, as turmas da 1ª série do ensino médio foram organizadas para estudar as diferenças entre as sociedades de Atenas e Esparta. Para isso, criaram-se quatro estações. Na estação azul, os alunos deveriam realizar uma pesquisa direcionada comparando a organização social nas duas cidades. Eles receberam uma tabela com os dados a serem pesquisados e preenchidos. Na amarela, eles precisavam assistir a um vídeo-documentário sobre a educação das crianças em Atenas e em Esparta e responder a questões dissertativas. Já na verde, deveriam ler um breve texto no livro digital e responder às questões de múltipla escolha do próprio livro. Por fim, foi organizada uma estação extra para aqueles que terminassem a atividade antes do fim da aula, que continha questões de vestibulares para praticar o conteúdo aprendido.

Alguns alunos chegaram até a estação extra, outros precisaram levar a atividade para terminar algumas questões em casa, mas a maioria conseguiu realizá-la em sala de aula. Muitos precisaram da orientação do professor, que nesse momento pôde analisar quais precisavam de um reforço naquele conteúdo e quais tinham maior facilidade. O ensino híbrido possibilita, além de outros aspectos, a proximidade da relação professor-aluno, uma vez que o docente precisa sentar ao lado de cada estudante para orientá-lo e observar sua produção.

FIGURA 5.2
Implantação do método rotação por estações.

Quando é o aluno quem está dirigindo seu aprendizado, cabe ao professor o papel de orientador e avaliador constante.

O espaço da sala se altera de forma natural, uma vez que não são mais necessárias a aula expositiva e a simples audição.

UMA ESCOLA COM A CARA DOS SEUS ALUNOS

Você já deve ter notado que o ensino híbrido possibilita não só repensar o espaço da sua sala de aula, mas também abre portas para uma transformação maior no espaço escolar. Quando falamos que o ensino híbrido é ponte, é justamente porque possibilitará levar esse modelo de estrutura escolar ultrapassado para um que seja mais adaptável ao mundo contemporâneo. Ele não é um fim em si mesmo, mas um caminho para se chegar lá.

Quando o professor se esforça para enxergar a sala de aula como um espaço de aprendizagem diferente daquele para o qual ela foi projetada, está provocando uma pequena disrupção no modelo atual de ensino. E qualquer pequena mudança provoca ondas de transformação. Zabalza (1987, p. 122) afirma que

> [...] não podemos estar na nossa de aula como quem está em uma casa alugada na qual nada pode ser modificado. Muito pelo contrário, a sala de aula é um dos principais instrumentos com os quais contamos para desempenhar a nossa tarefa de educadores(as).

Propor atividades nas quais os alunos possam se movimentar na sala de aula, mover o mobiliário ou se direcionar para outros locais da escola necessariamente implicará também repensar os mais diversos espaços dentro do ambiente escolar.

Para iniciar essa onda de transformações, acreditamos haver apenas um caminho, que se inicia com a mudança da sala de aula do professor engajado no ensino híbrido. Cada docente é livre para escolher a melhor forma de atuar com seus alunos visando encontrar maneiras mais eficazes de ensino e de aprendizado. Ao transformar sua sala em um ambiente de ensino híbrido, onde celulares e *tablets* não sejam proibidos, mas bem-vindos, onde alunos não passem cinco horas por dia sentados enfileirados ouvindo os professores, mas passem a se movimentar pela sala, sentados em duplas, grupos ou pesquisando individualmente em um canto da peça, o professor estará dando o pontapé inicial para deixar a massificação do ensino de lado e partindo para um caminho sem volta rumo à personalização do ensino –

e, como vimos na introdução deste capítulo, a configuração do espaço de aprendizagem tem papel fundamental nessa trajetória.

A experiência bem planejada e executada de um professor pode servir de exemplo de sucesso para os demais, bem como para a equipe gestora, os quais, muitas vezes, estão ávidos por encontrar técnicas e meios de engajar e empoderar seus alunos no processo de aprendizagem. Ao movimentar objetos, móveis e alunos, o professor enfrentará resistência por parte daqueles que, muitas vezes por insegurança, se apegam ao modelo de espaço escolar atual, mesmo sabendo que este não mais atende à demanda dos estudantes, como afirmam Silva e Perez (2012, p. 122):

> [...] a ação didática do professor em sala de aula e em outros espaços pedagógicos não pode ser ditada pelos recursos. Isso faz parte da crítica muitas vezes feita ao apego excessivo ao livro didático, por exemplo, que acaba – ele próprio – tornando-se a aula.

Contudo, é preciso persistir, adequar-se à sua nova função dentro desse espaço e encontrar os resultados de aprendizagem dos alunos. Só com os resultados práticos é que se torna possível quebrar as resistências e avançar rumo à reformulação de outros espaços dentro da escola, a fim de chegar ao ponto de toda a comunidade escolar estar engajada nessa transformação.

Para outros depoimentos sobre como organizar o espaço, acesse:

http://apoio.grupoa.com.br/ensinohibrido/

O ESPAÇO DE APRENDIZAGEM IDEAL

Há um espaço ideal, um modelo padrão para que o ensino híbrido germine e dê bons frutos? Não. Assim como tudo em educação, nunca há um modelo a ser seguido à risca em todos os lugares, com todas as turmas e todos os alunos. O ser humano é dinâmico, e, por isso, a forma como uma criança aprende hoje não será a mesma amanhã. Além disso, deve-se levar em conta as diferentes realidades sociais e escolares do Brasil.

Mesmo assim, vale a pena termos em mente algumas experiências que vêm dando certo. Elas nos ajudam como um norte a ser alcançado. Nos Estados Unidos, as escolas da rede Summit[3] têm adotado um modelo de personalização do ensino em que as salas de aula estão montadas visando aproximar alunos em trabalhos conjuntos, sempre com uso da tecnologia. No mesmo país, há uma organização não governamental, a New Classrooms,[4] que faz parcerias com algumas escolas para repensar o espaço dessas instituições como foco na individualização e personalização da aprendizagem, disponibilizando *softwares* em que cada aluno possa aprender no seu ritmo com atividades que possibilitem um aprendizado mais adequado às suas habilidades.

Já no Brasil, um projeto de reformulação do espaço escolar inspirador é o GENTE,[5] do Rio de Janeiro. O GENTE faz parte de um projeto amplo chamado GEC (Ginásio Experimental Carioca), o qual experimenta inovações pedagógicas e as leva para toda a rede municipal de educação. As escolas que fazem parte do GENTE foram todas reformuladas, partindo do pressuposto de que o aluno do século XXI precisa de espaços múltiplos de aprendizagem, cada qual com configurações móveis que possibilitam o desenvolvimento de atividades diversas. Podemos citar também outro projeto de sucesso, o Âncora.[6] Com uma pedagogia totalmente reformulada, em suas unidades, todos os espaços tradicionais que estamos acostumados foram repensados, e o processo de ensino e aprendizagem ocorre em qualquer lugar dos mais de 11 mil metros quadrados, incluindo amplas áreas verdes, quadras de esporte, circo, salões de estudo equipados com livros didáticos e computadores, refeitórios, pista de *skate*, salas de música, de dança e de artes, bem como uma biblioteca. É a revolução do espaço escolar.[7]

---

[3] Para mais informações, acesse: http://www.summitps.org.

[4] Conheça o projeto em: http://www.newclassrooms.org/index.html.

[5] Para saber mais, acesse: http://gente.rioeduca.net.

[6] Mais informações em: http://www.projetoancora.org.br.

[7] Para conhecer mais sobre o projeto Âncora e a revolução do espaço escolar, sugerimos assistir ao vídeo-documentário *Quando sinto que já sei*.

Essas são algumas das várias instituições que têm se tranformado para atender ao ensino personalizado. Se houvesse um padrão para seguirmos, cairíamos de novo nessa estrutura de ensino massificado que temos, em que todas as escolas são iguais, independentemente das diversidades existentes nas várias regiões do país e até mesmo dentro delas. Quem vai estabelecer como sua sala de aula estará organizada será você, com base nas atividades que pretende realizar para que seu aluno possa escolher seus caminhos de aprendizagem.

REFERÊNCIAS

ALVES, L. R. G.; PRETTO, N. Escola: um espaço de aprendizagem sem prazer? *Comunicação & Educação*, São Paulo, n. 16, p. 29–35, 1999. Disponível em: <http://www.revistas.usp.br/comueduc/article/viewFile/36878/39600>. Acesso em: 11 mar. 2015.

BLOCH, M. *Os reis taumaturgos*. São Paulo: Companhia das Letras, 1999.

HENNINGS, D. G. *El domínio de la comunicación educativa.* Madrid: Anaya, 1978.

HOHMANN, M.; BANET, B.; WIKART, D. P. Ninõs pequeños en acción. Trillas, México, 1990.

IGLÉSIAS, F. *A Revolução industrial*. São Paulo: Brasiliense, 1981.

KOSMINSKY, E. A. *História da idade média*. São Paulo: Centro do Livro Brasileiro, 1990.

MODERNOS historiadores revelam uma nova visão do mundo medieval, distante da Idade das Trevas. *História Viva*. São Paulo: Duetto, n. 5, mar. 2004.

SILVA, M. H. A.; PEREZ, I. L. *Docência no ensino superior*. Curitiba: IESDE Brasil, 2012.

ZABALZA, M. A. *Didáctica de la educación infantil.* Madrid: Narcea, 1987.

ZABALZA, M. A. *Qualidade em educação infantil*. Porto Alegre: Artmed, 1998.

Anexo: DEPOIMENTO

A EXPERIÊNCIA DA ESCOLA MUNICIPAL PROFª CORALY DE SOUZA FREIRE

MARIA ALESSANDRA DUBOWSKI NASCIMENTO

Qual a relação entre o espaço e o processo de ensino e aprendizagem?

Estamos acostumados com os alunos enfileirados, olhando para a lousa e para a nuca do colega, e o professor com o comando da sala, na frente. Com a reorganização do espaço, por exemplo, com as carteiras formando um "U", os alunos conseguem se olhar mais e, com isso, interagir melhor, prestar atenção ao redor e avaliar como o professor se porta diante dessa mudança.

Como o espaço da sala de aula pode facilitar o processo?

> **O espaço físico deve estar em sintonia com as aulas híbridas no contexto da adequação dos conteúdos e na facilidade de acesso aos materiais.**

Na minha escola, todos os guias, apostilas, dicionários, livros, jogos e outros materiais ficam trancados no armário dos professores, que levam a chave para casa. Em um ambiente híbrido, tudo deveria ficar exposto, para que os estudantes tivessem a oportunidade de escolher o que aprender e utilizar os recursos que quiserem no momento que precisarem.

Como o espaço da escola pode ser pensado nesse modelo?

Devem ser pensados não só a sala de aula, mas os laboratórios, bibliotecas, quadras, hortas, espaços abertos, entre outros, também devem ser criados ou remodelados para utilização maciça. Um ambiente onde todos possam contribuir, evoluir, utilizar e modificar.

Qual o espaço ideal para a prática do ensino híbrido com a finalidade de alavancar o processo de ensino e aprendizagem personalizado? Como transformar o ambiente escolar focado na educação tradicional em um espaço propício para o ensino híbrido?

Com o modelo que mais utilizo, as rotações, o espaço deverá ser pensado em pequenos locais, chamados de estações, em que no máximo cinco alunos podem ficar confortavelmente (no chão, em cadeiras, sentados ou deitados). Essas estações abrigam os grupos e não necessariamente precisam ser dimensionadas ou fechadas. Pode-se ter um grande espaço, e as estações com atividades diferentes espalhadas por ele.

O que poderia ser modificado no seu espaço de trabalho, sala de aula, laboratório, entre outros locais, para que os alunos pudessem aprender de forma personalizada e efetiva?

A sala de informática, onde trabalho há 11 anos, era como toda sala: carteiras enfileiradas com dois computadores em cima, um quadro branco à frente da sala. Utilizava uma das paredes para projeção do *data show* (os alunos sentavam no chão para assistir), e havia uma mesa no meio da peça para os professores criarem suas atividades. Os cadernos e materiais dos alunos ficavam guardados em um armário chaveado na frente da sala. Vários computadores e equipamentos de informática sem funcionamento ficavam guardados ali (atrás da lousa), e foi pedido à direção da escola que os enviasse ao órgão da Prefeitura responsável pelo recolhimento.

Fizemos, antes do segundo semestre, uma modificação brusca, para que meus alunos pudessem interagir melhor e, assim, tornar as aulas fossem mais dinâmicas: Separamos as mesas em grupos com quatro máquinas, assim montei seis estações com quatro computadores; Os armários foram levados para o fundo da sala, e consegui mais um armário aramado da secretaria para colocar os cadernos, jogos e materiais a serem utilizados; A mesa no meio da sala continuou, mas com a proposta de que a lousa digital ali ficasse para projetar no quadro branco; o *data show* continua virado para a parede, mas foi interligado a um sistema de som para apresentações, vídeos e utilização da internet quando necessário; inserimos duas mesas pequenas com cadeiras para trabalhos em duplas; grande parte do chão ficou livre para ser usada quando possível; verificamos que o espaço quase dobrou de tamanho em relação à organização anterior; quanto às salas de aula, separamos todas por grupos. Quando chegam, eu digo: grupo 1 irá para a estação tal, grupo 2 aqui, grupo 3 ali, etc. Não preciso mais separá-los em duplas, e eles podem trabalhar colaborativamente.

6

A AVALIAÇÃO E A TECNOLOGIA

A questão da verificação de aprendizagem no modelo de ensino híbrido

ERIC FREITAS RODRIGUES

A experiência escolar é marcada por simbólicos momentos que nos permitem visualizar perfeitamente sua natureza cíclica. No construto escolar clássico, os alunos são recebidos em um modelo seriado que lhes permite, desde muito novos, notar os ritmos regulares com que passam, de bimestre a bimestre, boletim a boletim, por cada conjunto de informações e, ao completarem uma fase do currículo, retornam, no ano seguinte, para reiniciar a mesma jornada, uma etapa acima caso tenham obtido sucesso. Ao professor, cabe a outra face dessa relação: estabelecer um primeiro contato, delinear métodos de trabalho e programas curriculares, apresentar sua disciplina aos estudantes e avançar pelo currículo e pelas propostas até uma derradeira conclusão do ano, quando é feita a seleção dos alunos habilitados ou não a prosseguirem para um novo período de desafios.

Como qualquer jornada regida por ciclos, os eventos que se repetem tornam-se quase rituais que demarcam as etapas de um ano: a organização das turmas, a sequência dos bimestres (ou trimestres), a entrega de notas, os conselhos de classe, os períodos de recuperação e assim por diante. Entre esses "eventos-rituais", a avaliação é um dos que carrega ainda mais significados, uma vez que, exatamente como um ritual de passagem, deve habilitar ou reter aqueles que a ela se submetem, abalizando os alunos capacitados, ou não, ao início de um novo ciclo, ao avanço de mais uma etapa.

A avaliação, com frequência, está configurada como mais uma das etapas do processo escolar e, portanto, limitada a esse papel. Indubitavelmente, não é de se estranhar que ela tenha adotado essa função ou, ainda mais, que já tenha sido concebida como apenas mais uma das etapas do cotidiano educacional. Luckesi (1995) afirma que os exames escolares foram sistematizados a partir dos séculos XVI e XVII e estão definidos, essencialmente, como um mecanismo de classificação. Considerando a massificação educacional, que teve início nos séculos XVIII e XIX, em um contexto pós-Revolução Industrial, a avaliação como método de segmentação e organização do ensino é um reflexo das demandas sociais daquele período.

Este capítulo busca refletir sobre a avaliação e sua função herdada daquele momento histórico. Os desafios da sociedade pós-industrial do século XXI reverberam no ambiente escolar e, por conseguinte, no modelo consolidado de etapas e de eventos-rituais. A avaliação, assim, carece de ressignificação: o método classificatório já não basta mais como sua quase exclusiva função. No modelo de ensino híbrido isso fica bastante claro: é preciso adotar a função diagnóstica da avaliação de maneira central se existe pretensão de repensar o ambiente escolar.

Além disso, a reflexão sobre a avaliação precisar ir além de sua readequação de uso e sentido. É preciso avançar sobre a própria interface sobre a qual a avaliação é apresentada. Além de repensar a pedagogia que define como se usa a avaliação, também é preciso repensar os métodos avaliativos: papel, lápis e caneta não são mais os únicos recursos para a realização de uma avaliação oficial.

No modelo de ensino híbrido, a tecnologia viabiliza novos e distintos métodos de avaliação, como recursos diversos, sistemas de cooperação ou de registro individual de resultados, formas variadas de entrega e apresentação.

A forma de entrega dos resultados da avaliação também passa por alterações, pois, enviados por meios digitais, eles podem ser quantificados e analisados de forma mais prática e objetiva.

Por fim, uma análise crítica dos métodos apresentados é indispensável. A avaliação é parte indissociável de uma prática de ensino reflexiva, como exige o modelo de ensino híbrido. Para isso, foi essencial pensar como as disciplinas humanas podem se posicionar criticamente sobre a ressignificação da avaliação. Seu desafio, aqui, foi o de pensar de modo subjetivo os métodos avaliativos, posicionando a análise de diagnósticos nesse sentido e permitindo uma ampliação do espectro da avaliação, além da objetividade aparente que os métodos tecnológicos podem carregar.

REFLETINDO SOBRE AVALIAÇÃO

A rotina é uma constante no universo escolar. Do planejamento da rotina diária à rotina do ano letivo, uma série de momentos marca o cotidiano escolar: horários, lanches, festas comemorativas, passeios, eventos abertos à comunidade e assim por diante.

É inegável que a rotina é parte da experiência escolar do aluno e, de certa forma, tem o mérito de conduzir o estudante por uma sequência de eventos que cria hábitos de socialização e comprometimento com uma agenda de compromissos, os quais, devidamente organizados, desenvolvem um valioso sentimento de pertencimento.

O cotidiano escolar e sua rotina, entretanto, não são exclusividades do universo de interação do aluno. A sequência de compromissos do ano letivo também cria uma rotina peculiar ao professor: planejamentos, reuniões, conselhos de classe, encontros com responsáveis, avaliações e outros. Portanto, o corpo docente, de maneira geral, também está vinculado a uma sequência de obrigações que tende a ser internalizada e, de certa maneira, visualizada como a própria essência do processo escolar.

A habituação, portanto, é parte normal do ambiente da escola e, com todos os méritos que a rotina possa ter para o desenrolar de um constante processo de vinculação e pertencimento, ela leva a uma inevitável naturalização. Ainda que o objeto ou hábito naturalizado possa ter inúmeros atributos positivos, ele tende a ser destituído de crítica, inclusive daquela que constrói reflexões válidas. A desnaturalização é um método razoável de refletir de modo crítico sobre os desafios e as questões que nos cercam; no ambiente escolar, em que muito do cotidiano acaba se tornando costumeiro, tal desnaturalização pode ser inquestionavelmente válida para repensar a maneira de atuar.

Portanto, se boa parte das práticas normais à escola precisam ser desnaturalizadas para que se possa repensar a experiência de ensino, um dos focos dessa reflexão inevitavelmente precisa recair sobre a avaliação. O hábito de verificar níveis de aprendizagem é uma das práticas escolares mais comuns e, apesar disso, tende a ficar retido a uma dupla função: aprovação/reprovação.

À medida que o processo escolar foi sendo sistematizado e ampliado, abarcando cada vez mais estudantes, a avaliação foi se consolidando como um recurso exclusivamente seletivo, separando aqueles que estão habilitados a avançar dentro dos grupos seriados da educação básica tradicional.

Por mais diverso que seja o método avaliativo (e os professores merecem crédito por, progressivamente, adotar formas de avaliação que trabalham habilidades distintas), esse valor da avaliação como simples método de seleção não foi rompido. De fato, à medida que avaliar se tornou uma maneira de "liberar" ou não o aluno para avançar nos degraus de sua vida acadêmica, em muitos casos ocorre a associação da avaliação como um último recurso punitivo – talvez um resquício dos tempos da famigerada palmatória, comum à escola do século XIX no Brasil e retratada na literatura de então (ASSIS, 1997) –, em que o professor opta por "endurecer" na avaliação, sendo os índices de reprovação a recompensa mínima de um mestre dedicado, mas incompreendido e desprezado por seus alunos. Não seria incomum escutar na sala de professores, entre um copo de café e outro, o planejamento de uma avaliação praticamente invencível.

A avaliação, portanto, hoje está aquém de seu verdadeiro potencial. Como método de verificação de aprendizagem, ela pode superar o binômio aprovação/reprovação e ser utilizada como um instrumento de reorientação da prática pedagógica; seu uso, um dos mais definidos eventos-rituais escolares, pode, assim, facilmente suplantar a inércia da rotina escolar, desde que ela seja pensada, por professores e alunos, como uma etapa da relação de ensino, e usada verdadeiramente como uma forma de verificar brechas no processo de aprendizagem que possam ser vencidas. É no processo de posicionamento da avaliação como um guia, um meio de desenvolver a aprendizagem e não apenas verificá-la, que se pode desnaturalizar esse processo e adequá-lo aos desafios atuais da educação.

AVALIAÇÃO NO ENSINO HÍBRIDO: MUDANDO O FOCO

A inserção de tecnologia no espaço da sala de aula se tornou um dilema após a revolução da informática e a grande adoção dos computadores pessoais nas décadas de 1980 e 1990. Com a disseminação em massa dos dispositivos tecnológicos, essa questão foi aprofundada a partir dos anos 2000, quando o cisma entre o espaço escolar tradicional e as formas de produção e absorção de conteúdo se tornou nítido: as escolas ainda estão presas ao modelo físico de um mundo regulado pela industrialização e seus símbolos, enquanto os canais pelos quais as pessoas optam por dialogar com o mundo foram enriquecidos pelas inovações tecnológicas.

A regra, entretanto, pode comportar exceções: com a profusão de recursos digitais, muitas alternativas que tiram proveito dessa gama de ferramentas surgiram. Assim, outros caminhos foram abertos, e a internet, os computadores, os *tablets* e os celulares passaram a integrar a educação, mesmo que por vias limitadas.

Educar a distância já é uma realidade. Mais do que isso, grandes universidades, hoje, disponibilizam alguns de seus cursos virtualmente, de forma gratuita e com certificação, dando base para discutir se a tecnologia não está precipitando uma mudança de enormes proporções no sistema educacional como um todo.

Assim, o cenário é, ao primeiro olhar, de desencontro. De um lado, temos a escola tradicional na sua permanência em um modelo que não atende mais aos alunos e às comunidades, gerando professores descrentes de suas capacidades; de outro, novos caminhos virtuais para a educação que ainda não conseguem obter um *status* oficial o bastante para se afirmar e oscilam entre a alternativa e o descrédito.

A proposta de ensino híbrido ataca justamente essa lacuna entre os dois formatos de educação. O hibridismo marcado no nome da prática demonstra exatamente a união entre o espaço físico da escola tradicional e as novas ferramentas e métodos que os recursos tecnológicos apresentam. É por meio da combinação das práticas tradicionais com as inovadoras formas de ensino virtual que a educação pode iniciar um processo de transformação intenso, que abranja os desafios das redes de ensino do século XXI.

Para o ensino híbrido, no entanto, não basta conciliar essas duas esferas da educação – a física e a virtual – e aguardar que os resultados dessa combinação ocorram espontaneamente. É imprescindível que se repense a organização do universo escolar, da postura dos professores à organização da sala, incluindo uma seleção criteriosa da maneira como a tecnologia pode ser inserida nesse cotidiano, respeitando condições materiais, locais, perfil dos alunos e dos docentes, entre outras questões. É preciso que as práticas escolares sejam também adequadas a esse novo modelo, tendo como guia a construção de uma escola voltada para a aprendizagem individual.

Nesse grande processo de readequação, a avaliação se coloca como um dos pontos que carecem de transformação. Para isso, é preciso repensá-la não só pelo válido exercício crítico de reflexão, mas também para extrair o máximo de benefícios do modelo híbrido. Não cabe, nesse modelo, enxergar a avaliação apenas como o momento da seleção entre alunos habilitados ou não a seguir adiante.

Para o ensino híbrido, a transformação no papel da avaliação deve ocorrer aliada a uma mudança no foco, o qual deve recair sobre o aluno.

Isso não significa que o professor deve ser desconsiderado na complexa equação entre a criação, aplicação e análise na educação, e sim que a avaliação deve deixar de centrar-se em suprir exclusivamente aquelas demandas que ele estabeleceu como parâmetro.

A avaliação deve verificar o processo de aprendizagem do aluno e, por este ser o seu foco, retornar a ele pelo resultado. Esse processo de *feedback* tem de ser o motor da reorientação da prática de aula: conteúdos, formas de abordagem, instrumentos e ferramentas de avaliação, enfim, todos os componentes da verificação da aprendizagem precisam reagir aos resultados, buscando suprir as demandas dos alunos no alcance do melhor de seu potencial.

Assim, chegamos ao ponto em que é possível introduzir um dos conceitos mais essenciais ao ensino híbrido e no qual a avaliação tem participação crucial: a personalização de ensino. Todo o leque de recursos tecnológicos que pode ser inserido em sala de aula seria acessório sem que alguma modificação profunda pudesse ser realizada no processo educacional. A personalização é exatamente essa modificação. Com as facilidades da tecnologia e a mudança para um processo individualizado de ensino, torna-se possível oferecer o conhecimento da maneira, do método e no momento mais adequados ao aluno. Mais ainda: é possível trabalhar com cada estudante em seu ritmo individual. Isso significa respeitar os ritmos de apreensão de cada um (acelerando quando possível, retrabalhando quando necessário) e encontrar alternativas quando um método não é suficiente para superar um obstáculo da aprendizagem.

Sem a avaliação, todo o processo de ensino personalizado fica limitado. Aqui, entra a segunda função da avaliação na perspectiva de um modelo híbrido: ela não só deve estar focada no aluno, para que seja possível verificar a aprendizagem e devolver soluções, mas também precisa ser uma parte constante dessa relação de ensino. É por meio dos resultados das avaliações – devidamente orientadas para o que se planeja alcançar – que a personalização poderá ser realizada. Assim, fecha-se o ciclo de desnaturalização da avaliação no espaço escolar: rotineiro elemento de seleção, ela é ressignificada com uma função muito mais valiosa na orientação do processo de aprendizagem, para então retornar à rotina escolar.

Com a avaliação repensada e reintroduzida na escola, pode-se ampliar seu espectro: o conhecimento não é mais seu objetivo único. O conteúdo, as posturas e as habilidades podem confluir para formar um quadro de objetivos que se pretende desenvolver com um grupo de alunos. É possível estabelecer uma sequência de diversas etapas no desenvolvimento escolar e utilizar a avaliação como uma forma de verificar, individualmente, como os estudantes estão lidando com ela. A mudança de foco para avaliação não está só na alteração de quem se relaciona com ela, mas também na maneira como é composta.

A mudança de foco da avaliação é, portanto, um trabalho complexo e de grandes ramificações. As possibilidades que o ensino híbrido oferece nesse processo estão diretamente ligadas à maneira como a avaliação é colocada para o aluno e, para o professor, à maneira como ela é proposta e analisada. Dentro de um modelo de ensino híbrido, entretanto, há bem mais a se explorar no que tange à avaliação do que à mudança de foco.

Para saber mais, acesse o vídeo:

http://apoio.grupoa.com.br/ensinohibrido/

REPENSANDO A AVALIAÇÃO EM TEMPOS DE TECNOLOGIAS DIGITAIS

Uma análise crítica dos procedimentos que compõem a rotina escolar já permitiu identificar que a avaliação é um dos pontos que precisa ser repensado. Dentro das inúmeras nuanças que fazem parte da verificação da aprendizagem, está claro que algumas precisam ser reajustadas se existe pretensão de atender ao aluno e à escola, que, hoje, diferem muito daqueles considerados tradicionais e herdeiros do modelo fabril de organização do espaço de estudo.

O modelo de ensino híbrido propõe que esse processo de reajuste da avaliação passe por uma mudança de foco: o aluno deve se tornar o ponto central da educação e, consequentemente, da avaliação. Isso permite uma mudança de abordagem do processo avaliativo que, em última instância, possibilitará uma personalização do ensino. É essa personalização que viabilizará o aprofundamento das transformações discutidas até aqui e que são o eixo fundamental da mudança de perspectiva no processo de aprendizagem.

Para atingir a personalização de ensino, o papel da avaliação não pode ser esgotado apenas com a reflexão crítica sobre como posicioná-la. É preciso considerar a inserção de tecnologia na educação, que é uma característica essencial do modelo de ensino híbrido, e explorá-la a favor de uma avaliação mais produtiva. A tecnologia, de maneira geral, é um elemento facilitador da execução de qualquer trabalho: por meio dela abrem-se novos campos de ação, que podem ser realizados com menor esforço e melhores resultados. Sua aplicação no desenvolvimento da avaliação deve proporcionar vantagens semelhantes.

Assim, com o uso de tecnologias e recursos digitais, a avaliação pode ser imensamente diversificada. Os computadores, *tablets* e celulares estão disponíveis para realizar as funções mais simples com as quais estamos habituados: uma produção textual pode ser transferida para um editor de texto; uma planilha de cálculos pode ser útil nos trabalhos matemáticos; um arquivo de *slides* é um recurso valioso em uma apresentação. Todos esses podem ser métodos utilizados para desenvolver uma avaliação, mas ferramentas *on-line* permitem ampliar imensamente as formas de avaliar. Analisando alguns exemplos, há o Socrative, *software* em que professores podem consultar o desempenho dos alunos em tempo real, em sala de aula, e receber resultados de modo automático; os formulários, no Google Docs, permitem criar praticamente qualquer tipo de avaliação (questionários, pesquisas, propostas de seminários, testes, entre outros), podem ser acessados de qualquer dispositivo e geram uma planilha de respostas de acesso absolutamente fácil para o professor; com o Padlet, a liberdade é total: é possível criar qualquer coisa em um mural em branco, sem restrições. A lista de ferramentas que se poderia citar é gigantesca – e traria maneiras de avaliar tão distintas que desviaria a discussão daquelas que devem ser as reais preocupações quando se pensa em avaliação no modelo de ensino híbrido.

Está claro que a escolha do aplicativo ou da ferramenta não é a principal preocupação quando consideramos a tecnologia como veículo da avaliação, mas sim a questão da forma como se pretende avaliar. Existem ferramentas de amplo acesso, gratuitas ou de baixo custo, para praticamente qualquer propósito que se tenha.

A primeira preocupação, então, deve ser avaliar em função do planejamento. Uma vez definidas quais habilidades e capacidades se pretende desenvolver, surge a necessidade de escolher uma ferramenta que se adapte a essas intenções. Esse é, certamente, um dos pontos cruciais da noção de personalização do ensino híbrido: com a flexibilidade da tecnologia, a forma de avaliar é que deve se adequar ao aluno e ao desenvolvimento almejado, e não o inverso.

Em um segundo momento, passa-se ao produto da avaliação. Se as formas são muitas e as possibilidades de avaliar são constantes, como é possível dar conta de todo o material produzido? A princípio, parece que administrar toda essa diversidade de verificações (e seus resultados) seria impossível. De fato, a coleta e a análise de dados são etapas determinantes do processo de personalização do ensino e do uso da avaliação como forma de verificação da aprendizagem. A partir dos resultados, pode se proceder a uma adequação de método, de ritmo, de forma, enfim, uma adaptação real ao melhor caminho a ser seguido para cada aluno. Ainda que se produza uma enorme quantidade de resultados, refletir sobre eles é viável.

Essa segunda preocupação não passou despercebida na criação de um sistema de ensino baseado na tecnologia. Plataformas como o edX, voltada para cursos *on-line* promovidos por grandes universidades, permitem que o aluno acompanhe em um gráfico sua evolução ao longo das avaliações. Porém, apenas isso não é o bastante. É preciso que o professor possa ter acesso prático, completo e pormenorizado dos resultados, e algumas plataformas são excelentes em suprir essa necessidade. Na Khan Academy, por exemplo, é possível ver os resultados das turmas e dos alunos, acompanhando os avanços individuais e coletivos e permitindo que estudantes com mais desenvoltura avancem em seu próprio ritmo. As planilhas criadas por meio dos formulários do Google Docs viabilizam um acesso claro e segmentado dos resultados dos alunos, questão a questão. Assim, o processo de análise de dados é otimizado pelas ferramentas, e o professor pode agir sobre essas informações e organizar seu planejamento tendo em consideração os sucessos ou as dificuldades dos métodos que utiliza.

A tecnologia, portanto, pode ser vertical no processo de avaliação: ela se insere desde as etapas do planejamento até a maneira como os resultados são obtidos, compilados e analisados. Deve estar claro que o modelo de ensino híbrido não invalida a construção de relações – inclusive da própria verificação de aprendizagem –, como ocorre em métodos considerados tradicionais.

Por híbrido, devemos entender a mescla do virtual e físico, considerando que os recursos materiais continuam tendo seu papel no processo de ensino.

Fica estabelecida a maneira como os dados obtidos por meio de recursos digitais podem ter uma leitura e análise prática e objetiva, que permita a construção direta de uma aprendizagem submetida a constantes processos de análise. Resta pensar de modo crítico sobre essa vantagem.

É preciso refletir sobre a objetividade das avaliações usando tecnologia e verificar se ela afeta um contexto maior de habilidades e capacidades subjetivas igualmente relevantes. Isso pode ser crucial para definir a maneira ideal de inserir recursos tecnológicos na avaliação.

A QUESTÃO DA AVALIAÇÃO NAS DISCIPLINAS HUMANAS

Nos cursos de graduação em História, no Brasil, largamente influenciados pelo produtivo campo da História na França, é comum que os universitários recém-admitidos sejam confrontados com a provocativa leitura do livro *A escrita da História*, de Michel de Certeau. Esse texto, uma leitura quase universal entre os historiadores brasileiros, questionou a noção de que o historiador recria a verdade e desperta para uma questão essencial quando se escreve: o lugar social (CERTEAU, 1982). É impossível desconsiderar que a pesquisa e a produção em História estão articuladas com o lugar econômico, político e cultural de quem a elabora.

A reflexão de Certeau permite construir um paralelo com a posição do professor: o docente também parte de um lugar social para construir sua prática, que, inevitavelmente, reflete na maneira como ele age no dia a dia. Assim, o conhecimento prévio, o histórico acadêmico, as preferências disciplinares e as experiências pessoais reverberam em seu trabalho. Longe de ser uma característica negativa, esse é um ponto que determina, mesmo que de modo inconsciente, a própria marca particular do trabalho de cada professor.

Quando a análise do papel da tecnologia na avaliação é feita na perspectiva de um modelo de ensino híbrido, é rápido perceber os benefícios e vantagens que serão alcançados.

As possibilidades de verificar a aprendizagem se ampliam na quantidade e no espectro de formas que podem ser realizadas; os dados coletados pelas avaliações, por sua vez, podem ser quantificados e interpretados de diversas formas, permitindo uma constante reorientação da prática de aula e uma intensa personalização de ensino.

Algumas disciplinas poderão tirar proveito imediato desses recursos digitais. As disciplinas exatas que precisam trabalhar a capacidade de lidar com questões mais objetivas (cálculos e aplicações de fórmulas, por exemplo) obtêm grande sucesso ao utilizar plataformas que permitam propor muitos tipos de problemas, com abordagens variadas, e que gerem um acesso funcional e claro aos resultados. A palavra de ordem, aqui, é objetividade: problemas objetivos podem ser verificados com mais facilidade e analisados de maneira mais direta.

Se a objetividade é quase espontânea nas formas de avaliar com tecnologia, não podemos dizer o mesmo da complexidade necessária quando é preciso trabalhar habilidades e capacidades que se apoiam largamente na subjetividade. Muitas vezes, a solução de um problema ou a apreensão de uma forma de calcular não bastam; quando se pretende desenvolver o pensamento crítico, a capacidade matemática não é o bastante. A subjetividade necessita de atenção na avaliação em um modelo de ensino híbrido.

As disciplinas humanas, pelo caráter diverso de suas propostas, precisam pensar cautelosamente sobre como utilizar as tecnologias na avaliação. No caso da História, por exemplo, Marcelo Magalhães informa que os parâmetros curriculares nacionais (PCNs) consideram o ensino dessa disciplina um fator favorável à formação do estudante como cidadão (MAGALHÃES, 2003). De que maneira, então, um professor pode usar a tecnologia como forma de desenvolver (e, posteriormente, verificar tal desenvolvimento) a cidadania? É possível garantir que os recursos digitais serão eficientes para atender a esse tipo de demanda, assim como outras que surgem nessa e em disciplinas próximas?

Considerando o que já foi exposto sobre avaliação, podemos pensar de modo crítico sobre como enfrentar essas questões. Primeiro, se um dos pontos positivos da inserção da tecnologia na verificação da aprendizagem é a ampliação da variedade de formas de avaliação (e, consequentemente, obter resultados), o professor que deseja trabalhar a subjetividade deve se valer disso. As ferramentas e plataformas disponíveis permitem muito mais do que a lógica simples da múltipla escolha: é na construção da proposta de avaliação que o docente poderá focar a habilidade ou a capacidade a ser atingida e selecionar formas para alcançar isso. A preocupação do professor da área das ciências humanas será a de preparar uma avaliação em que o aluno possa ir além da objetividade e, de sua parte, analisar os resultados de maneira crítica, refletindo sobre como os estudantes desenvolveram as subjetividades pretendidas. Isso já acontece de maneira recorrente em sala de aula: quando propõe um seminário de apresentações, o professor muitas vezes não espera memorização de conteúdos, mas analisa a retórica e a capacidade crítica de seus alunos, entre outras habilidades.

De fato, esse é um segundo ponto determinante para o trabalho do professor das disciplinas humanas: o ensino híbrido insere a tecnologia, mas não exclui o docente e o espaço escolar. O contato com os colegas, a presença do professor e o ambiente da escola são também parte sólida desse modelo. Assim, nos momentos presenciais, a relação individual com os alunos permite uma constante avaliação das habilidades subjetivas que também precisam ser desenvolvidas. Mais ainda: a tecnologia não precisa excluir práticas tradicionais; de fato, pode melhorá-las. Quando um grupo de alunos prepara um vídeo para uma exibição, está desenvolvendo atividades semelhantes às da apresentação presencial de um trabalho, por exemplo. Além disso, esta última não precisa ser descartada: as práticas regulares devem continuar a fazer parte do ambiente escolar em alguma medida.

A ação crítica do professor, nesse caso, será a maneira essencial de manter a avaliação como um recurso atraente e importante do planejamento e da rotina escolar, mesmo nas disciplinas humanas.

Aqui, retomar um ponto importante deste texto garantirá que não se deixe de lado essa orientação: pensar criticamente permitirá uma constante desnaturalização do processo avaliativo. É com a ideia de abertura dessa construção que a conclusão se revela: em momento algum a naturalização dos processos escolares deve permitir sua execução automática; é por meio de um cíclico processo de análise, de crítica e de reorientação que a rotina escolar pode ser mantida, mas não banalizada.

DEPOIMENTOS

Se é possível definir os parâmetros necessários ao desenvolvimento de uma avaliação repensada para o modelo de ensino híbrido – foco no aluno, personalização, preocupação com habilidades –, é importante também exemplificar práticas realizadas nesse sentido. Para coordenar todas essas características na rotina de trabalho, é válido refletir sobre situações em que experimentações foram feitas com base nesses pressupostos.

Ao longo de 2014, desenvolvi aulas utilizando o modelo de ensino híbrido com turmas de 8º ano em uma escola municipal do Rio de Janeiro. As turmas eram compostas por 35 alunos, em média, inseridos em uma escola de ambiente tradicionalista e conteudista; o uso de tecnologia estava limitado a aulas expositivas com o uso de projeções de imagens, vídeos e mapas até a inserção do modelo de ensino híbrido, que se deu exclusivamente nas aulas de História.

Ao trabalhar com tecnologia em escolas da rede pública, a adaptabilidade é uma característica essencial. Essa foi uma questão constante a considerar à medida que fui inserindo e ampliando o uso de recursos digitais. Para tanto, tornou-se comum que as turmas trabalhassem com dois métodos distintos de ensino híbrido: o de sala de aula invertida e o de rotação individual. O primeiro propõe que o aluno tenha contato com o conteúdo digital em casa, ficando o espaço de sala de aula voltado ao exercício de atividades sobre o tema; já o segundo estabelece que os estudantes devem transitar entre atividades e práticas de tarefas distintas, de acordo com suas necessidades, o que leva a uma personalização no processo de aprendizagem.

Nesse exemplo, foi essencial adaptar os dois métodos na prática com o uso do modelo de ensino híbrido. A carência material que acomete muitas escolas públicas – e está presente na questão dos recursos tecnológicos – foi superada pela combinação desses dois métodos. Dessa forma, alguns alunos tiveram acesso aos conteúdos ainda em casa; outros, em alguns computadores disponibilizados em sala. Em ambas as situações, foram oferecidos aos alunos os mesmos conteúdos e recursos digitais, sem prejuízos ou detrimento de qualquer um dos métodos.

O conteúdo e as avaliações desenvolvidas se adequaram a essa realidade. Optei por fazer largo uso da plataforma Google Docs e seu aplicativo que permite a criação de formulários, gerando diversas formas e propostas de trabalho dentro dessa ferramenta. Para os alunos que iniciavam os trabalhos em casa, havia a opção de realizar as tarefas do formulário e enviá-las de forma direta; em sala de aula, muitas vezes foi preciso oferecer os formulários em suas versões impressas, já que raramente foi possível confiar na estabilidade da conexão à internet oferecida na escola. Essa flexibilização não criou interferências nos resultados obtidos.

Uma vez definidos e adaptados os métodos de trabalho, foi preciso refletir de maneira mais profunda sobre a avaliação e de que maneira seria possível utilizá-la a favor da personalização do processo de aprendizagem. A primeira etapa foi avançar sobre o currículo estabelecido pela Secretaria de Educação Municipal e determinar os pontos do conteúdo que seriam trabalhados, bem como as habilidades a serem desenvolvidas pelos alunos. Assim, procurei fixar alguns marcos que deveriam ser alcançados pelos estudantes e os utilizei para definir as avaliações.

Ao ter o primeiro contato com um novo tema e passar por sua apresentação por meio digital (vídeos, leitura de conteúdos *on-line*, *slides*), o aluno realizava uma verificação inicial, em geral um questionário que articulava os marcos já estabelecidos como essenciais sobre aquele tema. Assim, era possível fazer uma verificação precoce da aprendizagem e considerar se os primeiros recursos oferecidos haviam sido suficientes para que o aluno apreendesse o assunto. Esse primeiro questionário foi criado coadunando as propostas de desenvolvimento de habilidade e do conteúdo. Algumas questões eram discursivas e subjetivas, levando o estudante a exercitar o raciocínio crítico em seu desenvolvimento. Os mesmos questionários comportavam também questões que trabalhassem a percepção lógica e as capacidades de interpretação de eventos e de criação de relações pela análise.

Após esse questionário inicial, foi imprescindível que o aluno só prosseguisse em suas atividades depois de uma primeira verificação do andamento do processo de aprendizagem. É a partir dos resultados dessa primeira atividade que se pode operar mudanças na maneira como os estudantes estão tendo contato com o conteúdo. Para obter maior personalização, foi importante, inclusive, construir uma agenda pessoal, específica para cada aluno, de como realizar essas mudanças. É a maturidade da turma que vai determinar como criar tal agenda, sendo possível construí-la com intensa participação dos alunos quando há espaço de interação e liberdade.

Em seguida, foi possível iniciar o processo de personalização da aprendizagem para cada aluno. Pelo menos três tarefas distintas foram oferecidas, sendo que duas tinham como função retrabalhar, por meio de outro método, as dificuldades enfrentadas. Passar por essas duas etapas não era obrigatório, mas condicionado ao desempenho na primeira avaliação. A terceira tarefa se destinava aos estudantes que obtivessem pleno domínio do tema (e, de modo eventual, aos alunos que concluíssem as tarefas paralelas) e era oferecida como um desafio, exatamente por estimular o desenvolvimento de habilidades mais complexas. Em geral, ficaram reservadas a essa tarefa práticas como a pesquisa envolvendo a criação de relações complexas, as análises críticas de imagens históricas, a construção da percepção do sujeito histórico e outras atividades mais subjetivas.

Os métodos utilizados com essas duas turmas não atingiram o ápice da personalização. Os alunos seguiram uma sequência de etapas previamente organizadas, e, ainda que tenha havido o contato professor-aluno na elaboração das agendas pessoais de trabalho, não foi possível transferir aos estudantes a responsabilidade de criar seus próprios roteiros de trabalho. Isso se deve muito à falta de maturidade da turma, mas, principalmente, ao problema da carência de material que permitisse trabalhar com mais recursos digitais.

De maneira geral, os resultados foram bastante satisfatórios. Uma das turmas apresentou redução de 50% no número de alunos em situação de reprovação, e a participação dos estudantes teve grande incremento: nas duas turmas, a taxa de resolução das tarefas foi de quase 100%, enquanto nos métodos tradicionais era de cerca de 40%.

Mais avanços podem ser alcançados, mas isso depende do constante reforço da relação entre professor e aluno, bem como do aumento do envolvimento dos alunos, um processo que tende a evoluir conforme se trabalha com o modelo de ensino híbrido.

No exemplo adotado, em uma escola pública no subúrbio de uma grande cidade, o uso do modelo de ensino híbrido provou ser de grande valia nessas primeiras experimentações. Foi uma grande melhoria em comparação às práticas tradicionais, tanto para os alunos como para o professor. Ainda que exista uma carência material, isso pôde ser superado com a combinação e adaptação de métodos já estabelecidos dentro da prática do ensino híbrido – e esse é um dos pontos mais positivos desse modelo: a capacidade de flexibilização e adaptação é tão ampla que ele pode ser pensado e aproveitado em diversas situações educacionais.

REFERÊNCIAS

ASSIS, M. de. *Contos sagrados*. Rio de Janeiro: Ediouro, 1997.

CERTEAU, M. de. *A escrita da história*. Rio de Janeiro: Forense Universitária, 1982.

LUCKESI, C. C. Entrevista sobre a avaliação da aprendizagem. *Jornal do Brasil*, Rio de Janeiro, 21 jul. 2000.

MAGALHÃES, M. de S. História e cidadania: por que ensinar história hoje? In: ABREU, M.; SOIHET, R. (Org.). *Ensino de história:* conceitos, temáticas e metodologia. Rio de Janeiro: Casa da Palavra, 2003.

LEITURAS SUGERIDAS

CHRISTENSEN, C. M.; HORN, M. B.; JOHNSON, C. W. *Disrupting class:* how disruptive innovation will change the way the world learns. New York: McGraw-Hill, 2008.

LUCKESI, C. C. *Avaliação da aprendizagem escolar*. São Paulo: Cortez, 1995.

Anexo: DEPOIMENTO

RELATANDO MINHAS EXPERIÊNCIAS

ALINE SOARES SILVA

É incrível como uma proposta nova de trabalho pode mudar a realidade de um grupo. As crianças envolvidas nesse projeto de educação híbrida frequentavam o 5º ano do ensino fundamental em uma escola privada de Belo Horizonte. É importante relatar como o ensino híbrido pode trazer benefícios aos alunos, além de transformar o espaço de aprendizagem em um campo ainda maior de descobertas.

Quando começamos nossas aulas híbridas, tudo ainda era muito novo; a autonomia diante do que deveria ser feito, a busca maior pelo conhecimento, a professora como agente observadora, a habilidade de trabalhar em grupos e ser coautor da sua aprendizagem tiveram de ser desenvolvidas. Diante disso, observei um grupo curioso, que mostrava contentamento com uma aula diferente.

A busca pela autonomia foi o primeiro passo para que esse projeto fosse o sucesso que é hoje para o grupo. Os alunos aprenderam que seriam agentes no processo de aprendizagem e que ocorreria não só com a ajuda da professora, mas também de seus pares. Para que o sucesso fosse maior, a interação com as plataformas Moodle e Mangahigh começou a ser trabalhada de forma diferente. Os estudantes começaram a utilizar fóruns, os quais passaram a ocorrer com muita frequência no Moodle. Muitas atividades e textos com exploração de conteúdos passaram a ser trabalhados via fórum, de forma que os alunos vinham mais bem preparados para as aulas e, assim, começamos a inverter nossa sala de aula, enviando para casa parte do conhecimento a ser adquirido em sala. Outra mudança significativa foi na plataforma de matemática Mangahigh: o que antes era atividade comum para todos os alunos passou a ser personalizado, de acordo com a demanda de cada um. Portanto, o estudante não avançaria para determinadas atividades se ainda apresentasse dificuldades em áreas que fossem pré-requisitos.

> **A possibilidade de um retorno seguro e rápido se deve à maneira de avaliar dentro do ensino híbrido. Com os dados *on-line* dos fóruns, foi possível fazer intervenções pontuais à medida que as atividades ocorriam.**

Com o Mangahigh o retorno não foi diferente: a possibilidade de acessar a plataforma e receber os resultados das atividades propostas no momento em que ocorriam permitiu selecionar cada atividade de acordo com a demanda de cada aluno e no momento em que a aula ocorria. Assim, o estudante que conseguia resolver a atividade relativa a uma habilidade específica recebia imediatamente outra tarefa.

A partir do momento em que os alunos ficaram mais envolvidos e entenderam melhor a proposta, a Khan Academy passou a servir como apoio nas aulas de matemática, permitindo mais uma análise de dados dos resultados dos estudantes e sendo mais uma possibilidade de ampliação de conhecimento e avanço do grupo.

Além das plataformas que tiveram seu uso aprimorado, o resultado de cada aula aplicada foi surpreendente. Para avaliar o grupo, foram criadas algumas tabelas de personalização e avaliação, cujos registros eram feitos no momento da aula.

Na aula de rotação individual, os alunos eram direcionados para atividades que trabalhavam as habilidades que precisavam desenvolver e também poderiam escolher tarefas que mais lhe chamavam atenção. Nesse momento, percebia-se como o resultado era diferente naquelas propostas em que o aluno escolhia o que queria fazer. Foi possível verificar como a aprendizagem fazia maior sentido e como o ensino se fazia mais personalizado.

Com esses dados e com aqueles coletados nas atividades, surgia a possibilidade de intervir de maneira bem pontual tanto no momento em que ocorriam as aulas como nas aulas seguintes, diferentemente de um processo tradicional, no qual o retorno só aparece depois da avaliação.

Outro dado importante nesse processo foi a possibilidade de retorno das propostas de aprendizagem desenvolvidas *on-line*, o que acontecia de forma imediata. Muitos questionários e atividades foram realizados via Google Docs e Moodle, dando ao aluno retorno rápido e seguro sobre o que desenvolvia. Havia momentos em que era possível fazer a revisão no momento da aula ocorria e com auxílio da professora. As orientações finais ocorriam em sala de aula, utilizando o *data show* para levantamento de erros, acertos e possíveis intervenções.

As propostas desenvolvidas com o grupo possibilitavam uma avaliação mais real diante do que o aluno sabia ou precisava saber. Embora as avaliações formais e com nota ainda persistissem na escola, as aulas híbridas possibilitavam maior preparo dos estudantes para esse desafio de "prova". A segurança do grupo diante das atividades avaliadas com nota passou a ser maior.

O resultado do projeto é visível em cada aluno, que desempenha seu papel de forma mais responsável. Os estudantes compreendem que são sujeitos de sua aprendizagem e que a cada aula podem modificar seu modo de pensar, criando novas ideias e construindo novos saberes. Veem com maior entusiasmo qualquer atividade desenvolvida em sala e sabem que o processo avaliativo não se resume somente a resultado de notas, e sim ao desenvolvimento como um todo.

Diante das aulas aplicadas, foi possível observar um enorme crescimento do grupo em relação à autonomia, à responsabilidade e à cooperação, assim como bons resultados em avaliações formais. Dessa forma, fica claro que avaliar os alunos no momento em que ocorre a aprendizagem é o melhor caminho para que entendam que o conhecimento é algo muito maior que um instrumento no papel, mas é de fato o que fornece subsídios para seu crescimento intelectual e lhes permite se tornarem cidadãos mais críticos, participativos e responsáveis.

7

AS TECNOLOGIAS DIGITAIS NO ENSINO HÍBRIDO

ALEXSANDRO SUNAGA
CAMILA SANCHES DE CARVALHO

Das muitas tecnologias utilizadas na escola, poucas se tornaram tão tradicionais como a lousa e o giz. Ultimamente, nas salas de aula, já podemos encontrar projetores multimídia e televisores digitais, mas poucos são utilizados devido à possível resistência por parte dos professores e gestores das escolas, que muitas vezes não tiveram a formação inicial para isso ou não possuem o conhecimento necessário para promover um uso de qualidade, por serem imigrantes digitais.

Tradicionalmente, as aulas são expositivas, e os alunos devem voltar para casa com o caderno repleto de conteúdos copiados da lousa, pois acredita-se que essa seja uma forma eficiente de ensino. Porém, com o avanço das tecnologias digitais e a consequente facilidade de acesso à informação, a escola já não é a única fonte de conhecimento disponível para as pessoas. Por meio do desenvolvimento dos computadores, *smartphones*, *tablets* e internet, pode-se aprender em qualquer lugar e a qualquer hora. Contudo, o papel da escola não termina, mas se expande, e cabe a ela direcionar e capacitar os alunos a explorar responsavelmente esses novos caminhos.

Uma das formas de se alcançar esse objetivo é a instituição reconhecer que o uso da tecnologia potencializa a ação de todos os sujeitos e pode estreitar os laços existentes entre professores, alunos, gestores e pais. Utilizando a tecnologia, o docente pode ganhar mais tempo para se dedicar a melhorar suas estratégias de ensino e se relacionar com seus alunos. Essas ferramentas possibilitam a personalização da aprendizagem e fornecem estímulos que impulsionam os estudantes em suas descobertas. Os gestores conseguem acompanhar o desempenho dos alunos e professores, já os pais conseguem visualizar o desempenho dos filhos a qualquer momento, podendo intervir também antes das avaliações formais, e não somente depois.

Com o avanço da tecnologia, o futuro da escola se dará pelo estabelecimento de uma rede de conexões em que a aprendizagem colaborativa é o eixo principal.

O conhecimento é construído democraticamente por meio do trabalho individual e coletivo. Para que isso aconteça, a escola deve fornecer a infraestrutura necessária, como acesso à internet, laboratórios de informática, redes sem fio de qualidade e momentos para a formação de educadores.

Utilizando as tecnologias, os professores podem potencializar suas aulas com diferentes tarefas e alcançar os alunos de uma forma que a metodologia tradicional, com suas aulas expositivas e o conhecimento centrado no docente, não permitia. Eles podem perceber melhor as dificuldades dos alunos por meio das plataformas adaptativas, sendo possível orientá-los individualmente segundo suas necessidades. Além disso, é possível realizar avaliações virtuais com correção automatizada para questões objetivas e economizar o tempo que antes era utilizado para aplicar e corrigir as provas. Dessa forma, o professor não é mais um transmissor do conteúdo, mas um orientador, mediador ou facilitador na construção do conhecimento; é quem auxiliará os alunos a aprender.

Os estudantes podem se sentir mais estimulados ao perceber sua progressão constante e sua autonomia sendo alcançada a cada atividade. Eles podem ser desafiados a encontrar soluções para os mais diversos problemas, a trabalhar em grupo, respeitando a individualidade e a capacidade de seus colegas, o que os preparará para viver em um mundo mais dinâmico e complexo.

Esse futuro já é realidade em algumas instituições de ensino do Brasil e do mundo. Neste capítulo, vamos discutir os principais usos, vantagens e possibilidades de se aplicar as tecnologias digitais no ensino.

QUAL É O PAPEL DA TECNOLOGIA DIGITAL NO ENSINO HÍBRIDO?

Uma escola deve responder às necessidades econômicas e sociais de seu tempo. Ao promover a aprendizagem por meio das tecnologias adequadas e a inclusão de seus alunos na cultura das tecnologias digitais, ela está contribuindo para o desenvolvimento de futuros profissionais aptos a trabalhar em um novo modo de produção (SILVA, 2005), a produção da informação. É cada vez maior o volume de informações compartilhadas *on-line* e o número de pessoas cujas atividades profissionais estão relacionadas a essas informações. Esse novo profissional, para ser competente, deve ser um investigador, um cidadão crítico, autônomo e criativo, capaz de utilizar a tecnologia na resolução de problemas do cotidiano (BAHRENS, 2005).

A tecnologia não é um *instrumento*, termo adotado na época da industrialização e que se refere a um utensílio utilizado no trabalho fabril. Ela é uma *interface*, um novo termo criado na informática e ao qual interação e multiplicidade são inerentes. É o encontro de duas ou mais faces em atitude comunicacional e dialógica. É uma transição da simples transmissão unilateral das informações para um processo moldado pela interatividade, participação, intervenção e bidirecionalidade (SILVA, 2005).

Ao contrário da uniformidade do ensino tradicional, cujas aulas e provas são ministradas como se todos tivessem as mesmas habilidades, com as tecnologias digitais pode-se personalizar o ensino por meio do uso das plataformas inteligentes, também chamadas de adaptativas. Elas reconhecem as características dos usuários e oferecem atividades em nível personalizado, satisfazendo as necessidades de cada aluno e possibilitando que cada um aprenda no seu tempo, rompendo, assim, o tempo fixo de duração de uma aula, uma característica do ensino brasileiro. Isso permite também a personalização das avaliações, em que cada aluno testa suas habilidades de acordo com o seu nível de conhecimento. Nessas plataformas, os estudantes aprendem fazendo e refazendo, construindo e reconstruindo conceitos.

Tradicionalmente, a escola foi formada tendo o professor como especialista e fonte de conhecimento. Esperava-se, assim, que esse profissional fornecesse aos estudantes todas as habilidades necessárias para viverem o resto de suas vidas. Porém, o volume de informações tem crescido de modo exponencial, tornando essa tarefa inviável já há muitos anos. Em contraste, agora é possível obter informações de vídeos, da internet e de *softwares*.

Hoje, é essencial ensinar os estudantes a aprender responsavelmente. O professor passa a ser um tutor, guiando os alunos na busca pelas informações necessárias para o seu desenvolvimento.

Outra característica da escola tradicional é a crença de que não se pode usar livros, calculadoras e muito menos o computador quando se realiza um teste. Porém, na vida adulta, um profissional tem maior sucesso se souber mobilizar recursos, muitas vezes suportados pela tecnologia, para a realização eficiente de tarefas (COLLINS; HALVERSON, 2009).

Porém, a tecnologia não veio para substituir a sala de aula tradicional, e sim para garantir que novos recursos sejam utilizados com eficácia por meio de uma integração dos aprendizados presencial e *on-line*.

O QUE É ENSINO HÍBRIDO?

Como já mencionado no capítulo "Ensino híbrido: personalização e tecnologia na educação", pesquisadores do Clayton Christensen Institute (CHRISTENSEN; HORN; STAKER, 2013), nos Estados Unidos, têm desenvolvido métodos que mesclam o ensino tradicional com a tecnologia digital. Segundo esses autores, o ensino híbrido é um programa de educação formal no qual um aluno aprende pelo menos em parte por meio do ensino *on-line*, com algum elemento de controle do estudante sobre o tempo, lugar, modo e/ou ritmo do estudo, e em parte em uma localidade física supervisionada, fora de sua residência.

No ensino híbrido, a tecnologia vem para ajudar na personalização da aprendizagem e transformar a educação massificada em uma que permita ao aluno aprender no seu ritmo e de acordo com os conhecimentos previamente adquiridos, o que também possibilita que os estudantes avancem mais rapidamente.

Há momentos em que os alunos têm a liberdade de traçar a rota de conhecimento de acordo com o tema ou conteúdo definido pelo professor, podendo até escolher momentos de aprendizado em suas residências – sem que se caracterize lição de casa, mas um complemento daquilo que foi aprendido na aula presencial.

Dessa forma, pela personalização do ensino espera-se alcançar todos os alunos: aqueles que apresentam mais facilidade em compreender um conceito poderão progredir na busca por novos conhecimentos; e aqueles que, por algum motivo, não aprenderam consistentemente determinado conteúdo, poderão rever os conceitos não dominados e retomar esse aprendizado, sanando dúvidas e dificuldades prévias. Isso contradiz os resultados do trabalho realizado em escolas que usam a metodologia tradicional, na qual o professor explica os conceitos, pois nesta não há como garantir que todos os estudantes presentes estejam de fato aprendendo e entendendo as mensagens que o docente deseja ensinar. Já com aulas híbridas é possível que cada aluno aprenda no seu tempo, utilizando os recursos tecnológicos para pesquisar ou consultar aquilo que lhe interessa.

QUAIS RECURSOS TECNOLÓGICOS DA SUA ESCOLA PODEM SER UTILIZADOS PELOS PROFESSORES PARA QUE ESSA METODOLOGIA DE ENSINO FUNCIONE?

É fundamental que escolas possuam computadores e internet. Mesmo se forem poucas máquinas, o ensino híbrido e sua metodologia possibilitam a formação de grupos menores, permitindo que todos tenham o mesmo direito e tempo de utilização de tais recursos.

Um diferencial do ensino híbrido é que não é necessário que todos os alunos estejam ao mesmo tempo nas estações *on-line*. Assim, não há a necessidade de muitos dispositivos com acesso à internet para que a aula aconteça. Outras possibilidades são os estudantes utilizarem seus *smartphones* ou *tablets* para acessar a internet e fazer pesquisas, substituindo o computador. Deve ser realizado um trabalho de conscientização para que eles compreendam que o uso de tais ferramentas é acadêmico, de forma a prevenir eventuais rupturas causadas por usos sem esse fim.

Além disso, é possível também fazer uso dos recursos em duplas ou grupos, bem como promover momentos *on-line* em casa ou em *lan houses*, caso as escolas não disponham de nenhum tipo de recurso tecnológico, garantindo assim a mistura do ensino *on-line* com o *off-line*, característica do ensino híbrido. O "jogo de cintura" dos professores de escolas que não têm o mínimo possível de ferramentas pode fazer a diferença na utilização dessa metodologia.

É claro que o uso da tecnologia é uma tendência forte e que, em um futuro próximo, todas as escolas deverão investir nesses recursos; porém, enquanto isso não acontece, é possível fazer pequenas adaptações, sem a necessidade de transformar tudo de uma única vez.

Recursos digitais: como escolhê-los e quando utilizá-los

http://apoio.grupoa.com.br/ensinohibrido/

ALGUNS TIPOS DE RECURSOS *ON-LINE* E SUAS POTENCIALIDADES

O número de interfaces de ensino e aprendizagem e de seus usuários tem crescido exponencialmente. Os objetivos de cada interface são diversificados, e um mesmo professor pode usar com regularidade mais de uma delas para potencializar seus métodos de ensino.

A utilização de qualquer recurso no ensino deve ter, impreterivelmente, um foco educacional e sempre atender a um objetivo de aprendizagem bem definido. Isso é fundamental, e o professor precisa sempre se atentar a essa questão.

O objetivo de se usar uma ferramenta não pode ser o uso *per se*. É necessário que os docentes, ao propor a utilização de algum desses recursos, pensem nos benefícios e nos requisitos que essa ferramenta atenderá, quais facilidades ela trará, se irá gerar dados (e, em caso afirmativo, de quais tipos) e em que pontos ela deixará a desejar. É preciso conhecer os recursos previamente para fazer essa análise. No primeiro uso, o professor pode testá-la com os estudantes, observando o resultado que tal uso trará para esses alunos.

A seguir, apresentamos algumas ferramentas que podem ser usadas pelos professores, fazendo uma classificação de acordo com as características específicas de cada uma.

Ambiente virtual de aprendizagem

Um ambiente virtual de aprendizagem (AVA) é um espaço *on-line* construído para proporcionar interações entre os usuários. Essas interações podem ser variadas, síncronas ou assíncronas, de um-para-todos (uma mensagem compartilhada com todos que estão no ambiente, por exemplo, um aviso enviado pelo tutor aos estudantes), de um-para-um (uma mensagem privada enviada a uma pessoa específica, por exemplo, de um aluno para seu tutor) ou de todos-para-todos (mensagens que podem ser enviadas e visualizadas por todos, por exemplo, as discussões via fórum). Dessa forma, há semelhanças com a sala de aula presencial.

A possibilidade de as interações ocorrerem de todos-para-todos é o que caracteriza um AVA. Nesse sentido, há uma troca entre o papel dos participantes dessas interações: ora são emissores, ora são receptores de mensagens virtuais – eles têm, portanto, um papel reflexivo sempre ativo, mesmo quando recebem mensagens. A construção do conhecimento, assim, pode ser realizada colaborativamente a *n-mãos*.

Em um AVA, é possível disponibilizar materiais variados, como vídeos, textos, planilhas, questionários, fóruns, avaliações, entre outros. Em algumas interfaces, o *layout* pode ser personalizado para a disciplina em questão.

Existem interfaces que auxiliam na organização de notas, tarefas, trabalhos, mensagens e fóruns, como o Moodle (http://moodle.com) e o Edmodo (https://www.edmodo.com), *softwares* livres executados em um ambiente virtual de aprendizagem colaborativa. Nelas, os alunos podem ter acesso a materiais e mídias disponibilizados pelos professores, participar de avaliações por meio de tarefas, questionários e testes *on-line*, bem como contribuir para a construção conjunta de conhecimento nos fóruns mediados pelos professores ou tutores.

O Moodle, por exemplo, é um sistema de gerenciamento de cursos gratuito, compatível com diferentes sistemas operacionais e de fonte aberta (pode ser usado, instalado e modificado livremente pelo usuário). Uma das vantagens desse AVA é a facilidade de publicar arquivos externos e de integrá-lo com outras ferramentas, como o YouTube.

Plataformas adaptativas

Com o advento das ferramentas focadas em interatividade, surgiram as plataformas adaptativas, que são *softwares* especialmente desenvolvidos para analisar o comportamento de seus usuários e propor atividades personalizadas, um salto importante para a personalização do ensino.

Nelas, os estudantes têm acesso a diversas experiências de aprendizagem, tais como vídeos, textos, dicas, exercícios e *games*. Além disso, professores e alunos podem receber em tempo real relatórios de desempenho.

Alguns exemplos de plataformas adaptativas são a Khan Academy (https://pt.khanacademy.org), a Mangahigh (www.mangahigh.com/pt-br), a Geekie (www.geekiegames.com.br) e a SmartSparrow (www.smartsparrow.com) – as três primeiras disponíveis em português.

A Khan Academy é uma plataforma adaptativa gratuita e bastante utilizada em escolas públicas e particulares. Vídeos-aula e dicas de resolução de exercícios acompanham todos os conteúdos. Os professores podem organizar seus alunos em classes virtuais e analisar o desempenho geral e individual, facilitando intervenções específicas. Há um sistema de pontuação e medalhas que motiva a participação dos alunos e promove a competição entre eles. Com base em seu sucesso nos desafios diários que a plataforma disponibiliza, os estudantes podem atestar o domínio de conteúdos, promovendo, assim, seu avanço para conteúdos mais complexos.

A Mangahigh é uma plataforma inteligente de matemática baseada em *games* e *quizzes*. Por meio dela, também é possível diagnosticar em tempo real os alunos. Ela apresenta diversos desafios que abrangem desde o ensino fundamental até o médio. O professor pode atribuir tarefas aos seus alunos e fazer o *download* dos resultados para avaliar seu progresso. Há atividades baseadas na resolução de problemas com diferentes ordens de complexidade, todas apoiadas por dicas específicas.

A Geekie é uma plataforma brasileira que ajuda os estudantes a se preparar para o ENEM (Exame Nacional do Ensino Médio). Ela abrange todo o conteúdo do exame, ou seja, ciências da natureza, humanas, linguagens e matemática. A partir de um teste inicial, a plataforma faz um diagnóstico para conhecer o perfil e mapear alguns conhecimentos do aluno, e, com isso, é traçado um plano de estudos. Há vídeos-aula, textos e exercícios que se adaptam à melhor forma de aprender para cada um. Além disso, os professores e gestores podem acompanhar o desempenho dos estudantes e das classes.

A SmartSparrow (https://www.smartsparrow.com) é uma plataforma que permite a criação de cursos interativos e adaptativos. O docente pode inserir conteúdos multimídia de diferentes graus de complexidade e criar testes que realizam o diagnóstico constante dos alunos, direcionando-os para as atividades seguintes de acordo com seu desempenho.

Google e complementos

O Google também tem investido na criação de ferramentas voltadas à educação. Recentemente, criou o *Google for Education*, centrado em três soluções principais: *Google apps for education*, que apresenta os mesmos recursos do *Google Apps for Business* (formulários, planilhas, arquivos de texto, etc.), mas voltados para o uso nas escolas; o *Chromebook for Education*, que é um *notebook* integrado aos serviços do *Google apps for education*; e o *Goo-*

gle Play for Education, que consiste em aplicativos específicos para *tablets* para uso em sala de aula.

O YouTubeEdu (www.youtube.com/edu) disponibiliza vídeos-aula de todas as disciplinas acadêmicas, desde o ensino fundamental ao superior. Todos os vídeos foram selecionados a partir de uma rigorosa equipe de curadoria a fim de garantir a qualidade do conteúdo. Os professores podem utilizar esses vídeos para destacar alguns tópicos, alcançando alunos que aprendem melhor com recursos visuais.

Um *software* muito interessante que pode ser utilizado em conjunto com esses vídeos é o Zaption (www.zaption.com), o qual permite a introdução de *quizzes* em diversos pontos das mídias, mantendo a atenção dos alunos e avaliando-os segundo aquilo que assistiram.

Já o Google Drive (https://drive.google.com) permite criar documentos que podem ser elaborados e editados de forma colaborativa e simultânea, promovendo a criação democrática do conhecimento. Os professores também podem criar e disponibilizar formulários *on-line* para tarefas e avaliações contendo figuras e *links* e cujas respostas podem ser em forma de texto, múltipla escolha ou preenchimento de lacunas. Há diversos complementos que podem ser instalados, como o Flubaroo (www.flubaroo.com), que corrige as respostas automaticamente seguindo um gabarito pré-elaborado, facilitando o trabalho do professor.

Objetos de aprendizagem

Sá Filho e Machado (2004, p. 3-4) definem objetos de aprendizagem como "[...] recursos digitais que podem ser usados, reutilizados e combinados com outros objetos para formar um ambiente de aprendizado rico e flexível".

É crescente o número de repositórios de objetos de aprendizagem, que são semelhantes a uma biblioteca virtual desses recursos. Eles são preparados por professores e pesquisadores e envolvem mídias diversificadas, como jogos, vídeos, músicas e programação.

Como exemplos, temos o Banco Internacional de Objetos Educacionais (http://objetoseducacionais2.mec.gov.br) e o RIVED (http://rived.mec.gov.br), organizados pelo MEC. É possível buscar conteúdos para todos os níveis de ensino e classificá-los também pela qualidade e relevância. Outros exemplos são a Escola Digital (http://escoladigital.org.br), o Portal do Professor (http://portaldoprofessor.mec.gov.br), a Educopédia (www.educopedia.com.br), o Futuratec (www.futuratec.org.br), a Educação Pública (www.educacaopublica.rj.gov.br), o Domínio Público (www.dominiopublico.gov.br), o Laboratório Didático Virtual (www.labvirt.fe.usp.br) e o Currículo+ (http://curriculomais.educacao.sp.gov.br).

COMO ESCOLHER BONS RECURSOS?

Historicamente, as tecnologias em sala de aula sempre foram acompanhadas por promessas de revolução no ensino. Porém, um estudo realizado pelo pesquisador Larry Cuban (1986) sobre a introdução de recursos como rádio, filmes, TV e computador em escolas norte-americanas mostrou que o uso da tecnologia é caracterizado por algumas fases: pesquisas, que mostram as vantagens educacionais; políticas públicas, para a introdução da nova tecnologia; e, por fim, a adoção limitada por professores. Em cada ciclo, novos estudos surgiram para apontar as prováveis causas do pouco sucesso da inovação, como falta de recursos e resistência dos professores.

Pensando em aumentar a participação dos professores, algumas pesquisas foram feitas para saber quais princípios devem ser seguidos para o bom uso da tecnologia em sala de aula. Os pesquisadores Chickering e Ehrmann (1996) organizaram sete princípios, listados a seguir. Quando se pensa em uma atividade que envolva tecnologia, é importante analisar se ela os envolve de alguma maneira.

1. **Boas práticas encorajam os contatos entre alunos e professores.** O contato frequente entre aluno e professor dentro e fora da sala de aula é um fator importante para a motivação e o envolvimento dos alunos. Exemplo: A criação de fóruns com temas referentes à disciplina pode motivar estudantes que, por algum motivo, sentem-se desconfortáveis para se expressar na sala de aula. Como sugestão, indicamos a ferramenta Forumeiros (www.forumeiros.com), que permite a criação de fóruns gratuitos.
2. **Boas práticas desenvolvem a reciprocidade e a cooperação entre os alunos.** A aprendizagem é mais envolvente quando resulta do trabalho em equipe, de modo colaborativo e não competitivo. Exemplo: por meio das ferramentas do *Google for Education,* é possível elaborar documentos de modo colaborativo, com cada membro participando ativamente da composição do trabalho e opinando a respeito do que os outros escrevem (https://docs.google.com).

3 **Boas práticas utilizam técnicas ativas de aprendizado.** Um estudante não aprende apenas ouvindo o professor, memorizando e respondendo exercícios; ele deve também falar a respeito do que tem aprendido, refletir sobre o tópico e fazer relações com sua própria experiência. Com a aprendizagem ativa, o conhecimento torna-se parte dos estudantes, que podem aplicá-lo em seu dia a dia. Exemplo: Pode-se entender melhor química e física ao simular experimentos em laboratórios virtuais (www.labsvirtuais.com.br ou www.labvirt.fe.usp.br).

4 **Boas práticas permitem *feedbacks* frequentes.** Estar ciente de suas habilidades e deficiências é importante para concentrar esforços; assim, os alunos precisam de *feedback* constante sobre seu desempenho, de modo que possam refletir sobre o que aprenderam e o que ainda precisam aprender. Exemplo: A plataforma adaptativa Khan Academy apresenta um conjunto de exercícios de matemática que são imediatamente corrigidos, conscientizando de modo constante os alunos sobre seu desempenho (https://pt.khanacademy.org).

5 **Boas práticas enfatizam o tempo nas tarefas.** A tecnologia possibilita que os professores ganhem tempo para trabalhar em sala de aula com grupos menores e com foco na aplicação dos conteúdos estudados, uma vez que são utilizadas estratégias de estudo em casa por meio de vídeos-aula, *softwares* ou *sites* direcionados pelo docente. Exemplo: O professor de história ou geografia pode indicar um vídeo-aula do YouTubeEdu sobre determinado tópico e solicitar aos alunos que o assistam em casa e respondam algumas perguntas. Em sala de aula, as questões podem ser corrigidas pelo docente ou pelos próprios alunos, nas discussões em grupos (www.youtube.com/edu).

6 **Boas práticas comunicam altas expectativas, que são importantes para o crescimento de todos.** Para se alcançar a excelência, não se deve esperar média ou baixa *performances*. Exemplo: Ao planejar um trabalho que será publicado em um *site* ou em um *blog*, o professor pode estabelecer critérios que devem ser alcançados antes da publicação. Isso guiará os estudantes na organização do trabalho e lhes proporcionará maior segurança em seu desempenho (www.blogger.com).

7 **Boas práticas respeitam os diversos talentos e formas de aprendizagem.** Os alunos precisam de oportunidades para utilizar seus talentos e aprender como fazê-lo de forma eficiente. Cada estudante também tem sua própria forma de aprender, seja por meio de livros, vídeos, vivências, trabalhos em grupo ou simulações. Exemplo: com modelos de ensino híbrido, como o de rotação por estações, é possível explorar diferentes formas de ensinar um tema, respeitando o modo de aprendizagem de cada aluno.

COMO CAPACITAR PROFESSORES QUE NÃO ESTÃO FAMILIARIZADOS COM TECNOLOGIAS?

Existem diversas opções para capacitação de docentes, algumas das quais são gratuitas e promovidas pelo governo dos estados ou pelo MEC; outras são de baixo custo, promovidas por universidades e cursos de extensão. Todas requerem força de vontade e disciplina do professor, pois todo desenvolvimento exige a construção contínua do conhecimento.

Um bom curso de capacitação deve promover uma aprendizagem ativa e permitir que as pessoas adquiram novas informações e obtenham *feedback* sobre seu desempenho.

Ele deve abranger três áreas de estudo que, segundo Fischer (2012), são essenciais para a coevolução entre aprendizagem, novas mídias e novas organizações de aprendizagem (Figura 7.1).

- Aprender/Trabalhar/Colaborar: explorar as formas de aprendizagem com a tecnologia e sobre ela bem como as formas de trabalho e colaboração por meio das tecnologias de informação e comunicação;
- Novos espaços de aprendizagem: explorar diferentes *designs* que permitam o trabalho colaborativo, suportado por recursos computacionais, em que se trabalham em múltiplos campos para aprendizagem.

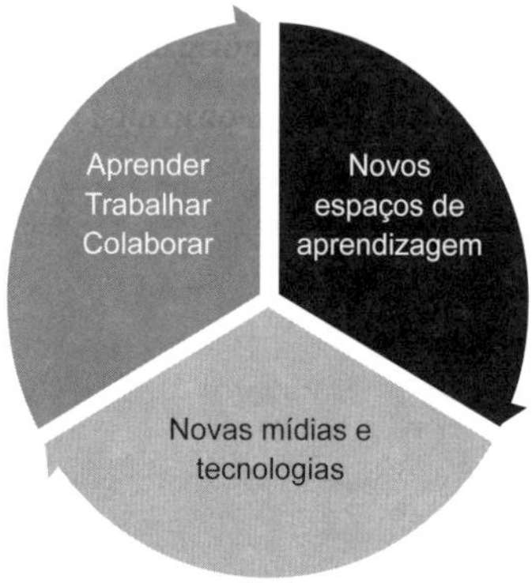

FIGURA 7.1
Áreas de estudo, segundo Fischer (2012).
Fonte: Adaptada de Fischer (2012).

- Novas mídias e tecnologias: apresentar diversas interfaces que podem fazer parte das técnicas de ensino, bem como seus principais métodos de uso.

Seguem algumas sugestões para que os professores possam iniciar sua busca por capacitação. O Instituto Singularidades (www.institutosingularidades.edu.br) oferece alguns cursos, incluindo programas de bolsas de estudos para alunos de baixo poder aquisitivo. O Coursera, uma das mais importantes plataformas de cursos *on-line* do mundo, fez parceria com a Fundação Lemann para traduzir para o português os vídeos de seus cursos (www.fundacaolemann.org.br/coursera). O Porvir está sempre divulgando notícias sobre tendências na educação e oferecendo cursos de capacitação de professores (http://porvir.org). O Google também organizou um curso gratuito de capacitação no uso de suas ferramentas para o ensino (https://basicsforteaching.withgoogle.com/preview).

Rede estadual

Professores da rede estadual podem procurar informações sobre capacitação de professores no uso de tecnologias em sua secretaria de ensino ou no *site* da Secretaria da Educação do seu estado.

Há também o Programa Nacional de Tecnologia Educacional, um ambiente virtual colaborativo de aprendizagem organizado pelo MEC que permite o desenvolvimento de diversos cursos a distância, muitos dos quais ligados a tecnologias da informação e comunicação (BRASIL, c2013).

O Governo Federal lançou, em 2007, o programa nacional de Formação Continuada em Tecnologia Educacional – ProInfo Integrado –, voltado para o uso didático-pedagógico das tecnologias da informação e comunicação no cotidiano escolar. Esse programa, além de disponibilizar mais de 100 mil computadores em escolas públicas, se comprometia a treinar em apenas dois anos 25 mil professores, os quais poderiam fazer os cursos de formação continuada com a finalidade de utilizar os recursos tecnológicos nas escolas em que trabalhavam. O objetivo era permitir-lhes modificar suas aulas e, por meio desses recursos, dar aos alunos mais condições de construir seus próprios conhecimentos, mas é claro que isso não significa necessariamente uma melhora na qualidade da educação.

REFERÊNCIAS

BAHRENS, M. A. Tecnologia interativa a serviço da aprendizagem colaborativa num paradigma emergente. In: ALMEIDA, M. E.; MORAN, J. M. (Org.). *Integração das tecnologias na educação*. Brasília: Ministério da Educação, 2005. p. 74-79. Disponível em: <http://portal.mec.gov.br/seed/arquivos/pdf/2sf.pdf>. Acesso em: 11 mar. 2015.

BRASIL. Ministério da Educação. *ProInfo Integrado*. Brasília, c2013. Disponível em: <http://portal.mec.gov.br/index.php?option=com_content&view=article&id=13156&Itemid=823>. Acesso em: 13 mar. 2015.

CHICKERING, A.; EHRMANN, S. C. Implementing the seven principles: technology as lever. *AAHE Bulletin*, p. 3-6, oct. 1996.

CHRISTENSEN, C. M.; HORN, M. B.; STAKER, H. *Ensino híbrido*: uma inovação disruptiva? Uma introdução à teoria dos híbridos. San Mateo: Clayton Christensen Institute, 2013. Disponível em: <http://porvir.org/wp-content/uploads/2014/08/PT_Is-K-12-blended-learning-disruptive-Final.pdf>. Acesso em: 11 mar. 2015.

COLLINS, A.; HALVERSON, R. *Rethinking education in the age of technology:* the digital revolution and schooling in America. New York: Teachers College Press, 2009.

CUBAN, L. *Teachers and machines*: the classroom use of technology since 1920. New York: Teachers College Press, 1986.

FISCHER, G. Co-evolution of learning, new media, and new learning organisations. In: IADIA International Conference e-Learning 2012, 17-20 july, 2012, Lisboa. *Proceedings...* Lisboa: IADIS, 2012.

SÁ FILHO, C. S.; MACHADO, E. C. O computador como agente transformador da educação e o papel do objeto de aprendizagem. *Universia,* 17 dez. 2004. Disponível em: <http://noticias.universia.com.br/destaque/noticia/2004/12/17/493049/omputador-como-agente-transformador-da-educao-e-papel-do-objeto-aprendizagem.html>. Acesso em: 11 mar. 2015.

SILVA, M. Internet na escola e inclusão. In: ALMEIDA, M. E.; MORAN, J. M. (Org.). *Integração das tecnologias na educação.* Brasília: Ministério da Educação, 2005. p. 62-68. Disponível em: <http://portal.mec.gov.br/seed/arquivos/pdf/2sf.pdf>. Acesso em: 11 mar. 2015.

LEITURA SUGERIDA

CYSNEIROS, P. G. Novas tecnologias na sala de aula: melhoria do ensino ou inovação conservadora? *Informática Educativa*, v. 12, n. 1, p. 11-24, 1999.

8

QUANDO A INOVAÇÃO NA SALA DE AULA PASSA A SER UM PROJETO DE ESCOLA

VERÔNICA CANNATÁ

A GESTÃO ESCOLAR

Este capítulo é um convite à reflexão sobre a importância do envolvimento da equipe de gestão na validação de mudanças significativas no ensino e na escola, seja a partir de um modelo sustentado, seja a partir de um modelo disruptivo. Mais precisamente, é uma tentativa de percurso pelos elementos e figuras representativos da gestão escolar e sua relação com a implantação de um modelo de ensino híbrido. O diretor, o coordenador, o professor, o aluno e o funcionário são agentes desse processo, e uma gestão pode ser democrática e eficaz se eles se integrarem e executarem suas ações em parceria.

Quando falamos em escola, para muitos, a palavra gestão está associada apenas à figura do diretor. Administrar, gerenciar, direcionar, organizar, gerir, decidir e escolher os caminhos e os investimentos da instituição são as atribuições desse profissional que vêm à mente.

Uma instituição educacional, seja ela pública ou privada, em seu sistema hierárquico, atribui poderes de atuação e gestão ao diretor; porém, é preciso levar em conta a contradição de sua função (PARO, 1991). Se a instituição é pública, a autonomia do diretor, a partir de parâmetros nacionais educacionais e administrativos, passa a ser atribuída à garantia da ordem, à execução de processos, à administração de recursos (muitas vezes escassos!), à validação de planejamentos e ao cumprimento de regimentos e estatutos previamente elaborados pelas Secretarias de Educação. O poder do diretor é limitado pelo poder do Estado.

Se a instituição é privada, a autonomia do diretor, se comparada à daquele de escola pública, torna-se maior. Muitos desses profissionais são mantenedores e, quando não o são, acabam por se tornar algo muito próximo de donos da instituição. Porém, embora não haja aí uma limitação de poder pelo Estado, há, invariavelmente, uma adequação dele, muitas vezes ditada pela clientela e pela concorrência. O poder do diretor fica, de certa forma, limitado pelo poder mercadológico.

Associa-se ao diretor o cargo hierárquico que ocupa, e sua figura catalisa, muitas vezes, valores relacionados à avaliação da escola. Se a instituição vai bem, tudo bem, mas, se vai mal, relacionamos prontamente que a culpa deve ser do diretor. Será? A complexidade de uma gestão escolar pode ser atribuída apenas a uma pessoa ou a um cargo?

É claro que os resultados pedagógicos não acontecem por decreto ou apenas por vontade dos gestores educacionais. É preciso entender o processo e identificar a quem cabe o quê, quem faz o quê e como é possível fazerem juntos. Clayton M. Christensen, Michael Horn e Curtis Johnson, autores do livro *Inovação na sala de aula: como a inovação disruptiva muda a forma de aprender*, propõem uma inovação disruptiva na escola, na qual é preciso organizar para inovar. Nesse processo, é importante que sejam definidos os papéis das equipes, classificadas por Christensen, Horn e Johnson (2012) pelo peso de atuação (autônomo, peso pesado, peso leve e funcional). Segundo os autores, fazem parte da equipe autônoma o Estado (órgãos públicos e departamentos ligados à educação), os mantenedores e diretores das instituições privadas; da equipe peso pesado participam os supervisores, os coordenadores de área e os orientadores educacionais; e da equipe peso leve e funcional, os professores e demais funcionários da escola.

As equipes, com seus papéis definidos e articuladas entre si, devem estruturar-se buscando objetivos e metas desafiadoras que tragam benefícios qualitativos para o ensino e para a escola, aspectos que serão aprofundados a seguir.

Algumas ações estão nas mãos do professor, que, seja pelo engajamento, seja por iniciativa própria, inicia um movimento de mudança em sua sala de aula.

A implantação de um modelo de ensino híbrido requer uma gestão capaz de identificar, avaliar, validar, organizar e disseminar ações pertinentes e motivadoras no processo de inovação e mudança no ensino e na escola. É preciso criar uma cultura híbrida como identidade escolar.

Faz-se necessária, na implantação do modelo de ensino híbrido, uma gestão que identifique o que deve permanecer e o que precisa ser modificado no projeto político-pedagógico (PPP) da escola, que organize o papel de cada equipe, que estruture ações para realizar as transformações necessárias e que compartilhe as experiências bem-sucedidas durante o processo.

O ENSINO HÍBRIDO NO PROJETO POLÍTICO-PEDAGÓGICO

Uma das ideias centrais que alicerçam uma escola é o seu PPP, um conjunto de princípios (VASCO MORETTO, 2012) que norteiam os rumos da instituição: o que ela é, para onde vai, qual a referência que as outras escolas têm sobre ela, que tipo de aluno-cidadão ajudará a formar e o que representa para a sociedade.

Discutir, estabelecer e redigir um PPP requer reflexões e clareza sobre o que se propõe e aonde se pretende chegar. Os primeiros itens a serem pensados, discutidos e definidos são a missão, a visão e os valores que a escola determinará como sua identidade institucional.

Logo, se a instituição entende que é necessário promover modificações que impactarão de modo significativo sua estrutura e seu ensino, é importante que elas estejam contempladas no PPP. É aconselhável institucionalizar o que a escola pretende mudar, e, uma vez que a mudança passa a ser um projeto de escola, todos os agentes do cenário educacional passam a ser convocados para

> [...] o exercício de pensar o tempo, de pensar a técnica, de pensar o conhecimento enquanto se conhece, de pensar o quê das coisas, o para quê, de quem, o contra quê, o contra quem, são exigências fundamentais de uma educação democrática, à altura do nosso tempo. (FREIRE, 2000 apud ALMEIDA; VALENTE, 2011, p. 37).

Definidos missão, visão e valores, é preciso refletir e estabelecer fundamentos que estarão presentes e que impulsionarão eixos norteadores do

PPP. Vasco Moretto (2012) classifica esses fundamentos em três importantes e entrelaçados grupos: os ético-políticos, os epistemológicos e os didático-pedagógicos.

Na perspectiva do ensino híbrido, os fundamentos ético-políticos são aqueles que determinam os valores explícitos adotados pela escola, seja na opção por um modelo de inovação sustentado – no qual as mudanças ocorrem de forma gradativa, com integração espiralada e aperfeiçoamento dos processos já existentes –, seja na opção por um modelo de inovação disruptiva – que, em vez de sustentar, rompe e propõe novos processos com uma integração verticalizada.

Os fundamentos epistemológicos referem-se aos modos como a instituição propicia a construção do conhecimento e estimula o aluno para que construa seu conhecimento e sua interpretação de mundo. Uma escola que tenha optado pela inovação, quer sustentada, quer disruptiva, deve promover a personalização na construção do conhecimento e fornecer o ensino adaptativo e qualitativo, permitindo estratégias que promovam um ensino individualizado pela utilização de uma

> [...] ferramenta que personaliza a educação, tanto nas "competências duras" [conhecimento] quanto nas transversais. Uma educação baseada em competência trabalha com a noção de que os estudantes só podem avançar quando eles realmente dominarem um conceito. Você não avança de acordo com a hora do dia, mas de acordo com o que você sabe. É muito difícil ter uma educação baseada em competências, a menos que você tenha ensino híbrido. (HORN apud GOMES, 2014).

Os fundamentos das relações didático-pedagógicos tratam diretamente do papel do professor e da sua relação com o aluno. Em uma escola que adote um modelo híbrido de ensino, a construção do conhecimento é mediada pelo docente que atua como um problematizador, um facilitador, e não apenas como um transmissor de conhecimento ou orador em aulas expositivas. O professor provoca, elabora e aplica estratégias dinâmicas que permitem a construção interativa do conhecimento, e suas ações em sala de aula devem ser coerentes com os fundamentos predefinidos.

Seguindo a linha de construção do PPP sugerida por Vasco Moretto (2012), uma vez estabelecidos os fundamentos, faz-se necessária a definição dos projetos segmentados por níveis (educação infantil, ensino fundamental e ensino médio), preservando as características específicas e as descrições metodológicas a serem aplicadas como estruturas de conteúdos conceituais característicos. O PPP de uma escola que adota um modelo híbrido de ensino deve contemplar estratégias que estimulem a inovação disruptiva na forma de ensinar e de aprender, deixando preestabelecida e documentada a necessidade de se utilizar novos formatos na sala de aula, seja a partir de modelos que possibilitem arranjos de combinação de ensino *on-line* e *off-line* – como a sala de aula invertida (*flipped classroom*), a rotação por estações, o laboratório rotacional, a rotação individual, flex ou à la carte –, seja a partir da utilização de novos espaços de aprendizagem.

Uma inovação na sala de aula requer a preparação de quem irá aplicá-la. É aconselhável que o PPP contemple um programa de orientação e formação continuada do professor, o qual determine como se espera que os conteúdos nas áreas do conhecimento sejam trabalhados sob a perspectiva do ensino híbrido. Dessa forma,

> [...] o papel do diretor gestor é fundamental. Por meio da reflexão, ele tem de impulsionar o seu grupo a pensar, a rever práticas, a analisar relações entre os pares, a reavaliar o ambiente da sala de aula, a participação dos pais, o envolvimento de todos os setores da escola, a leitura que a comunidade faz da instituição, e assim sucessivamente. (MARTINS, 2010, p. 313).

É aconselhável que a elaboração de um PPP, na perspectiva do ensino híbrido, caso a instituição opte por um modelo de inovação disruptiva, seja feita a partir da proposta do novo, uma vez que a equipe de gestão entende que é necessário romper com os processos que até então estavam em prática. Porém, se a opção for por um modelo sustentado, o PPP pode ser escrito a muitas mãos e sob a perspectiva de muitos olhares, propondo mudanças que retratarão o aperfeiçoamento dos processos já existentes.

É relevante considerar que a concepção de um PPP, independentemente de a inovação ser disruptiva ou sustentada, deve resultar em um projeto de escola viva que possa ser compartilhado pelo diretor, pelo coordenador, pelo professor, pelo aluno e pelo funcionário, bem como revisitado, reavaliado e reestruturado à medida que a equipe de gestão escolar e suas equipes julgarem necessário.

O PAPEL DE CADA EQUIPE NO MODELO DE ENSINO HÍBRIDO

Na escola, assim como nas empresas, encontramos diversas reflexões e argumentações sobre os princípios que envolvem a gestão humana e suas relações de trabalho. É fundamental considerarmos que

> [...] os profissionais que compõem a força de trabalho de uma instituição de ensino, com suas habilidades e competências diferenciadas, são os responsáveis não somente por implantar os planos emanados pela alta administração, mas também por apontar e ajudar a construir estratégias emergentes. (COLOMBO; CARDIM, 2010, p. 169).

O diretor, o coordenador, o professor e o funcionário são agentes que proverão a inovação na escola à medida que a equipe de gestão definir o papel das demais equipes, aproveitando as habilidades e competências diferenciadas, classificadas por Christensen, Horn e Johnson (2012) conforme o peso de sua atuação (autônomo, peso pesado, peso leve e funcional).

A atuação e a integração das equipes serão os fatores de maior relevância no processo de formação de uma cultura híbrida como identidade escolar. As equipes, mais do que atuar, deverão intervir e promover mudanças que irão além dos ajustes na arquitetura escolar.

Segundo Paulo Freire (1997), a diferença de atuação está na adaptação e na inserção do ser humano. Na adaptação, há uma adequação, enquanto na inserção, há uma tomada de decisão no sentindo da intervenção no mundo. Nenhuma realidade é posta como definitiva quando há sobre ela uma possibilidade de intervenção e de inovação.

As estratégias no cenário escolar devem ser eficazes e dinâmicas. Cabe à equipe de gestão (autônoma) eleger as equipes de trabalho (peso pesado) e colocá-las no lugar certo, pois é preciso ter clareza de que os professores e funcionários (peso leve e funcional) têm "[...] ideias diferentes sobre o que fará as escolas melhorarem – de mais dinheiro a mais computadores; de melhores professores a salas de aulas menores; de mais autonomia a menos autonomia e muitas outras" (CHRISTENSEN; HORN; JOHNSON, 2012, p. 201).

Segundo Christensen, é preciso adequar o time à tarefa. À equipe autônoma cabe definir o modelo organizacional, planejar a mudança na arquitetura escolar, efetuar investimentos nos recursos tecnológicos que permitirão a combinação de ensino *on-line* e *off-line*, bem como validar as ações que impulsionarão a inovação no ensino e na escola, quer de forma sustentada, quer de forma disruptiva.

Porém, mais do que prover recursos, é importante ressaltar que o foco da equipe autônoma deve ser a estruturação de um modelo administrativo embasado em um conjunto de ações pautadas nas necessidades pedagógicas, ou seja, na demanda vinda da sala de aula e dos espaços de aprendizagem.

Com relação aos recursos tecnológicos, a equipe autônoma precisará considerar o investimento em uma boa conexão de internet e na aquisição de pelo menos 5 a 10 dispositivos digitais. Uma sala de aula híbrida, organizada por estações e agrupamentos dinâmicos, dispensa a necessidade de laboratórios com 20 ou 30 computadores conectados à rede. Os investimentos tecnológicos podem ser mais enxutos, com menor impacto no orçamento escolar e maior possibilidade de distribuição de investimentos em demais recursos que a gestão considerar necessários. Porém, apesar do menor investimento tecnológico, o ganho, a partir dessa organização, é mais significativo, uma vez que a tecnologia é mais bem aplicada.

À equipe peso pesado – supervisores, coordenadores de área e orientadores educacionais – cabem as tarefas de definir quais serão as estratégias de mediação entre as diversas instâncias educacionais, fornecer um programa de formação ao corpo docente, identificar os professores engajados e torná-los multiplicadores do modelo de ensino híbrido na escola, além de fomentar o entrosamento nas equipes peso leve e funcional.

Um fator relevante e indispensável a ser considerado pela equipe peso pesado no processo de inovação é a formação do corpo docente, pois ele será responsável por promover uma mudança metodológica na sala de aula. Horn (apud GOMES, 2014) indica cinco mudanças essenciais que devem ocorrer em uma sala de aula inovadora: que o professor orador passe a ser um professor mediador; que as estruturas de grupos fixos passem a ser estratégias dinâmicas de agrupamento; que o docente deixe de explicar todos os conceitos e passe apenas a intervir no momento em que for solicitado ou houver necessidade pedagógica; que ele deixe de focar no conteúdo apenas para centrar-se em habilidades e na postura do aluno; e a mudança de professor generalista para professor especialista.

Uma inovação pedagógica torna-se significativa quando há espaço para a formação, para a reflexão e para a apropriação de uma metodologia que resultará em uma prática segura e qualitativa em sala de aula. Cabe à equipe de gestão prover meios e mediação que garantam a formação do professor. A equipe peso pesado será

> [...] o elemento mediador entre currículo e professores. Assim, esse profissional será, em nosso modo de ver, aquele que poderá auxiliar o professor a fazer as devidas articulações curriculares, considerando suas áreas específicas de conhecimento, os alunos com quem trabalha, a realidade sociocultural em que a escola se situa e os demais aspectos das relações pedagógicas e interpessoais que se desenvolvem na sala de aula e na escola. (ALMEIDA; PLACCO, 2011).

Às equipes peso leve e funcional – professores e demais funcionários – cabem as tarefas de mudar as especificações sobre como os componentes devem se encaixar e, assim, melhorar o desempenho de cada componente; promover ações que impulsionem um movimento de mudança na sala de aula, bem como nos demais espaços de aprendizagem disponíveis na escola; estabelecer estratégias dinâmicas para grupos dinâmicos; e utilizar novos formatos na sala de aula, seja a partir de modelos que possibilitem arranjos de combinação de ensino *on-line* e *off-line*, seja a partir da utilização de novos espaços de aprendizagem.

Um dos grandes desafios vivenciados diariamente pelo professor, generalista ou especialista, é a gestão do tempo. O tempo ideal que lhe falta. O tempo fracionado que não espera. O tempo exigente que alerta. O tempo!

Quando o professor, na perspectiva do modelo de ensino híbrido, muda seu papel na sala de aula, passando de orador a mediador e de generalista a especialista, ele passa a ter um controle maior sobre o tempo, embora ainda não tenha o controle total (talvez nunca o tenha!).

A gestão do tempo, em uma sequência didática híbrida, requer um sistema mais flexível que ajude na organização e no controle sobre as ações e as funções que alunos e professores desempenham em sala de aula. Logo, é necessário que a equipe peso pesado compreenda que

> [...] a melhora de qualquer das atuações humanas passa pelo conhecimento e pelo controle das variáveis que intervêm nelas; o fato de que os processos de ensino/aprendizagem sejam extremamente complexos – certamente mais complexos do que os de qualquer outra profissão – não impede, mas sim torna mais necessário que nós, professores, disponhamos e utilizemos referenciais que nos ajudem a interpretar o que acontece em aula. (ZABALA, 1998, p. 15).

Sobre a importância das reuniões pedagógicas no processo de implementação do ensino híbrido, acesse

http://apoio.grupoa.com.br/ensinohibrido/

UM RELATO DE EXPERIMENTAÇÃO NO MODELO DE ENSINO HÍBRIDO

O Colégio Dante Alighieri (www.colegiodante.com.br), fundado em 1911, contava, no ano de 2014, com aproximadamente 4.400 alunos. Uma instituição centenária, de origem cultural italiana, localizada próximo à Avenida Paulista, na cidade de São Paulo.

A equipe de gestão do colégio, ao ser comunicada que a autora deste capítulo – professora de tecnologia educacional da instituição – fora selecionada para integrar o Grupo de Experimentações em Ensino Híbrido, da Fundação Lemann e do Instituto Península, permitiu, apoiou, acompanhou e possibilitou que os desafios propostos pelo grupo fossem primeiramente aplicados, em caráter de experimentação e sob a observação da coordenação do Departamento de Tecnologia Educacional, em uma oficina extracurricular com 25 alunos, pertencentes aos 5º e 6º anos do ensino fundamental.

Na Dante Em Foco Mirim, oficina educomunicativa escolhida para a experimentação no modelo de ensino híbrido, a professora de tecnologia educacional Verônica Martins Cannatá, em parceria com a jornalista Barbara Endo, orientou os alunos a trabalhar com as mais variadas mídias digitais e impressas (internet, redes sociais, fotografia, edição de vídeos e áudio, informativos, revistas, TV e rádio). Integravam essa oficina o aprendizado de técnicas de jornalismo no uso da tecnologia como linguagem, bem como atividades que estimulam o protagonismo, o trabalho colaborativo e o exercício da autonomia. Os alunos-jornalistas, em nome do Colégio, em eventos internos e externos, fizeram coberturas e produziram conteúdos para redes sociais, Rádio Dante (projeto em parceria com a Rádio CBN) e TV Dante (*webtv* da instituição). Os encontros presenciais da oficina ocorriam uma vez por semana, com uma hora de duração, e as atividades *on-line* eram postadas no Moodle, uma plataforma de ensino e aprendizagem.

Aprovada a experimentação, o planejamento da oficina Dante Em Foco Mirim foi reestruturado a partir dos desafios sugeridos semanalmente pelo Grupo de Experimentações em Ensino Híbrido. A reestruturação proporcionou novos formatos na sala de aula, seguindo modelos que possibilitaram arranjos de combinação dos ensinos *on-line* e *off-line*, como a sala de aula invertida (*flipped classroom*), a rotação por estações, o laboratório rotacional e a rotação individual.

Os desafios aplicados na Dante Em Foco Mirim propiciaram mudanças na oficina no que se refere à atuação da professora e da jornalista, que passaram de oradoras a mediadoras, assim como nas estratégias dinâmicas de agrupamento de alunos, na intervenção nos momentos solicitados (ou quando surgiam necessidades pedagógicas), no foco das habilidades, nas observações de aprendizagem, na análise de relatórios e nas relações aluno-professor/aluno-aluno. Registros em vídeo de alguns dos desafios e depoimentos dos alunos estão publicados em um canal no YouTube.[1]

À medida que as experimentações ocorriam com a oficina educomunicativa e os resultados eram satisfatórios, a professora, autora deste rela-

[1] Verônica Cannatá. Disponível em: http://migre.me/m7yIh.

to, por atuar em parceria com outros departamentos no desenvolvimento de projetos educacionais, sugeriu aos coordenadores e professores dos projetos a aplicação de alguns dos modelos de ensino híbrido.

Na oficina de Raciocínio Lógico-Matemático,[2] realizada em 30 de agosto de 2014, pais e alunos do 4º ano do ensino fundamental compartilharam conhecimentos e resolveram desafios matemáticos utilizando *tablets*, *notebooks*, blocos de montar, lápis e papel com o modelo de rotação por estações. O conteúdo dessa oficina foi supervisionado pelo Mathema (www.mathema.com.br), grupo de formação e pesquisa em matemática que oferece assessoria pedagógica nessa área ao corpo docente do Colégio.

Outra oficina em modelo de ensino híbrido foi a HisTec,[3] gincana de história e tecnologia educacional, realizada em 20 de setembro de 2014. Alunos do 7º ano do ensino fundamental, com o modelo de rotação por estações, responderam a questões sobre a história das Copas do Mundo em uma dinâmica de escolha aleatória de envelopes, cumpriram 12 tarefas (Os doze trabalhos de Hércules), responderam a um *quiz* publicado no ambiente Moodle sobre questões de conteúdo do 7º ano e fizeram, motivados pela competição, a doação de leite e achocolatados em pó, que foram destinados a 10 instituições carentes. A arrecadação de 2014 ultrapassou uma tonelada de produtos.

Visando a ampliação do modelo de ensino híbrido em uma escala maior dentro do Colégio Dante Alighieri, a coordenação do Departamento de Tecnologia Educacional, atendendo à minha solicitação, permitiu que 10 turmas do 5º ano, durante o terceiro trimestre de 2014, vivenciassem, nas aulas curriculares de GEPI (Gestão de Estudos e Projetos Interdisciplinares), novos formatos na sala de aula, os quais possibilitaram a combinação de ensino *on-line* e *off-line*, como a sala de aula invertida, a rotação por estações, o laboratório rotacional e a rotação individual. O modelo de ensino híbrido foi inserido na grade curricular.

A fim de ampliar o entendimento do contexto do uso do modelo de ensino híbrido no Colégio Dante Alighieri, após a observação que durou aproximadamente 16 semanas (tempo de experimentação), as professoras Silvana Leporace, ex-aluna e atual diretora-geral pedagógica, e Valdenice Minatel Melo de Cerqueira, professora e coordenadora do Departamento de Tecnologia Educacional do Colégio Dante Alighieri, concordam que:

---

[2] Registro fotográfico disponível em: http://migre.me/m7BFE.

[3] Registro fotográfico disponível em: http://migre.me/m7DqT.

Integrar o ensino híbrido ao contexto curricular faz parte de uma política da escola que visa o alinhamento pedagógico às boas práticas metodológicas. A favor dessa escolha pesa o fato de o ensino híbrido considerar ensino e aprendizagem componentes indissociáveis do fazer pedagógico. Nesse sentido, o método referenda não somente o ensino adaptativo, mas também a aprendizagem personalizada. Ambos os aspectos fundem-se nessa ideia tão essencial, mas, ao mesmo tempo, muitas vezes esquecida: a escola de qualidade é aquela onde alunos e professores aprendem. O ensino híbrido, por meio de seus diferentes modelos e estratégias, intensifica a capacidade de ensinar e aprender, resgatando, por assim dizer, o encantamento – elemento imprescindível para tornar a escolarização uma experiência inesquecível dentro do processo de educação. Exposto dessa forma, o porquê fica explicitado; quanto ao como, hão de ser consideradas a formação dos professores – aspecto infindável no contexto escolar – e a criação de uma cultura escolar que promove e valoriza as iniciativas na busca da excelência pedagógica.

Nesse breve relato de experimentação do modelo de ensino híbrido no Colégio Dante Alighieri, é possível identificar o papel de cada uma das equipes apontadas por Christensen, Horn e Johnson (2012): a professora autora deste capítulo (equipe peso leve), que, por iniciativa própria, iniciou um movimento de mudança em sua sala de aula e compartilhou as experiências bem-sucedidas; a coordenadora do Departamento de Tecnologia Educacional (equipe peso pesado), que, além de identificar o engajamento da professora, mediar de forma flexível a experimentação e consolidar um programa de formação para os demais docentes do seu departamento, permitiu que a experimentação atingisse outros departamentos por meio de projetos desenvolvidos em parceria; e, por fim, mas não menos importante, a diretora-geral pedagógica (equipe autônoma), que não só proveu as condições, os investimentos e os recursos tecnológicos necessários, mas permitiu a experimentação no Colégio e exerceu a tarefa de implementar políticas amigáveis e favoráveis à inovação, as quais certamente farão parte do PPP da escola.

Quando a inovação passa a ser um projeto da escola, o diretor, o coordenador, o professor, o aluno e o funcionário tornam-se agentes que se integram e exercem suas funções em parceria. Quando a equipe de gestão escolar e suas equipes traçam planos estratégicos e operacionais, passam a identificar as principais ações que promoverão modificações significativas no ensino e na escola.

Este capítulo não tem a intenção de convencer, senão apenas de convidar os agentes da escola a pensarem juntos sobre possíveis questionamentos que os rodeiam e os inquietam: Que escola somos hoje, e que escola desejamos ser? Quais modelos de ensino e aprendizagem queremos adotar? Que tipo de professores somos, e quais poderemos ser? Que alunos pretendemos formar? Qual é o papel de cada um?

Se os questionamentos despertarem um desejo de mudança, mãos à obra! Inovar é preciso.

REFERÊNCIAS

ALMEIDA, L. R. de; PLACCO, V. M. N. de S. O papel do coordenador pedagógico. *Revista Educação*, set. 2011. Disponível em <http://revistaeducacao.uol.com.br/textos/142/artigo234539-1.asp>. Acesso em: 11 mar. 2015.

ALMEIDA, M. E. B. de; VALENTE, J. A. *Tecnologias e currículo:* trajetórias convergentes ou divergentes? São Paulo: Paulus, 2011.

CHRISTENSEN, C. M.; HORN, M. B.; JOHNSON, C. W. *Inovação na sala de aula:* como a inovação disruptiva muda a forma de aprender. Porto Alegre: Bookman, 2012.

COLOMBO, S. S.; CARDIM, P. A. *Nos bastidores da educação brasileira:* a gestão vista por dentro. Porto Alegre: Artmed, 2010.

GOMES, P. *Ensino híbrido é o único jeito de transformar a educação*: entrevista com Michael Horn. 2014. Disponível em: <http://porvir.org/porpensar/ensino-hibrido-e--unico-jeito-de-transformar-educacao/20140220>. Acesso em: 11 mar. 2015.

MARTINS, J. C. As especificidades de uma gestão democrática e participativa nas instituições de ensino básico. In: COLOMBO, S.; CARDIM, P. A. (Org.). *Nos bastidores da educação brasileira:* a gestão vista por dentro. Porto Alegre: Artmed, 2010.

PARO, V. H. A utopia da gestão escolar democrática. *Revista de Educação,* São Paulo, n. 6, p. 33-35, nov. 1991. Disponível em: <http://migre.me/lOpXj>. Acesso em: 11 mar. 2015.

PAULO FREIRE: última entrevista. Produção de TV PUC de São Paulo. São Paulo: Tv PUC, 17 abr. 1997. Disponível em: <http://migre.me/lCW36>. Acesso em: 11 mar. 2015.

VASCO MORETTO: o projeto político-pedagógico, sua importância e estrutura. Produzido por Gestão Educacional. Curitiba: Gestão Educacional, 11 maio 2012. Disponível em: <http://migre.me/lB6p8>. Acesso em: 11 mar. 2015.

ZABALA, A. *A prática educativa:* como ensinar. Porto Alegre: Artmed, 1998.

LEITURAS SUGERIDAS

BOSSIDY, L.; CHARAN, R. *Execução:* a disciplina para atingir resultados. Rio de Janeiro: Elsevier, 2005.

ENSINO híbrido ou blended learning. [20--?]. Disponível em: <http://migre.me/lB6Vh>. Acesso em: 12 set. 2014.

IMBERNÓN, F. (Org.). *A educação no século XXI:* os desafios do futuro imediato. 2. ed. Porto Alegre: Artmed, 2000.

PRATA, C. L. Gestão escolar e as tecnologias. In: ALONSO, M. et al. *Formação de gestores escolares para utilização de tecnologias de informação e comunicação.* Brasília: Secretaria de Educação a Distância, 2002. Disponível em: <http://www.virtual.ufc.br/cursouca/modulo_3b_gestores/tema_05/anexos/anexo_5_tics_na_gestao_escolar2010_CarmemPrata.pdf>. Acesso em: 12 mar. 2015.

REPENSANDO o papel do professor e as mudanças essenciais que ele experimenta. Produzido por Portal Khan Academy. Disponível em: <http://migre.me/lDmZg>. Acesso em: 12 mar. 2015.

RIOS, T. A. Identidade da escola. *Gestão Escolar*, dez. 2009/jan. 2010. Gente que Educa, 5. ed. Disponível em: <http://gestaoescolar.abril.com.br/comunidade/identidade-escola-autonomia-etica-valores-gestao-participativa-democratica-trabalho-equipe-escolar-515765.shtml>. Acesso em: 12 mar. 2015.

SENGE, P. et al. *Escolas que aprendem:* um guia da quinta disciplina para educadores, pais e todos que se interessam por educação. Porto Alegre: Artmed, 2005.

9

A CULTURA ESCOLAR NA ERA DIGITAL

O impacto da aceleração tecnológica na relação professor-aluno, no currículo e na organização escolar

RODRIGO ABRANTES DA SILVA
AILTON LUIZ CAMARGO

Qual o significado da expressão "cultura escolar"? Trata-se de sua cultura material? Da cultura dos alunos? Dos princípios e valores que definem sua política pedagógica? De seu sistema de gestão? Enfim, quais seriam os elementos definidores da cultura escolar?

> A escola e o sistema educativo em seu conjunto podem ser entendidos como uma instância de mediação entre os significados, os sentimentos e as condutas da comunidade social e o desenvolvimento particular de novas gerações. (PÉREZ GÓMEZ, 2001, p. 11).

Não podemos ignorar que a atividade educativa é, antes de tudo, uma manifestação cultural e, portanto, constitui-se ao longo do tempo por meio de rupturas, mudanças e transformações sociais, políticas e econômicas. Além disso, ela está diretamente vinculada às tradições, aos valores, às ideias e aos costumes de um povo, em um determinado período histórico.

Dessa forma, assumindo o pressuposto de que a natureza da escola e do sistema educativo é cultural, qualquer análise do panorama educacional nacional ou internacional parte necessariamente da consideração do contexto cultural em que a comunidade escolar está inserida, de modo direto ou indireto, tendo em vista seu caráter multifacetado e dinâmico.

O conceito de cultura adotado neste capítulo foi citado no livro *A cultura escolar na sociedade neoliberal*, de A. I. Pérez Gómez: trata-se daquele "[...] todo complexo que inclui conhecimentos, crenças, arte, leis, moral, costumes e qualquer outra capacidade e quaisquer outros hábitos adquiridos pelo homem enquanto membro de uma sociedade" (PÉREZ GÓMEZ, 2001, p. 13).

Ainda segundo Gómez, a cultura acaba por ser o contexto simbólico que circunda a vida humana em sociedade. Dessa forma, constitui as bases estruturais das relações sociais que inevitavelmente serão consolidadas e reproduzidas no ambiente escolar. Portanto, a cultura escolar forma-se a partir das noções e das práticas sociais utilizadas, bem como da cultura dos atores envolvidos, para conceber o valor da escola e das suas atribuições – como, por exemplo, as práticas de ensino ou as noções de ensino e aprendizagem desenvolvidos.

Nesse sentido, é preciso observar a relação entre a cultura escolar e a sociedade, ou seja, em que medida ela se encontra em correspondência com as formas contemporâneas de organização social?

Observemos alguns elementos que nos possibilitam identificar os traços predominantes de uma cultura escolar. Tomemos a linguagem usada pela instituição para se relacionar com os atores de sua comunidade (alunos, professores, pais, parceiros). Os objetivos da escola são enunciados com clareza? Há correspondência entre o que é dito e o que é feito? Esse ponto é particularmente relevante, pois a distância entre teoria e prática, intenção e ato, é indício de problemas.

Outro elemento importante para ser analisado são os valores da instituição. Os valores declarados revelam-se por meio de ações e condutas em seu interior? Por exemplo, se digo que considerar o aluno no centro do ensino é um valor em minha escola, devo garantir as condições para que ele aprenda em seu ritmo, receba tutoria personalizada e seja o protagonista do processo de aprendizagem. Além disso, devo garantir que essa prática seja incorporada à política pedagógica da instituição, sendo multiplicada entre seus membros. De outro modo, se digo que minha escola insere o aluno no centro da aprendizagem, porém meus professores permanecem reproduzindo os mesmos modelos, por exemplo, aulas expositivas seguidas de resolução de exercícios, é sinal de que não estou conseguindo implementar as mudanças enunciadas.

O ambiente sociocultural formado por todas as instituições que compõem a sociedade e que estão presentes no contexto social imediato em que a escola está localizada: a religião, a família, as tradições, as associações, etc. que exercem pressão sobre a escola a respeito de suas necessidades e expectativas, no sentido de manter ou modificar a estrutura social vigente. Quando a instituição escolar não atende às demandas do ambiente sociocultural, é pressionada à modificação. (HORA, 2007, p. 42-43).

Há uma crise latente na educação brasileira atribuída à má qualidade de ensino, entendida como a implicação de um conjunto de fatores, agravados ao longo dos anos, por uma política pública de sucateamento e mercantilização do ensino no país. A comunidade escolar, formada por pais, alunos, docentes, gestores e parceiros da sociedade, tem sido refém do descaso e da barganha política há anos.

Todavia, a crise atual do modelo educativo adotado em praticamente todo o território nacional é agravada pela estrutura engessada e nada desafiadora das escolas, seja no formato da sala de aula, seja da própria aula em si, seja, ainda, dos espaços físicos nas unidades escolares.

De fato, diante do turbilhão de mudanças diárias proporcionadas, por exemplo, pelos avanços tecnológicos, é preciso haver coerência entre o discurso e a prática de uma instituição escolar. Para isso, é preciso empreender uma análise mais abrangente, inserindo a instituição no contexto de nossa época e de seu local. Nesse sentido, é importante considerar algumas balizas que foram constituindo historicamente a cultura escolar.

A CULTURA ESCOLAR: DA ERA INDUSTRIAL À ERA DIGITAL

Após analisar a relação entre o discurso e a prática de uma escola, precisamos identificar a relação entre o modelo da instituição e a realidade social em que se insere. Dessa forma, não é prudente ignorar que a cultura escolar, em uma perspectiva histórica, pode ser caracterizada por certo atraso se relacionada às transformações surgidas, desde o último século, nas concepções da vida cultural dentro e fora do Brasil. A escola, em uma perspectiva de longa duração, sofreu inúmeras alterações em sua função primordial desde a Antiguidade. Passou por mudanças significativas conforme as novas necessidades advindas dos contextos históricos que atravessava: da Grécia Clássica e sua formação direcionada à cidadania, passando pela religiosidade europeia do período Medieval, em direção à época moderna da conquista da América, chegando, por fim, à culminação da Revolução Industrial, que acabou por determinar o modelo de ensino que se perpetuaria em suas estruturas mais internas.

De maneira bastante simplificada, pode-se afirmar que, a partir da Revolução Industrial, a necessidade de formar operários de maneira padronizada e homogênea desencadeou um processo educativo muito próximo daquele que se tem como estrutura básica do ensino atual: ensino padronizado para crianças diferentes, interações circunscritas ao ambiente da sala de aula, compartimentação das salas por crianças de mesma faixa etária, ritmo de aprendizagem determinado pelo tempo cartesiano e quantificado – expresso pelo relógio, pelo sinal (o mesmo dos turnos nas fábricas) –, o conhecimento fragmentado por disciplinas que, muitas vezes, não apresentam conexão umas com as outras e, por fim, a escola no centro da verdade a ser transmitida.

Essas são as características do modelo hegemônico que ainda rege a maioria das organizações escolares e as torna bastante engessadas e incapazes de responder aos desafios do mundo atual. Essa constatação tem levado alguns autores a defender uma urgente mudança nos modelos de organização das escolas (SENGE, 2004).

A transição da era industrial para a pós-industrial acarretou uma quebra nos padrões verticais de organização social, dando origem a formas menos hierárquicas, horizontalizadas, culminando no que chamamos de sociedade em rede (CASTELLS, 2009). Durante esse período, que ocorreu ao longo da segunda metade do século XX, a escola pouco mudou. No entanto, um novo cenário tem se configurado nos últimos anos, apontando para o surgimento de uma nova era, a digital (SCHMIDT; COHEN, 2013).

Para as escolas, a passagem do mundo industrial, moderno, para o pós-industrial ou pós-moderno acarretou modificações na posição dos professores e dos alunos.

Enquanto na sociedade moderna o professor acreditava ter um aluno cativo, com um circuito relacional previamente determinado, na sociedade pós-moderna evidenciou-se que o docente necessita estabelecer novos laços sociais, criar outras maneiras de lidar com a educação, as escolas, os alunos e a sociedade (BAUMAN, 1999; MRECH, 2005).

Nos últimos anos, a aceleração do desenvolvimento tecnológico tem acentuado de maneira enfática o aspecto essencialmente mutante da cultura contemporânea, o que implica dizer que o modelo de ensino vigente não corresponde mais à realidade e às necessidades do contexto sociocultural da história recente. As inovações tecnológicas, os modelos de negócios adotados e em expansão, as novas organizações sociais familiares e as mudanças de paradigmas vindos da modernidade acabaram por engendrar necessidades e posturas mais críticas e profundas do ser humano em formação.

> Naturalmente, cada pessoa possui raízes culturais ligadas à herança, à memória étnica, constituídas por estruturas, funções e símbolos, transmitidas de geração em geração por longos e sutis processos de socialização. É óbvio, também, que cada indivíduo, antes de decidir sua própria proposta de vida, se encontra imerso na imanência de sua comunidade, nas coordenadas que configuram o pensar, o sentir e o agir legítimo em seu grupo humano. (PÉREZ GÓMEZ, 2001, p. 13).

Obviamente, muitas mudanças ocorreram no contexto cultural desde a industrialização dos séculos XVIII e XIX, o que mostra a característica flexível, multifacetada e dinâmica do desenvolvimento humano e social. Ao mesmo tempo, é evidente que este capítulo não tem a pretensão de se aprofundar nesses aspectos culturais, tampouco de esgotar todas as suas possibilidades, mas deseja apontar para sua natureza diversa e estrutural a fim de pensar as atividades educativas.

Até hoje, a escola se posicionou de maneira um tanto refratária e adversa às transformações da pós-modernidade. Todavia, nos últimos anos, a aceleração do desenvolvimento tecnológico tornou inevitável o confronto da escola com a cultura digital, em função do modo como esta afeta a interação entre as pessoas, os processos de comunicação e a produção e a transmissão de conhecimento. Em suma, a relevância social da instituição escolar dependerá, em grande medida, de sua capacidade de se reinventar diante da mudança de era em que vivemos.

Nesse novo cenário, a tecnologia digital aparece como parte essencial da cultura escolar, pois permeia a vida de alunos, professores e pais, que interagem na internet por meio de dispositivos. Esse novo cenário exige da instituição de ensino um posicionamento sobre, pelo menos, duas questões: uma comportamental e outra pedagógica. Do ponto de vista comportamental, trata-se de dispor de abordagens e de entendimento para lidar com as novas gerações, que têm chegado à escola sabendo manipular dispositivos eletrônicos e atuar em ambientes digitais. Do ponto de vista pedagógico, trata-se de dispor de estratégias de aprendizagem que correspondam às condições de produção, acesso e transmissão do conhecimento em nossa época.

Nesse sentido, a cultura escolar entra em correspondência com a cultura digital, ou seja, com o modo como as pessoas interagem, produzem conhecimento, aprendem e se comunicam. Essa perspectiva tornará possível a superação dos modelos herdados da era industrial.

A tarefa, no entanto, não é simples.

É necessário rever modelos de organização e de aprendizagem, além do próprio espaço da escola e a legislação que rege a atuação dos educadores, sob pena de desperdiçar recursos (CHRISTENSEN; HORN; JOHNSON, 2008; CASTRO, 2013).

PRÁTICAS DE ENSINO HÍBRIDO EM CONTEXTO DE MUDANÇA DE ERA – MODELOS SUSTENTADOS OU DISRUPTIVOS?

Escolas ainda presas em modelos do passado têm sido pressionadas, por diferentes setores da sociedade, a mudar. Discute-se, sobretudo, a necessidade de desenvolver habilidades que qualifiquem os indivíduos a entender e atuar em sociedades complexas, que têm na tecnologia um elemento-chave de sua organização.[1]

[1] Nesse sentido, proliferam estudos sinalizando habilidades que estão sendo exigidas no mercado de trabalho. Veja, por exemplo, a reportagem *Estudo mapeia competências profissionais que serão exigidas nos próximos cinco anos*, publicado pelo jornal Valor Econômico em julho de 2012. Disponível em: <http://www.valor.com.br/carreira/2759010/estudo-mapeia-competencias-profissionais-exigidas-nos-proximos-anos>.

Para iniciar um processo de mudança, as escolas contam com bons marcos teóricos e exemplos práticos. Nesse sentido, uma referência fundamental para delinear planejamentos é o Horizon Report, uma publicação resultante da análise empreendida por diversos especialistas em educação sobre o impacto que as tecnologias emergentes terão no campo do ensino e os prazos previstos para sua incorporação pelas escolas. O relatório para a educação básica já conta com versão em português, com análises provenientes da realidade brasileira (HORIZON REPORT, 2012).

Entre as inovações emergentes, a mobilidade, por exemplo, apresenta um alto potencial de impacto na democratização do ensino, e vem ao encontro do que defendem os autores de *A nova era digital*:

> [...] quando as salas de aula estão superlotadas ou malservidas de professores ou quando o currículo nacional é limitado, o acesso proporcionado por equipamentos móveis pode complementar a educação das crianças e ajudá-las a cumprir seu potencial, não importando suas origens. (SCHMIDT; COHEN, 2013, p. 20).

De modo geral, não se acredita que a tecnologia, por si só, acarretará grande transformação. Por isso, é preciso criar aquilo que alguns autores chamam de *ecossistema de inovação*, ou seja, um ambiente capaz de incorporar iniciativas provenientes de diferentes esferas, como empresas, entidades sociais, comunidades e famílias, em prol da modernização dos processos de aprendizagem e da melhoria da qualidade do ensino.[2]

Na prática, muitas escolas estão modificando suas estratégias de ensino, combinando a integração de recursos tecnológicos com formas tradicionais de aprendizagem. Essa mistura de elementos *on-line*, disponíveis por meio de recursos tecnológicos, com elementos da sala de aula presencial, tem sido chamada de modelos híbridos (CHRISTENSEN; HORN; JOHNSON, 2008).

Os modelos híbridos usam as tecnologias emergentes para estabelecer novas configurações de formas de aprendizagem. Para se ter uma ideia, o

---

[2] Veja, nesse sentido, a matéria *Professor de Harvard sugere "ecossistemas de inovação" na educação*, publicada pelo jornal *Valor Econômico* em junho de 2012. Disponível em: <http://www.valor.com.br/brasil/2696952/professor-de-harvard-sugere-ecossistemas-de-inovacao-na-educacao>.

Horizon Report pontua que os seguintes recursos tecnológicos deverão estar integrados à educação até 2017:

- Computação em nuvem
- Ambientes colaborativos
- Aprendizagem baseada em jogos
- Dispositivos móveis
- Conteúdo livre
- Inteligência coletiva
- Laboratórios móveis
- Ambientes pessoais de aprendizado
- Grades de cursos abertos *on-line*

Como seria muito complicado integrar todos esses recursos da noite para o dia, as escolas precisam de um plano de transição. Nesse sentido, os modelos híbridos oferecem condições para que a instituição realize essa mudança de forma sustentada, ou seja, sem correr o risco de perder sua identidade nem abrir mão daqueles modelos que se tornaram parte de sua cultura e ainda revelam-se funcionais.

Inserir as novas tecnologias nas escolas exige, portanto, planejamento estratégico. Repensar os espaços de aprendizagem, a formação dos professores e as formas de produzir e transmitir conhecimentos são apenas alguns aspectos da organização escolar que deverão ser ajustados para possibilitar novas experiências aos alunos.

Isso implica investir em formação de pessoas e de equipes, além de infraestrutura adequada às novas relações de aprendizagem.

Em suma, para a maioria das escolas, os modelos de transição sustentados serão os mais indicados, pois possibilitarão uma transição sem grandes abalos. No entanto, instituições que tenham condições de ousar poderão experimentar modelos disruptivos, sobretudo em projetos experimentais. Nesse processo, poderão descobrir novos caminhos para a inovação e a originalidade.

Como começar a mudança?

Observar a escola com um enfoque cultural significa uma mudança de perspectiva levando em conta aspectos que não podem ser ignorados, pois a

> [...] análise do que realmente acontece na escola e dos efeitos que tem nos pensamentos, nos sentimentos e nas condutas dos estudantes requer descer aos intercâmbios subterrâneos de significados que se produzem nos momentos e nas situações mais diversas e inadvertidas da vida cotidiana da escola. (PÉREZ GÓMEZ, 2001, p. 16-17).

Observar a realidade escolar pressupõe uma análise apurada das especificidades de cada unidade, tendo em vista que, apesar de inúmeros problemas vividos pelo setor educacional no Brasil serem recorrentes e comuns a todo o território nacional, é preciso levar em conta as especificidades locais, pois o contexto sociocultural pode mudar de um lugar para outro – às vezes, mesmo dentro da mesma jurisdição têm-se realidades díspares na cultura escolar.

"As diferentes culturas que se entrecruzam no espaço escolar impregnam o sentido dos intercâmbios e o valor das transações em meio às quais se desenvolve a construção de significados de cada indivíduo" (PÉREZ GÓMEZ, 2001, p. 17).

Os significados são construídos por meio da cultura, ou seja, trata-se do resultado de uma ação social compartilhada coletivamente a partir das condições materiais, políticas, históricas e espirituais em um determinado espaço e tempo. Ela se expressa no âmbito da vida individual ou coletiva de uma comunidade escolar e deve ser considerada para o levantamento das perspectivas e finalidades da educação em uma determinada localidade, sem perder de vista que essa interpretação é dinâmica e, portanto, deve ser revista periodicamente.

Ademais, muito se fala em coparticipação, compartilhamento e interatividade como qualidades que sempre foram valorizadas no processo de ensino e aprendizagem e que agora podem ser amplificadas com os recursos tecnológicos disponíveis. Porém, a empreitada não é tão simples, e exige não apenas disponibilidade de tecnologia, mas também – e principalmente – o interesse dos educadores, seu engajamento emotivo e intelectual.

É nesse momento que se pode esbarrar nas famosas resistências provenientes de padrões de comportamentos e crenças há muito interiorizados. Por exemplo, há professores que não apenas tratam com indiferença os recursos tecnológicos que a escola lhes oferece, mas os demonizam. São profissionais que há décadas se habituaram a resumir pontos de um manual didático na lousa, para que os alunos os copiem e, na sequência, façam exercícios. Seu conteúdo está pronto, e eles reproduzem o mesmo esquema de aula em todas as classes ao longo dos anos letivos. É o famoso professor "linha de montagem": se ele sempre apertou o parafuso daquela maneira, por que teria de mudar agora? Para não sair da zona de conforto, prefere manter seus alunos em uma passividade facilmente manipulável.[3]

Para modificar essa situação, evitam-se soluções mágicas.

É preciso olhar antes para o projeto pedagógico da escola, sua equipe, as possibilidades de treinamento, a infraestrutura de rede da instituição, os equipamentos, etc., para, então, começar a identificar as possibilidades de mudança.

Nesse processo, algumas perguntas-chave poderão ajudar: Que modelo de ensino minha escola tem condições de implementar? Que postura de professor espero em sala de aula? E de aluno? Seria uma postura de transmissão de conteúdo ou de produção conjunta de sentidos? Os recursos tecnológicos servirão como meros acessórios para complementar ou enfeitar uma aula ou atuarão como recursos desafiadores aos estudantes? Quero meu aluno participando junto com o professor da produção de sentido, do significado de estar ali, descobrindo o porquê da relevância da aprendizagem em sua trajetória de vida, ou quero apenas cumprir os programas de conteúdo já prontos? De que forma vou comunicar aos professores e aos estudantes as mudanças a serem implementadas? Quais recursos de desenvolvimento profissional vou oferecer?

As respostas a essas perguntas poderão servir de base à elaboração de um planejamento estratégico para a implementação de modelos híbridos e a introdução de recursos tecnológicos.

Infelizmente, muitas escolas inserem recursos como algo a mais na grade curricular, sem efetuar mudanças no plano da organização. O resultado é um efeito cumulativo de trabalho, tanto para o professor quanto para o aluno. Em consequência, gera-se uma mentalidade que associa tecnologia a mais trabalho.

Acreditamos que um dos fatores determinantes dessa atitude seja o medo de arriscar uma nova abordagem. Escolas temem errar e, assim, perder alunos; por isso, tendem a permanecer na zona de conforto.

---

3 Publicado originalmente no Portal Direcional Escolas. Disponível em: <http://direcionalescolas.com.br/2014/02/03/desafios-da-tecnologia-educacional-diante-da-resistencia-mudancas>.

As mudanças ocorrem de tal maneira que precisamos de pessoas dispostas a aprender e a se reinventar a cada dia. Essa capacidade é o que faz a diferença. Porém, isso demanda tempo, dinheiro e energia.

Para saber mais, acesse o vídeo:

http://apoio.grupoa.com.br/ensinohibrido/

Planejando mudanças em relação ao perfil da escola e de sua perspectiva de futuro

Hoje, o enfoque está sobre a forma ideal para a aprendizagem dos alunos, o melhor espaço físico organizacional para o trabalho intelectual de docentes e discentes, o papel da gestão e do professor na escola e o uso da tecnologia dentro e fora das salas de aulas. Essas constantes, se discutidas à luz de uma reflexão apurada do contexto da cultura escolar em determinada localidade, podem levar à solução de problemas recorrentes nas escolas. O uso a ser feito do ensino híbrido deve partir dos resultados dessa reflexão para se verificar de que forma ele contribuirá para a solução dos problemas e, consequentemente, para o processo educativo.

Segundo Gómez, diante do caráter ambíguo e multifacetado dessas análises, "[...] viver uma cultura e dela participar supõe reinterpretá-la, reproduzi-la, assim como transformá-la" (PÉREZ GÓMEZ, 2001, p. 17). Desse modo, nota-se que não estamos trabalhando com categorias ou situações engessadas, mas dinâmicas, multifacetadas e rigorosamente interpretativas, o que significa que a cultura escolar pode ser ressignificada.

Uma escola tradicional e conservadora poderá encontrar dificuldades para implementar processos de mudança. Nesse caso, uma revisão de paradigmas provavelmente terá de ser empreendida.

A gestão precisará tomar consciência dos caminhos a seguir e mobilizar recursos para implementar novos modelos. Em contrapartida, uma instituição que já vem refletindo sobre a necessidade de rever sua atuação, aquela com mais abertura e perfil progressista, poderá navegar com mais tranquilidade. É muito provável que ela tenha professores que já praticam alguma forma de ensino híbrido, ainda que não usem essa nomenclatura. Nesse caso, identificar esses docentes, torná-los membros de uma equipe de transição, posicionando-os em programas de desenvolvimento profissional, de modo que possam se aperfeiçoar e, ao mesmo tempo, transmitir habilidades adquiridas a outros professores, é uma solução que tem sido implementada por diversas escolas.

Independentemente do perfil da instituição, o plano de transição sustentada precisa considerar que o reposicionamento da escola deve supor o acesso igualitário à tecnologia como um princípio fundamental para que o direito universal à educação seja assegurado.

Ademais, o cruzamento de culturas promovido pela escola é o responsável por dar sentido e consistência àquilo que é aprendido pelo aluno em sua vida acadêmica. Portanto, o estudante tem seu desenvolvimento cognitivo moldado a partir dos intercâmbios realizados nesse ambiente cultural, o que pode ocorrer com a seleção dos conteúdos pelos professores em suas disciplinas, na relação destes com os significados e expectativas pretendidos, nos ritos, nos costumes e nas formas de organizar o espaço e o tempo, entre outros fatores responsáveis pela formação das futuras gerações.

A prática educativa cumpre um papel fundamental dentro da cultura escolar, pois é a responsável pelo direcionamento do processo educativo determinado pelo regimento escolar.

Ademais, ela depende do desenvolvimento do trabalho realizado pelo professor, tendo em vista a necessidade de atualização e aperfeiçoamento do profissional da educação que, segundo Antoni Zabala, só acontece "[...] mediante o conhecimento e a experiência; o conhecimento das variáveis que intervêm na prática e a experiência para dominá-las" (ZABALA, 1998, p. 13).

De alguma forma, todos sabem da necessidade de revisar modelos mentais e padrões de comportamento que estão na base da prática escolar, mas que não surtem o mesmo efeito de outrora entre os jovens. As possibilidades de mudança são muitas, mas é preciso criatividade e intuição para discernir práticas pertinentes a cada situação.

Possibilidades do ensino híbrido para a educação em transição

No formato de ensino aplicado comumente em todo o território nacional é marcante o destaque para o seu caráter classificatório nivelado de cima para baixo pelo vestibular. Entretanto, a escola não pode ignorar sua função formativa e cultural diante do esgotamento do sistema de ensino, e os inúmeros problemas decorrentes dele refletem a urgência de que docentes, gestores e poder público repensem a realidade da educação atual.

O ensino híbrido vem ao encontro das necessidades recentes de descobrir a melhor prática educativa para professores e escolas. Trata-se de um modelo de ensino que pressupõe o uso da tecnologia para o desenvolvimento das atividades dentro e fora da classe, em que o aluno é estimulado a buscar o conhecimento com a mediação do professor e da escola.

Nesse formato de ensino, alguns papéis acabam sendo alterados, bem como o foco do planejamento dos docentes.

O professor, além de mero orador, passa a assumir uma postura de facilitador do processo de ensino e aprendizagem do aluno, uma alteração que promove o desenvolvimento da autonomia do estudante e lhe dá a responsabilidade pelo conhecimento que deve adquirir.

Nesse caso, o docente precisa alinhar sua prática, de forma personalizada, a fim de possibilitar ao aluno o avanço coerente com o seu real estágio de aprendizagem, respeitando seu ritmo e seus interesses.

O foco no planejamento do professor não está exclusivamente na aprendizagem dos conteúdos do currículo nacional para cada disciplina escolar, no qual devem ser acrescentadas aulas e atividades preocupadas com os relacionamentos dos alunos, personalização e autonomia, o que garante uma análise da experiência do estudante de maneira mais global.

Inúmeras escolas norte-americanas têm desenvolvido trabalhos significativos em uma estrutura física e pedagógica totalmente dentro dos parâmetros do *blended learning*, seja no formato da sala de aula ou da própria aula em si, no papel do professor e do aluno, na função do conteúdo e da busca pelo conhecimento com o máximo de autonomia. Um dos maiores exemplos dessas escolas é a Summit Public Schools, na Califórnia, que se destaca pela estrutura organizacional completamente voltada para o *blended*, em que a autonomia dos alunos é estimulada desde muito cedo com níveis ideais de personalização de ensino. A KIPP Los Angeles é outra protagonista na implementação do ensino híbrido nos Estados Unidos, pois usa o sistema de rotação por estações como base para seu modelo de educação e tem atingido resultados destacados para os níveis educacionais norte-americanos. Na Navigator Schools, os benefícios do laboratório foram unidos perfeitamente com o melhor da sala de aula tradicional. Essas são escolas muito recentes e que promoveram mudanças significativas em sua ação educativa, utilizando o *blended* em seus aspectos mais disruptivos e obtendo resultados que têm sido referência na educação norte-americana e brasileira.

Esse modelo de ensino propõe a solução de inúmeras variáveis da prática educativa a partir do desenvolvimento da personalização e da autonomia do aluno, que ocorre por meio de intervenções do professor conforme sua observação e experiência para propor atividades, bem como considerando o local de partida de cada aluno e o ritmo de ensino de cada um.

As diferentes variáveis, como indisciplina, falta de interesse, dificuldade com o conteúdo, etc., podem ser avaliadas durante a prática dos modelos educativos próprios do ensino híbrido, como laboratório rotacional, rotação por estações, flex e sala de aula invertida, cuja principal característica é seu aspecto profundamente dinâmico e estimulante.

Esses modelos práticos permitem o desenvolvimento de todos os pontos relevantes do ensino híbrido, pois garantem, sobretudo, a autonomia dos alunos e um elevado grau de personalização; ao mesmo tempo, são perfeitamente adaptáveis a qualquer realidade escolar, mesmo àquelas instituições sem estrutura tecnológica satisfatória. Além disso, os modelos podem ser alterados pelos professores, os quais também podem criar outros, conforme a sua necessidade.

Imagine seus alunos envolvidos em atividades que eles escolheram para fazer, conforme suas intervenções e proposições. Os ganhos para o desenvolvimento desse estudante, bem como o aprendizado dos conteúdos selecionados pelo professor, serão mais bem aproveitados. Isso é possibilitado pelo modelo flex, em que, diante de algumas estações de trabalho, o aluno seleciona aquelas que quer fazer parte, ou pelo modelo de rotação por estações, em que ele desenvolve todos os pressupostos do *blended*, passando por diferentes formatos de tarefas.

Apesar de entender que o *blended* é uma possibilidade disruptiva de implementação de ensino mais adequado ao contexto sociocultural atual e em franca expansão, ele não necessariamente precisa ser aplicado em sua plenitude. Contudo, pode servir aos propósitos determinados pelos professores em sua prática educativa dentro ou fora da sala de aula, pois os modelos híbridos são perfeitamente adaptáveis e maleáveis para as diferentes nuances das salas de aulas brasileiras.

A preocupação e a necessidade de elevar o nível de personalização e de autonomia dos alunos, bem como de mudar o formato das aulas e o uso dos seus conteúdos disciplinares, são discussões anteriores ao advento desse tipo de modelo de ensino. Contudo, o caráter inovador do *blended* potencializa os resultados e permite uma melhor avaliação do professor sobre a real situação de aprendizagem do aluno e dos caminhos a serem seguidos, respeitando o ritmo, as habilidades e as competências dos estudantes em cada disciplina.

Para atingir o nível de ensino esperado, a cultura escolar precisa ser ressignificada e comprometida com a realidade da instituição, pensando em suas especificidades, seus objetivos, seu formato e sua coerência com o contexto sociocultural.

Evidentemente, será necessário investir e estimular uma nova visão sobre o processo de ensino e aprendizagem, cuja necessidade latente bate à porta com insistência, ao mesmo tempo em que promove mudanças de papéis dos atores escolares, seja na instituição como um todo, seja em determinada disciplina ou aula em particular.

QUAIS OS PONTOS PRINCIPAIS A SEREM MODIFICADOS PARA A IMPLEMENTAÇÃO DO MODELO DE ENSINO HÍBRIDO?

É preciso estar convencido de que o lugar do professor mudou, assim como o perfil do aluno. A escola, que manteve sua autoridade em função de ser a guardiã e a responsável pela transmissão dos conhecimentos memorizados pela humanidade, encontra-se em xeque. Em suportes cada vez mais móveis e virtuais, armazenamos um número inconcebível de dados e libertamos nossa inteligência para o pensamento, a criatividade e a invenção. Diante da democratização desses suportes e de sua utilização na vida diária das populações, o modelo escolar fundamentado na memória se vê cada vez mais obsoleto (MOSÉ, 2013).

O primeiro ponto a ser modificado para a implementação do modelo de ensino híbrido é o entendimento dos papéis que professores e alunos poderão assumir nesse novo cenário. Essa compreensão é crucial para que a escola possa promover novas formas de aprendizagem, reconhecê-las e certificá-las.

Se a instituição de ensino conseguir ter consenso em torno do entendimento da alteração de seu lugar social, poderá iniciar um planejamento estratégico de mudanças. A cultura escolar estará preparada para responder aos desafios contemporâneos, pois a cultura não é estática, mas dinâmica. Tendo isso em vista, será possível iniciar algumas atividades práticas de planejamento, o que permitirá a implementação de ações de impacto na cultura escolar.

Mapear as competências das pessoas da escola é um dos passos mais importantes. Nesse processo, será possível identificar o grau de *fluência tecnológica* dos professores e, com isso, dimensionar as necessidades de suporte para a implementação de um modelo que exigirá uso de tecnologia.[4]

Além disso, também será possível dimensionar o impacto cultural provocado pela introdução de dispositivos tecnológicos na sala de aula, no plano da rotina dos professores e alunos. Nesse aspecto, muitos gestores acreditam que basta comprar uma série de computadores e colocá-los na sala de aula, sem considerar seu uso – enfim, sem mexer no plano das estratégias de aprendizagem propriamente ditas.

Outro ponto importante é dar liberdade para que os docentes possam efetuar mudanças em seus planejamentos e em suas dinâmicas de aula. Muitas escolas introduzem tecnologia na sala de aula apenas como algo a mais a ser feito. Por exemplo, insere-se uma plataforma LML (*learning management system*) com a finalidade única de acrescentar mais listas de exercícios e materiais complementares, seguindo uma lógica puramente quantitativa de acumulação de conhecimento. Muitas vezes, as atividades inseridas nesses ambientes não justificam seu suporte *on-line*, por não se diferenciarem de sua forma impressa. Estamos, com isso, questionando objetos digitais que apenas reproduzem atividades que poderiam perfeitamente ser repro-

---

[4] A expressão "fluência tecnológica" foi criada pela equipe do Massachusetts Institute of Technology (MIT) Media Lab e sintetiza as categorias empregadas para caracterizar perfis de usuários em função do modo como usam o computador. Para mais informações, acesse: <http://web.media.mit.edu/~mres/clubhouse/handouts/fluency-v3.pdf>. Também se usa a expressão "letramento digital" para caracterizar de que forma uma pessoa usa tecnologias digitais para processar informação, interagir, produzir e transmitir conhecimentos. Para uma definição do termo, veja o artigo de Maria Teresa Freitas, *Letramento digital e formação de professores*. Disponível em: <http://www.scielo.br/pdf/edur/v26n3/v26n3a17>.

duzidas em mídias não digitais. Esse tipo de atividade, embora disponíveis em uma plataforma digital, pouco ou nada contribuem para o avanço do letramento digital ou da fluência tecnológica de quem a utiliza. O resultado, com frequência, são professores e alunos sobrecarregados com mais tarefas, o que pode, inclusive, acarretar desmotivação.

Ora, a possibilidade de trabalhar com tecnologia, inovar e ser criativo deve ser fonte de motivação. Portanto, é preciso considerar o impacto que as decisões e a introdução de tecnologia terão na organização e no relacionamento entre professores, alunos e coordenadores. O elemento humano, como sempre, será determinante para o sucesso ou fracasso das iniciativas.

POR ONDE COMEÇAR A MODIFICAÇÃO DE UMA CONSCIÊNCIA VOLTADA ÀS NOVAS FORMAS DE TRABALHO EM SALA?

Uma vez atingido o consenso de que a escola está diante da necessidade de se reposicionar em função da realidade social que a cerca, é preciso considerar que a essência da instituição escolar é o relacionamento entre professores e alunos. Há muitas iniciativas, provenientes de empresas do setor de tecnologia, que buscam atingir diretamente o estudante, sem considerar o papel do docente no processo de aprendizagem. Como observaram os fundadores do Wikispaces, esse é um grave problema de visão, pois, dessa forma, se exclui a essencial e necessária articulação com o outro no processo de aprendizagem.[5]

Assim, será interessante que os alunos tenham aulas com recursos tecnológicos, como lousa digital, plataformas adaptativas, simuladores 3D, etc.? Pode ser, mas eles precisam ganhar vida na sala de aula, e isso dependerá da forma como professores e estudantes irão se apropriar dessas ferramentas.

Ninguém deixará de reconhecer que os alunos precisam de aulas diferentes. Deixar uma geração que está crescendo em uma época tão estimulante percorrer toda a sua trajetória escolar tendo aulas expositivas não faz o menor sentido em tempos de YouTube. De fato, a ideia de aula como um período de 50 minutos, com um professor expositor, não se encaixa na concepção moderna de tempo. Porém, o grande desafio da escola não é oferecer

---

[5] O artigo, escrito por James Fray e Adam Byers, foi publicado originalmente em 2012, traduzido para o português por Newton Campos e publicado em sua coluna para *O Estado de São Paulo*. Está disponível em: <http://blogs.estadao.com.br/a-educacao-no-seculo-21/tag/wikispaces/>.

aulas com efeitos especiais, pelo contrário: é empoderar o aluno das habilidades que o tornarão protagonista de seu processo de aprendizagem.

Do lado do professor, para que ele possa se reinventar nesse processo, não é necessário apenas que seja empoderado de recursos tecnológicos. Ele terá que dispor de conhecimento das possibilidades pedagógicas dos recursos tecnológicos disponíveis, das competências e capacidades envolvidas no uso do recurso, de condições para planejar e avaliar as aplicações disponíveis. Além disso, será importante a proposição de um uso voltado para situações autênticas da vida em sociedade.

Nesse aspecto, questões relacionadas à organização do currículo e aos sistemas de avaliação terão de ser revistas. Muitos professores perdem mais tempo corrigindo avaliações do que interagindo com seus alunos.

Assim, se a escola exigir uma mudança de atitude, mas não oferecer ao professor as condições e o suporte para efetuá-la, certamente novos conflitos serão gerados.

Mudar não deve significar fazer mais coisas, mantendo o que está da forma como está. Porém, em muitas escolas, é exatamente assim que as iniciativas estão sendo implementadas. Mudar deve significar fazer diferente, com mais qualidade, e os recursos para isso existem.

No plano das secretarias de educação, seria importante garantir a infraestrutura necessária ao bom funcionamento dos dispositivos adotados pelas escolas e o suporte à elaboração de um programa consistente de desenvolvimento profissional, contando com a formação de uma equipe de suporte.

Quanto aos níveis de direção e coordenação da escola, espera-se envolvimento e liderança na preparação de abordagens em sala de aula condizentes com os modelos implementados. Para isso, posições determinadas por hierarquias burocráticas certamente terão de ser revistas.

Além de serem empoderados com ferramentas tecnológicas, é fundamental que os professores tenham voz ativa no processo de decisão. Caso contrário, resistência a mudanças e conflitos interpessoais serão inevitáveis. Nas escolas em que os docentes são considerados no processo decisório, evidencia-se um aumento no desejo de ser o primeiro a fazer algo novo, ainda que isso exija trabalho extra do planejado. Quando, ao contrário, os professores não participam das tomadas de decisão, o efeito é o oposto, ou seja, eles tendem a encarar tudo como um fardo, toda mudança como trabalho não pago. O entusiasmo dos docentes e sua capacidade de se engajar em novos projetos e, ao mesmo tempo, engajar seus alunos, sua capacidade de análise, discernimento e pesquisa, em um mundo marcado pelo excesso de informação em diversos ambientes, serão fundamentais ao sucesso de todo o projeto de mudança na organização escolar.

Foi com entusiasmo que começaram a proliferar grupos de discussão sobre novas práticas, nos quais passaram a ser compartilhadas experiências que, hoje, já se incorporaram aos procedimentos habituais dos professores. Esse é o caso da expressão *flipped classroom*, ou sala de aula invertida. Os docentes passaram a usar a variada gama de bibliotecas digitais, recursos audiovisuais e conteúdos já organizados didaticamente em ambientes virtuais para oferecer material aos alunos fora da sala de aula. Assim, o horário de encontro com o professor na sala passa a ser aproveitado para reelaborar esses conteúdos por meio da resolução de problemas, elaboração de projetos e criação de materiais em novos moldes.

A facilidade para criar e publicar textos virtuais também têm entusiasmado professores que já possuem materiais acumulados ao longo de sua prática, e que podem, agora, compartilhá-los e incorporá-los de maneira efetiva à sua prática em sala de aula. Nesse processo, recursos que a literatura tem explorado há tempos, como a obra aberta, a participação do leitor como construtor do conhecimento, podem ser usados em novos moldes, em função da capacidade de compartilhamento e interatividade que os recursos digitais nos oferecem.

A escola é um espaço privilegiado para a manifestação dessas mudanças, de forma crítica e sistematizada. O pressuposto de uma escola construtora da cidadania traz em si a responsabilidade de filiar-se à realidade e promover sua compreensão entre os alunos, para que possam agir na vida social.

Portanto, a comunidade escolar precisa promover uma discussão sobre os impactos dessas mudanças na escola e no seu sistema de ensino, para, a partir disso, elaborar um plano de ação o mais adequado possível. O ensino híbrido vem ao encontro do debate:

> Formar culturalmente os sujeitos sociais significa possibilitar-lhes a compreensão da realidade social, para que possam agir-aderindo, transformando e participando da sociedade, sem o que, torna-se inviável sua presença na produção cultural. (HORA, 2007, p. 39).

O domínio dos instrumentos culturais de maneira autônoma, pressuposto do *blended*, permite ao aluno uma concepção mais apurada do mundo e de seu momento histórico, o que contribui para a formação voltada para a cultura, o trabalho, a sociedade e a política.

Ademais, a proposta do ensino híbrido, como ficou claro neste capítulo, está diretamente relacionada a uma mudança substancial na cultura escolar. Portanto, seus direcionamentos devem ser bem estudados antes de implementados, pois alteram de modo significativo todas as concepções educacionais já consolidadas no Brasil. Se não forem bem esclarecidas para toda a comunidade, podem criar inúmeros problemas de aceitação, os quais são normais no início, mas que coordenação e docentes devem preocupar-se em trabalhar arduamente para reverter.

Segundo Hora, a escola diferencia-se das outras organizações educacionais por suas estrutura, proposta pedagógica, ação docente e ambiente sociocultural. O ensino híbrido pode permear todos esses elementos ou ser adaptado apenas em alguns deles; contudo, está diretamente ligado a uma urgente mudança na cultura escolar.

O docente é responsável por um contínuo processo de ressignificação da aprendizagem, promovendo o desenvolvimento global dentro das áreas do conhecimento. É ele quem deve avaliar, em primeiro lugar, as possibilidades do ensino híbrido dentro das suas especificidades escolares, a partir das reflexões necessárias e das posturas adotadas pela comunidade escolar.

Muitos estarão em busca de uma solução precisa sobre o que fazer para que uma modificação aconteça. Porém, dificilmente algo mudará a partir de regras determinadas *a priori*. Tampouco essa alteração virá de convicções pedagógicas ou de concepções de mundo. Ao contrário, para que uma mudança possa ocorrer, é preciso que uma relação comece, e esta só pode ter início nas condições determinadas pela experiência do aluno que chega à escola.

REFERÊNCIAS

BAUMAN, Z. *Modernidade e ambivalência.* Rio de Janeiro: Jorge Zahar Editor, 1999.

CASTELLS, M. *A sociedade em rede.* Rio de Janeiro: Paz e Terra, 2009.

CASTRO, C. de M. *Os tortuosos caminhos da educação brasileira:* pontos de vista impopulares . Porto Alegre: Penso, 2013.

CHRISTENSEN, C. M.; HORN, M. B.; JOHNSON, C. W. *Disrupting class*: how disruptive innovation will change the way the world learns. New York: McGraw-Hill, 2008.

HORA, D. L. *Gestão educacional democrática.* Campinas: Alínea, 2007.

HORIZON REPORT. *Perspectivas tecnológicas para o ensino fundamental e médio brasileiro de 2012 a 2017*: uma análise regional por NMC Horizon Project. Austin: The New Media Consortium, 2012. Disponível em: <http://zerohora.com.br/pdf/14441735.pdf>. Acesso em: 12 mar. 2015.

MORAES, C. V. de. A diversidade nas organizações e o indivíduo. Acessado em 26 de agosto de 2014. Disponível em: <http://www.guiarh.com.br/PAGINA22T.html>.

MRECH, L. M. Mas, afinal o que é educar? In: MRECH, L. M. (Org.). *O impacto da psicanálise na educação.* São Paulo: Avercamp, 2005.

MOSÉ, V. (Org.). *A escola e os desafios do contemporâneo.* Rio de Janeiro: Civilização Brasileira, 2013.

PÉREZ GÓMEZ. A. I. *A cultura escolar na sociedade neoliberal.* Porto Alegre: Artmed, 2001.

SENGE, P. *Escolas que aprendem:* um guia da quinta disciplina para educadores, pais e todos que se interessam por educação. Porto Alegre: Artmed, 2004.

SCHMIDT, E.; COHEN, J. *A nova era digital*: reformulando o futuro das pessoas, das nações e dos negócios. Rio de Janeiro: Intrínseca, 2013.

ZABALA. A. *A prática educativa:* como ensinar. Porto Alegre: Artmed, 1998.

LEITURAS SUGERIDAS

CHRISTENSEN, C. M.; HORN, M. B.; STAKER, H. *Ensino híbrido*: uma inovação disruptiva? Uma introdução à teoria dos híbridos. San Mateo: Clayton Christensen Institute, 2013. Disponível em: <http://porvir.org/wp-content/uploads/2014/08/PT_Is-K-12-blended-learning-disruptive-Final.pdf>. Acesso em: 11 mar. 2015.

FOGARTY, P.; FITZPATRICK, B. *Going one-to-one*: iPads and mobile devices in education. [S. l: s. n], 2013. Kindle Edition.

FONSECA, A. Estudo mapeia competências profissionais exigidas nos próximos anos. *Valor Econômico*, 20 jul. 2012. Disponível em: <http://www.valor.com.br/carreira/2759010/estudo-mapeia-competencias-profissionais-exigidas-nos-proximos-anos>. Acesso em: 12 mar. 2015.

FREITAS, M. T. Letramento digital e formação de professores. *Educação em Revista*, v. 26, n. 3, p. 335-352, dez. 2010. Disponível em: <http://www.scielo.br/pdf/edur/v26n3/v26n3a17>. Acesso em: 12 mar. 2015.

KNOBLAUCH, A. et al. Levantamento de pesquisas sobre cultura escolar no Brasil. *Educação e Pesquisa,* São Paulo, v. 38, n. 3., p. 557-574, jul./set. 2012. Disponível em: <http://www.scielo.br/scielo.php?script=sci_arttext&pid=S1517-97022012000300002&lang=pt>. Acesso em: 12 mar. 2015.

MARPEAU, J. *O processo educativo*: a construção da pessoa como sujeito responsável por seus atos. Porto Alegre: Artmed, 2002.

MÁXIMO, L. Professor de Harvard sugere 'ecossistema de inovação' na educação. *Valor Econômico,* São Paulo, 11 maio 2012. Disponível em: <http://www.valor.com.br/brasil/2696952/professor-de-harvard-sugere-ecossistemas-de-inovacao-na-educacao>. Acesso em: 12 mar. 2015.

SILVA, F. C. T. Cultura escolar: quadro conceitual e possibilidades de pesquisa. *Educar em Revista*, n. 28, p. 201-216, jul./dez. 2006. Disponível em: <http://www.scielo.br/scielo.php?script=sci_arttext&pid=S0104-40602006000200013&lang=pt>. Acesso em: 12 mar. 2015.

10

PLANEJANDO A MUDANÇA

LILIAN BACICH
ADOLFO TANZI NETO
FERNANDO DE MELLO TREVISANI

A seguir, apresentaremos alguns planos de aulas que foram elaborados e aplicados pelos professores do nosso Grupo de Experimentações em Ensino Híbrido. Os planos estão comentados e envolvem cada um dos modelos citados ao longo do livro: rotação por estações, laboratório rotacional, sala de aula invertida, rotação individual e flex.

Ao final, são apresentados outros planos de aula, mas sem comentários. O objetivo é que você se baseie nos comentários e observações realizados nos primeiros planos para refletir sobre todos os aspectos envolvidos em um modelo de ensino híbrido. Algumas questões norteadoras serão apresentadas, porém não se restrinja a elas! Pense sobre todos os pontos abordados e discutidos no decorrer desta obra para refletir e construir o modelo de ensino híbrido mais adequado à sua realidade. Boa leitura!

PLANO DE AULA: Modelo de rotação por estações

NOME DO PROFESSOR	Flavia Moura	*DISCIPLINA*	Matemática – 7º ano
DURAÇÃO DA AULA	100 minutos	*NÚMERO DE ALUNOS*	32
Modelo híbrido	**(X) Rotação por estações ( ) Laboratório rotacional ( ) Rotação individual[1]** **( ) Sala de aula invertida ( ) Flex[2]**		
Objetivo da aula	Reconhecer os números inteiros, suas diferentes representações e suas formas de ordenação.		
Conteúdo(s)	Números inteiros: reconhecimento e relação de ordem.		
O que pode ser feito para personalizar?	O aluno pode realizar diversas atividades no seu tempo mesmo estando em grupo. As atividades propostas nas estações exploram diversas habilidades, como leitura e produção textual, trabalhos manuais e uso de tecnologias, bem como promovem a relação interpessoal.		
Recursos (Entende-se por recursos tudo aquilo que o professor precisará para desenvolver sua aula, p. ex., equipamentos tecnológicos, programas de computador, livros, cartolinas, *sites*, jogos, etc.)	• *Notebooks* equipados com fones de ouvido • Conexão com a internet • Folhas de papel almaço, lápis, borracha, cartolina colorida, régua, tesoura, cola, lápis de cor • Livro didático • Jogo *on-line*: *Number Balls* (o jogo consiste em clicar nas bolas que contém números inteiros relativos, em ordem crescente, no menor tempo possível). Disponível em: http://www.sheppardsoftware.com/mathgames/numberballs/numberballsAS2.htm • Plataforma Khan Academy: vídeo *Ordenação de n*úmeros *negativos*. Disponível em: https://pt.khanacademy.org		

(Continua)

[1] Para esse modelo é necessário elaborar um roteiro individual de objetivos a serem cumpridos pelo aluno na(s) estação(ões).
[2] Para esse modelo é necessário elaborar a etapa do plano de estudo do aluno a ser cumprido nessa aula.

PLANO DE AULA: Modelo de rotação por estações (Continuação)

Organização dos espaços				
Espaços (Entende-se por espaços qualquer ambiente que possa ser utilizado pelo professor para a realização de uma experiência de aprendizagem. P. ex., laboratório de informática, sala de aula, sala de leitura, auditório, casa do aluno, etc.)	***Atividade***	***Duração***	***Papel do aluno***	***Papel do professor***
Sala de aula Estação Khan Academy: *Alunos sentados individualmente. Um* notebook *equipado com fone de ouvido para cada aluno.*	Assistir a um vídeo que ensina a relação de ordem no conjunto Z. (Disponível na plataforma Khan Academy ou no *link* https://www.youtube.com/watch?v=D1NEwIRLYJ0 e exercícios em https://pt.khanacademy.org/math/arithmetic/absolute-value/add-sub-negatives/e/ordering_negative_numbers.)	25 minutos	Alunos acessam a plataforma Khan Academy e assistem ao vídeo *Ordenação de números negativos*. Devem registrar no caderno as informações que julgarem importantes. Quem terminar as anotações no caderno faz os exercícios relativos a esse vídeo, disponíveis também na plataforma e com mesmo nome do vídeo.	Orientar o uso da tecnologia, estimular a colaboração entre os colegas e tirar dúvidas. O professor deve acompanhar o registro das informações no caderno, observando e avaliando se o aluno compreendeu o conteúdo.
Sala de aula Estação *Game*: *Alunos sentados individualmente. Um* notebook *para cada estudante.*	Comparar e ordenar números inteiros ao jogar *Number balls*.	25 minutos	Alunos acessam o *link* do jogo e praticam a relação de ordem entre os números positivos e os negativos.	Orientar o uso da tecnologia, estimular a colaboração entre os colegas. O jogo é intuitivo, exigindo pouca disponibilidade do professor.

(Continua)

PLANO DE AULA: Modelo de rotação por estações (Continuação)

Sala de aula Estação Registrando *Alunos sentados em duplas.*	Produzir um resumo sobre a comparação entre números positivos e negativos.	25 minutos	Pegam o livro no armário, leem o capítulo *O conjunto dos números inteiros* e, em duplas, produzem um texto explicando como é estabelecida a relação de ordem entre tais números.	Orientar a construção dos resumos, explicando aos alunos a importância de utilizar um discurso próprio e enfatizando a diferença entre escrever e transcrever.
Sala de aula Estação Reta *Alunos sentados em grupo.*	Confeccionar uma reta numerada em Z.	25 minutos	Usando recorte de papéis coloridos e folha de cartolina os alunos devem produzir uma reta numerada do conjunto Z. Ao final, colar no mural da sala.	Orientar a construção da reta, estimular a colaboração entre os colegas e tirar dúvidas.
Avaliação				
O que pode ser feito para observar se os objetivos da aula foram cumpridos?	Além de avaliar o aluno durante as atividades por meio da observação de sua participação e desenvolvimento nas atividades, o professor avalia as produções feitas individualmente e em grupo.		*Como foi sua avaliação da aula? (Aspectos positivos e negativos)*	–
Recursos de personalização pós-avaliação (opcional) A partir dos dados coletados sobre o aprendizado do aluno nesta aula, será possível personalizar melhor a seguinte.	Poderá utilizar os dados gerados pela plataforma Khan Academy e a construção da reta de números inteiros para avaliar e personalizar a aula seguinte.			

Este plano de aula é da disciplina de matemática, cujo tema era números inteiros, e foi elaborado para uma turma do 7º ano com 32 alunos. Para isso, a professora criou quatro estações com objetivos diferentes, mas todos ligados ao objetivo de aprendizagem da aula: reconhecer os números inteiros, suas diferentes representações e suas formas de ordenação.

Na estação Khan Academy, a professora utilizou essa plataforma para os alunos assistirem a um vídeo sobre ordenação de números inteiros e, depois, solicitou que fizessem os exercícios sobre esse tópico. Os exercícios têm bastante semelhança com o que os estudantes assistiriam no vídeo, o que aumenta as chances de conseguirem realizar a tarefa sem grandes dificuldades. Isso é importante, pois possibilita ao professor ficar mais livre para rodar entre os grupos, observando todos os alunos nas atividades. Nessa estação, os estudantes podiam sanar dúvidas uns dos outros, o que aumentava mais ainda a possibilidade de o professor se locomover entre as estações. Nessa estação foi trabalhado o momento *on-line,* que é característico do ensino híbrido.

Conforme já mencionado, a plataforma Khan Academy é adaptativa, isto é, armazena e fornece dados sobre cada um dos alunos a partir de suas interações com o computador, possibilitando ao professor uma análise individual de desempenho para personalizar o ensino e verificar a aprendizagem de cada estudante. Nesse caso, o docente pode acompanhar se cada aluno assistiu ao vídeo todo e seu desempenho individual nos exercícios indicados.

Outro aspecto interessante é a realização de anotações sobre o que os alunos assistirão no vídeo recomendado. É fundamental que eles saibam interagir de modo autônomo com a tecnologia, selecionando informações relevantes daquilo que pesquisam na internet. Com a ação apontada, o professor pode trabalhar essa consciência e essa prática de resumir informações que cada criança julgar importante dentro da sua individualidade, auxiliando no reconhecimento de dados fundamentais sobre esse conceito.

Na estação *Game*, a professora utilizou um jogo animado (*Number balls*) para ser feita a ordenação de números inteiros. O objetivo da estação é o mesmo da anterior, porém, esse jogo possibilita uma aprendizagem voltada ao lúdico. Por meio de sucessivas experimentações, o aluno pode perceber a regra de ordenação entre números inteiros, possibilitando uma generalização intuitiva da regra geral.

A vantagem do lúdico é aumentar o engajamento das crianças nas atividades, já que elas possuem bastante curiosidade e costumam gostar de atividades no computador.

Pelo fato de ser um jogo intuitivo, espera-se que não seja necessária a presença constante do professor nessa estação, possibilitando-lhe ficar mais livre para rodar entre as outras estações e atender todos os seus alunos quando necessário.

Na estação Registrando, o objetivo era fazer um resumo sobre os principais tópicos de um capítulo do livro didático utilizado pelo professor. Esse ponto é importante, já que os livros tendem a ser fontes de pesquisa mais confiáveis que muitos *sites* da internet. Novamente, assim como na estação Khan Academy, aqui também foi trabalhada a importância de o aluno produzir um resumo a partir de uma fonte externa (no caso, o livro), refletindo sobre o que leu e escrevendo com suas palavras o que compreendeu.

Um ponto interessante dessa estação é o trabalho desenvolvido em duplas, o que fomenta a discussão entre pares sobre as principais informações contidas no livro. Essas discussões contribuem para a construção coletiva do conhecimento. Assim, os alunos desenvolvem suas habilidades de argumentação, produção textual, leitura e também de relacionamento com os colegas.

A outra estação foi chamada de Reta, cujo objetivo era construir a reta numérica contendo números inteiros. Essa atividade foi realizada em grupos de oito alunos, mas poderia ser feita em grupos de quatro membros. Com um número considerado elevado para um trabalho em grupo, buscou-se desenvolver a capacidade de organização social e de construção coletiva do conhecimento por meio da produção coletiva de um produto final, nesse caso, a reta numérica em cartolina. Para isso, foram disponibilizados diversos materiais (cartolina, lápis de cor, tesoura, cola, régua), a fim de que todos os alunos pudessem contribuir ao mesmo tempo.

Portanto, nesse plano, podemos observar as diferentes estratégias adotadas em cada estação e as distintas formas de trabalho abordadas em cada uma delas, embora todas sempre tratando de um mesmo tema, que é a ordenação de números inteiros. Com essas diversas formas de ensino, buscou-se oportunizar o desenvolvimento de diferentes habilidades além daquelas que devem ser construídas e desenvolvidas em relação ao conteúdo do currículo.

Como avaliação, é importante que o professor note o engajamento dos estudantes nos grupos durante todas as rotações, observando o envolvimento geral e individual de cada um.

Ainda, é fundamental que o professor corrija as produções de seus alunos e promova o compartilhamento com os outros grupos.

Um aspecto interessante de se observar é que a plataforma Khan Academy armazenou dados dos alunos durante as atividades realizadas. Isso pode ser utilizado também para avaliação e modificação das aulas posteriores, buscando a personalização do ensino a partir de dados coletados previamente pelo docente. O uso de tal plataforma facilita esse trabalho, já que não necessita de ações do professor no momento da atividade, apenas antes dela, ao selecionar o vídeo e os exercícios trabalhados.

SUGESTÃO DE OUTRO PLANO

A seguir, será apresentado outro plano elaborado e aplicado por um professor de nosso grupo de experimentações. Dedica-se à disciplina de história e foi elaborado para uma turma de 8º ano com 30 alunos.

Seguindo a mesma lógica de análise apresentada, observe o plano seguinte e reflita sobre alguns de seus pontos:

- Qual é a estação que caracteriza a prática de ensino híbrido? (Isto é, qual é a estação que possui uma ferramenta de ensino *on-line*?)
- Os objetivos de aprendizagem das estações estão de acordo com o objetivo de aprendizagem da aula?
- A ferramenta *on-line* possibilita a personalização? (Isto é, coleta e armazena dados do trabalho dos alunos para análise futura?)
- Os alunos trabalham individualmente, em duplas ou em grupos?
- A disposição das carteiras foi alterada?
- Há algum espaço além da sala de aula sendo usado pelos alunos?
- A duração de cada estação está de acordo com o tempo total da aula?
- Qual material o professor teve de preparar previamente?
- Quais recursos o docente teve de dispor em sua aula?
- A avaliação adotada é coerente com as atividades realizadas pelos alunos? Qual outro processo avaliativo poderia ser utilizado?

PLANO DE AULA: Modelo de rotação por estações

NOME DO PROFESSOR	Eric Rodrigues	***DISCIPLINA***	História – 8º ano
DURAÇÃO DA AULA	100 minutos	***NÚMERO DE ALUNOS***	30
Modelo híbrido	**(X) Rotação por estações ( ) Laboratório rotacional ( ) Rotação individual**[3] **( ) Sala de aula invertida ( ) Flex**[4]		
Objetivo da aula	Identificar e compreender diferentes características do Segundo Reinado, período do governo de D. Pedro II.		
Conteúdo(s)	O Segundo Reinado: D. Pedro II e sua biografia, a política externa, a economia e as leis abolicionistas.		
O que pode ser feito para personalizar?	Os alunos devem produzir uma síntese sobre o tema, articulando os diferentes eixos explorados. Essa produção pode ser utilizada pelo professor para verificar se houve compreensão da relação existente entre os elementos estudados e como eles compõem o cenário histórico do período.		
Recursos (Entende-se por recursos tudo aquilo que o professor precisará para desenvolver sua aula, p. ex., equipamentos tecnológicos, programas de computador, livros, cartolinas, *sites*, jogos, etc.)	• Dispositivos para acesso ao YouTube (computadores, *tablets* ou celulares) • Acesso a vídeos dos canais *Canal Projeto X* e *História Chico Hits*, com uma visão geral do período e música explicativa do tema. Disponível em: http://youtu.be/mxnLCY3jcSg e http://youtu.be/MPjBnPajo2U • Acesso aos *slides* explicativos sobre a Guerra do Paraguai, pelo Prezi. Disponível em: https://prezi.com/37lfsmrq13p6/a-guerra-do-paraguai/ • Livros didáticos • Livro *As barbas do imperador – D. Pedro II, a história de um monarca em quadrinhos*, de Lilia Moritz Schwarcz		

(Continua)

[3] Para esse modelo é necessário elaborar um roteiro individual de objetivos a serem cumpridos pelo aluno na(s) estação(ões).
[4] Para esse modelo é necessário elaborar a etapa do plano de estudo do aluno a ser cumprida nessa aula.

PLANO DE AULA: Modelo de rotação por estações (Continuação)

Organização dos espaços				
Espaços (Entende-se por espaços qualquer ambiente que possa ser utilizado pelo professor para a realização de uma experiência de aprendizagem. P. ex., laboratório de informática, sala de aula, sala de leitura, auditório, casa do aluno, etc.)	***Atividade***	***Duração***	***Papel do aluno***	***Papel do professor***
Espaço 1 – Instruções com o professor	O professor apresenta o tema aos alunos e esclarece questões sobre a cronologia dos acontecimentos históricos.	20 minutos	Observar a exposição, questionando as instruções, se necessário.	Expor as instruções sobre como analisar o tema, esclarecendo a historiografia existente sobre ele.
Espaço 2 – Leitura biográfica	Nesta estação, o livro *As barbas do imperador*, versão em quadrinhos, deve servir como uma forma de análise da biografia de D. Pedro II.	20 minutos	Analisar o livro e compreender a biografia de D. Pedro II que, em grande medida, se confunde com a história do Segundo Reinado.	Viabilizar o acesso ao livro e instigar os alunos a fazer suas observações de forma otimizada, considerando o tempo limitado.
Espaço 3 – Computadores e YouTube	Utilização dos computadores para acessar vídeos do YouTube que traçam análises gerais do período e *slides* no Prezi sobre a Guerra do Paraguai.	20 minutos	Assistir aos vídeos: quadro explicativo e música sobre o tema; observar os *slides* no Prezi sobre a Guerra do Paraguai.	Disponibilizar os dispositivos e recursos para observação dos vídeos e *slides*, dirimir questões técnicas e dúvidas sobre o que for observado.

(Continua)

PLANO DE AULA: Modelo de rotação por estações (Continuação)

Organização dos espaços				
Espaço 4 – Livro didático	Compreender o ciclo econômico do café e as questões das leis que levaram à abolição da escravidão.	20 minutos	Leitura e análise do livro didático, com ênfase no foco econômico.	Orientar a análise do livro, permitir a localização dos pontos centrais do eixo escolhido e realizar esclarecimentos se necessário.
Espaço 5 – Produção de síntese *(Estação final para todos; só realizar após passar pelas outras quatro estações.)*	Articular os diferentes eixos e ângulos estudados na produção de uma síntese sobre o tema, considerando que todos trataram do mesmo período histórico.	20 minutos	Desenvolver uma síntese sobre o tema a partir do que foi visto nas estações. Podem ser utilizados recursos tradicionais ou digitais (por *slides*, linha do tempo, vídeo ou outra sugestão dos alunos).	Orientar sobre como os estudantes devem proceder para construir uma síntese, tomando esse caso como exemplo, e viabilizar os recursos adicionais que os alunos solicitem para tal construção.
Avaliação				
O que pode ser feito para observar se os objetivos da aula foram cumpridos?	A produção da síntese como uma das estações de trabalho deve permitir aos alunos produzir conteúdo que verifique o sucesso do objetivo.		Como foi sua avaliação da aula? (Aspectos positivos e negativos)	–
Recursos de personalização pós-avaliação (opcional) A partir dos dados coletados sobre o aprendizado do aluno nesta aula, será possível personalizar melhor a seguinte.	Este é um tema amplo que, normalmente, requer mais de uma aula. O professor pode utilizar os resultados da síntese para realizar uma futura aula de rotação individual, na qual ofereça aos alunos desafios, de acordo com seu processo de aprendizagem nesta aula, ou um aprofundamento em pontos do tema que carecerem de mais explanação.			

PLANO DE AULA: Modelo de laboratório rotacional

NOME DO PROFESSOR	Eric Rodrigues	***DISCIPLINA***	História – 6° ano
DURAÇÃO DA AULA	100 minutos	***NÚMERO DE ALUNOS***	30
Modelo híbrido	**( ) Rotação por estações (x) Laboratório rotacional ( ) Rotação individual[5] ( ) Sala de aula invertida ( ) Flex[6]**		
Objetivo da aula	Compreender as relações entre os povos mediterrâneos na Antiguidade, percebendo a multiplicidade de civilizações, suas experiências históricas e conexões.		
Conteúdo(s)	História da Antiguidade: gregos, romanos, egípcios, fenícios, hebreus e suas relações.		
O que pode ser feito para personalizar?	Ao final da etapa no laboratório, os alunos podem produzir um pequeno texto comentando quais informações sobre o objeto problematizado pareceram mais interessantes e como ele se relaciona à matéria. Isso pode orientar o trabalho para uma próxima aula.		
Recursos (Entende-se por recursos tudo aquilo que o professor precisará para desenvolver sua aula, p. ex., equipamentos tecnológicos, programas de computador, livros, cartolinas, sites, jogos, etc.)	**Em sala** • *Data show* ou mapa que represente a região do Mar Mediterrâneo (preferencialmente, um mapa histórico) • Fichas ou folhas impressas que apresentem as civilizações, sua localização geográfica e histórico **No laboratório** • Computadores (preferencialmente, em uma quantidade mínima para trabalho em duplas ou trios) • Acesso à internet • Acesso ao Google Art Project, pelo Google Cultural Institute, e ao objeto *Temple of Dendur*, do *Metropolitan Museum of Art,* em Nova York. Disponível em: https://www.google.com/culturalinstitute/asset-viewer/the-temple-of-dendier/ygEK10P6658rnA?projectId=art-project		

(Continua)

[5] Para esse modelo é necessário elaborar um roteiro individual de objetivos a serem cumpridos pelo aluno na(s) estação(ões).

[6] Para esse modelo é necessário elaborar a etapa do plano de estudo do aluno a ser cumprida nessa aula.

PLANO DE AULA: Modelo de laboratório rotacional (Continuação)

Organização dos espaços				
Espaços (Entende-se por espaços qualquer ambiente que possa ser utilizado pelo professor para a realização de uma experiência de aprendizagem. P. ex., laboratório de informática, sala de aula, sala de leitura, auditório, casa do aluno, etc.)	***Atividade***	***Duração***	***Papel do aluno***	***Papel do professor***
Sala de aula	Os alunos devem receber orientações inicias do professor sobre os povos da Antiguidade, explorando em um mapa a localização de alguns povos na região mediterrânea.	20 minutos	Observar as instruções do professor, analisando o mapa.	Iniciar introduções expositivas, utilizando como recurso um mapa físico ou por meio de projeção.

(Continua)

PLANO DE AULA: Modelo de laboratório rotacional (Continuação)

Organização dos espaços				
Sala de aula	Divididos em grupos, os alunos realizam leituras de fichas sobre civilizações da Antiguidade que viveram na região do Mediterrâneo.	30 minutos	Realizar a leitura e analisar as informações contidas em fichas, discutindo com o grupo e o professor informações e dúvidas.	Auxiliar os grupos e os alunos na análise das fichas, verificando as interpretações construídas e dirimindo dúvidas sobre as civilizações estudadas.
Laboratório de informática	Utilizando o roteiro de *links* propostos, os alunos observam o Templo de Dendur. Por meio do Google Art Project, é possível realizar uma visita virtual, que simula espacialmente o templo e seu interior. De modo complementar, os alunos devem ter acesso a uma versão traduzida do *link* do objeto no *site* do museu que esclarece sua natureza híbrida: trata-se de uma peça de origem egípcia, custeada por Júlio César, então governante de Roma, que tinha laços com o Egito.	50 minutos	Realizar a visita virtual, analisando características do objeto proposto, e fazer a leitura do texto do *site* oficial do museu sobre detalhes da peça. Ao fim, produzir um pequeno texto (3 a 5 linhas) com suas impressões sobre o objeto e sua relação com a matéria estudada em sala.	Oferecer e garantir o acesso ao roteiro de *links* propostos para a atividade, resolvendo questões técnicas e realizando tutoria com os alunos.

(Continua)

PLANO DE AULA: Modelo de laboratório rotacional (Continuação)

Avaliação			
O que pode ser feito para observar se os objetivos da aula foram cumpridos?	Verificar que todos os alunos tenham conseguido acessar os *links* e produzir um pequeno texto com suas impressões.	Como foi sua avaliação da aula? (Aspectos positivos e negativos)	–
Recursos de personalização pós-avaliação (opcional) A partir dos dados coletados sobre o aprendizado do aluno nesta aula, será possível personalizar melhor a seguinte.	Após a leitura dos textos, pode ser observado se os alunos conseguiram compreender a coexistência histórica e as relações dessas civilizações, por vezes negligenciadas na maneira como História Antiga é ensinada. Caso isso não tenha ocorrido, podem ser explorados outros fatos históricos que verificam os entrelaçamentos (práticas comerciais, influências linguísticas). A geografia pode ser novamente um eixo de análise.		

Este plano de aula é da disciplina de história, cujo tema era a história da Antiguidade: gregos, romanos, egípcios, fenícios, hebreus e suas relações, e foi elaborado para uma turma do 6º ano com 30 alunos. Para isso, o professor utilizou dois espaços diferentes: a sala de aula e o laboratório de informática, conforme sugerido pelo modelo laboratório rotacional. O tempo de trabalho em cada espaço era de 50 minutos.

Na sala de aula, esse tempo foi dividido em dois momentos. O primeiro durou 20 minutos e consistia em uma exposição realizada pelo professor sobre os povos da Antiguidade. Para isso, ele poderia utilizar ou projetar um mapa histórico, discutindo com os alunos a localização desses povos na região mediterrânea. O segundo momento teve duração de 30 minutos e consistia na leitura de fichas sobre civilizações da Antiguidade que viveram na região do Mediterrâneo. Essa leitura era realizada em grupos para posterior discussão entre os alunos com relação às informações obtidas.

Observe que, durante a primeira parte do tempo em que metade do grupo permaneceu na sala de aula, o professor fez uma exposição do conteúdo assim como é realizada em uma aula expositiva.

Utilizar o ensino híbrido não impossibilita que se lance mão de momentos expositivos nas estações ou modelos, pelo contrário. A ideia é ressignificar esses momentos e mesclá-los com atividades de outros tipos (grupos, individual, com e sem tecnologia, etc.).

É importante deixar isso claro: não queremos que momentos de exposição sejam extintos, mas que sejam escolhidos a partir do objetivo de aprendizagem da aula em questão, e não que se tornem o único modelo de ensino oferecido aos alunos.

Com as discussões em grupo realizadas no segundo momento em sala de aula, o professor pôde observar a argumentação dos alunos com base nas informações lidas nas fichas e as relações que fizeram entre elas e a exposição do docente. Assim, é fundamental o professor atentar para as informações que apresentará em sua exposição e aquelas que os estudantes obterão pelas fichas, de modo a não repeti-las nesses dois momentos, a fim de que eles tenham maiores condições de argumentar na atividade em grupo.

No laboratório, os alunos utilizaram um roteiro elaborado pelo professor com *links* relacionados ao objetivo de aprendizagem da aula. Nesse caso, eles visitaram o interior de um templo para visualizar uma peça histórica que comprova a relação entre duas civilizações. Também deveriam ler um texto no *site* do museu sobre o tema.

Observe que a atividade realizada em laboratório possibilitou aos alunos realizarem uma visita virtual a um local a que dificilmente teriam acesso de modo presencial, a qual poderia contribuir muito para a aprendizagem e a contextualização da temática da aula. Além disso, puderam entrar em contato com informações disponibilizadas por um museu de outro país graças à internet. Essa é uma característica que deve ser aproveitada ao máximo durante a permanência dos alunos no laboratório de informática: proporcionar atividades que exploram o potencial da *web*, conduzindo seus alunos para lugares e possibilitando acesso a informações que eles dificilmente conseguiriam ter de outra forma.

Cabe deixar claro que a parte *on-line* desse modelo não necessita impreterivelmente de uma plataforma adaptativa para coletar informações dos alunos. Nesse caso, o professor fará isso por uma produção curta e escrita de modo individual sobre os temas aprendidos, conseguindo, assim, analisar o que cada aluno aprendeu. Se quiser, pode utilizar questionários em formulários do Google Docs ou editores colaborativos de texto para que os estudantes realizem essa produção individualmente, no primeiro caso, ou em grupos, no segundo. Os dados seriam inseridos em uma planilha, facilitando a correção por parte do professor, além de ter gerado uma versão digital do arquivo produzido pelos alunos, a qual poderia ser impressa, se necessário.

SUGESTÃO DE OUTRO PLANO

A seguir, será apresentado outro plano elaborado e aplicado por um professor de nosso grupo de experimentações. Dedica-se à disciplina de língua portuguesa e foi elaborado para turmas de 5° ano com 25 alunos.

Seguindo a mesma lógica de análise apresentada, observe o plano seguinte e reflita sobre alguns de seus pontos:

- Qual é a estação que caracteriza a prática de ensino híbrido? (Isto é, qual é a estação em que ocorre o ensino *on-line*?)
- Os objetivos de aprendizagem das estações estão de acordo com o objetivo de aprendizagem da aula?
- A ferramenta *on-line* possibilita a personalização? (Isto é, ela coleta e armazena dados do trabalho dos alunos para análise futura?)
- Os alunos trabalham individualmente, em duplas ou em grupos?
- A disposição das carteiras foi alterada?
- Há algum espaço além da sala de aula sendo usado pelos alunos?
- A duração de cada estação está de acordo com o tempo total da aula?
- Qual foi o material que o professor teve de preparar previamente?
- Quais recursos o professor teve de dispor em sua aula?
- A avaliação adotada é coerente com as atividades realizadas pelos alunos? Qual outro processo avaliativo poderia ser utilizado?

PLANO DE AULA: Modelo de rotação por estações e laboratório rotacional

NOME DO PROFESSOR	Verônica Martins Cannatá e Barbara Endo[7]	*DISCIPLINA*	Língua portuguesa – 5º ano
DURAÇÃO DA AULA	2 aulas de 60 minutos	*NÚMERO DE ALUNOS*	25
Modelo híbrido	**(X) Rotação por estações (X) Laboratório rotacional ( ) Rotação individual[8]** **( ) Sala de aula invertida ( ) Flex[9]**		
Objetivo da aula	**Aula 1** – Trabalhar em duplas, pesquisar, identificar, compreender, sintetizar e organizar a estrutura do texto pesquisado, bem como redigir uma notícia esportiva que será gravada. **Aula 2** – Trabalhar em duplas, treinar a leitura, a oralidade, a locução e gravar na Rádio Dante,[10] em duplas, o texto produzido na aula anterior.		
Conteúdo(s)	Pesquisa, produção de texto e treino da oralidade.		
O que pode ser feito para personalizar?	**Aula 1** – Observar a atuação dos alunos, mediar as dificuldades durante a pesquisa, analisar os textos produzidos. **Aula 2** – Observar a revisão do texto, a leitura, a oralidade e a notícia gravada na rádio.		
Recursos (Entende-se por recursos tudo aquilo que o professor precisará para desenvolver sua aula. P. ex., equipamentos tecnológicos, programas de computador, livros, cartolinas, sites, jogos, etc.)	**Aula 1** • YouTube: We Are One (The Official 2014 FIFA World Cup Song). Disponível em: https://www.youtube.com/watch?v=TGtWWb9emYI • Lousa digital: *software* SMART • Notebook com 32 bandeiras de seleções que participaram da Copa 2014 e um cronômetro com tempo determinado por estação • Google Chrome: http://pt.fifa.com/worldcup/teams/index.html • Computadores: Editor de texto (livre escolha) • Moodle: Envio dos textos produzidos para análise do professor **Aula 2** • Textos impressos, canetas, lápis e borrachas: para a revisão dos alunos • Estúdio da Rádio Dante: gravação de uma notícia • Moodle: Publicação dos arquivos das notícias gravadas e fórum para análise e escolha das três melhores notícias • Registro e depoimento em vídeo das aulas. Disponível em: http://youtu.be/31JFPoX2RRo?list=UUSPkYHx_JVClsEx0MhENt6w		

(Continua)

7 Barbara Endo é assessora de projetos educomunicativos do Colégio Dante Alighieri e participou da mediação desta aula junto com a professora Verônica Cannatá.

8 Para esse modelo é necessário elaborar um roteiro individual de objetivos a serem cumpridos pelo aluno na(s) estação(ões).

9 Para esse modelo é necessário elaborar a etapa do plano de estudo do aluno a ser cumprida nessa aula.

10 O professor pode substituir a rádio gravando os textos dos alunos em sala de aula com o *software* gratuito Audacity, disponível em: <http://www.baixaki.com.br/download/audacity.htm>.

PLANO DE AULA: Modelo de rotação por estações e laboratório rotacional (Continuação)

Organização dos espaços da Aula 1				
Espaços (Entende-se por espaços qualquer ambiente que possa ser utilizado pelo professor para a realização de uma experiência de aprendizagem. P. ex., laboratório de informática, sala de aula, sala de leitura, auditório, casa do aluno, etc.)	***Atividade***	***Duração***	***Papel do aluno***	***Papel do professor***
Espaço 1 – Estação We are one	Assistir ao vídeo *We are one*, refletir sobre a mensagem: • Qual é a mensagem do clipe? • Para quem não conhece o Brasil, qual ideia de país o clipe transmite? • Apesar da excelente qualidade de imagem e edição, mostrou-se o que o Brasil tem de melhor? • Em sua opinião, o que o Brasil tem de melhor?	10 minutos	Expor sua opinião ao grupo a partir da mediação feita pelo professor.	Conduzir a mediação após a exibição do vídeo.
Espaço 2 – Estação Nós escolhemos	Escolher uma seleção para realizar uma pesquisa.	5 minutos	A dupla deverá se dirigir à lousa digital e escolher uma seleção para pesquisar.	Conduzir a mediação da escolha das seleções na lousa digital.

(Continua)

PLANO DE AULA: Modelo de rotação por estações e laboratório rotacional (Continuação)

***Espaço 3* –** Estação Elaborando a Notícia	Redigir o texto, atentando para: • A informação está clara? • É interessante? • É informativa? • Prende a atenção do ouvinte? • Traria audiência para o seu programa de rádio? • Você ouviria essa notícia? • Citar as referências no padrão ABNT	15 minutos	Acessar o *site* da FIFA e realizar a pesquisa. Escolher um editor de texto. Digitar o texto final. Mandar o texto para o professor pelo *link* de envio de tarefa publicado no ambiente Moodle.	Acompanhar as duplas que tiverem dificuldades para realizar a pesquisa.
***Espaço 4* –** Estação Conhecendo a Rádio Dante[11]	Visita ao estúdio da rádio.	15 minutos	Observar as orientações técnicas dadas pelo professor.	Durante a visita ao estúdio da rádio, o professor poderá explicar: as funções da mesa de som, o posicionamento do microfone, a postura correta privilegiando o diafragma, o distanciamento ideal do microfone e o silêncio durante a gravação.

(Continua)

[11] Caso o professor opte por utilizar o Audacity, nesta estação poderá dar dicas de utilização do *software* e captura do áudio.

PLANO DE AULA: Modelo de rotação por estações e laboratório rotacional (Continuação)

Organização dos espaços da Aula 2				
Espaços (Entende-se por espaços qualquer ambiente que possa ser utilizado pelo professor para a realização de uma experiência de aprendizagem. P. ex., laboratório de informática, sala de aula, sala de leitura, auditório, casa do aluno, etc.)	***Atividade***	***Duração***	***Papel do aluno***	***Papel do professor***
Espaço 1 Estação A Notícia	Em duplas, leitura do texto enviado ao professor pelo Moodle.	10 minutos	As duplas deverão acessar o Moodle, ler a notícia elaborada na aula anterior e verificar junto ao professor se há a necessidade de alterações.	Fazer a interferência necessária junto às duplas que estiverem com dificuldades para finalizar o texto.
Espaço 2 Estação Redação	Análise e ajustes no texto impresso.	5 minutos	Com o texto impresso, a dupla deverá treinar a leitura, a entonação e dividir os trechos para cada locutor.	
Espaço 3 Estação No ar	Gravação no estúdio da rádio.	25 minutos	A dupla deverá gravar a notícia.	A jornalista Barbara Endo acompanhou as gravações na rádio. Esse acompanhamento poderia ser feito por um professor de informática, por exemplo.

(Continua)

PLANO DE AULA: Modelo de rotação por estações e laboratório rotacional (Continuação)

Espaço 4 Estação Bastidores	Treino no pátio do Colégio, em frente à rádio.	25 minutos	As demais duplas, enquanto aguardam a vez de entrar na rádio e gravar a notícia, treinam a leitura e combinam como será feita a locução.	A professora Verônica Cannatá observou as duplas e auxiliou aquelas que estavam com dificuldades referentes à leitura, à entonação, ao entrosamento e à timidez.
Espaço 5 Estação Pesquisa de opinião	Escolha das três melhores notícias.	10 minutos	Os alunos deverão eleger as três melhores notícias e justificar o motivo da escolha.	Analisar as escolhas e as justificativas dos alunos.

(Continua)

PLANO DE AULA: Modelo de rotação por estações e laboratório rotacional (Continuação)

Avaliação das Aulas 1 e 2			
O que pode ser feito para observar se os objetivos da aula foram cumpridos?	Elaborar uma tabela simples com os nomes dos alunos, feita no Excel, em uma folha de caderno ou no diário de classe, para que o professor possa observar e preencher em relação a: **1. Autonomia** Avaliar a autonomia na emissão de opiniões na Estação We Are One, na liderança da Estação Nós Escolhemos e principalmente na Estação Pesquisar é Preciso sem a solicitação de ajuda ao professor. **2. Educação personalizada** Observar principalmente aqueles que precisaram da ajuda do professor na Estação Pesquisar é Preciso extraindo do *site* da FIFA as principais informações para a construção do texto. **3. Educação para o domínio do conhecimento** Avaliar todos os textos produzidos na Aula 1 (enviados ao professor via Moodle) e os áudios gravados pelos alunos. **4. Relacionamentos profundos** Avaliar a colaboração, a interação e o trabalho da dupla e com o grupo.	Como foi sua avaliação da aula? (Aspectos positivos e negativos)	**Aula 1** 1. O que funcionou? √ A organização das duplas. Para não haver privilégio de escolha das seleções, cada dupla sorteou uma fichinha impressa com a numeração de 1 ao 13. O número sorteado correspondeu à ordem de escolha. √ A análise do vídeo *We are one*, muitas observações interessantes que aguçaram o senso crítico. 2. Qual foi o maior desafio? √ Mediar a pesquisa e orientar à construção do texto. Para possibilitar o trabalho com as quatro grandes ideias sugeridas no vídeo *Os elementos-chave da experiência dos alunos*, temos que fazer os estudantes refletirem sobre o copiar e colar.

(Continua)

PLANO DE AULA: Modelo de rotação por estações e laboratório rotacional (Continuação)

Avaliação das Aulas 1 e 2			
			√ Permitimos que os alunos colassem o texto, mas mediamos que reestruturassem, sintetizassem e dessem ritmo à informação, a qual deveria ter a linguagem deles, a linguagem da Rádio Dante, e não a da *web* ou do jornalista da Fifa. **Aula 2** 1. O que funcionou? √ Dar aos alunos a possibilidade de revistar o texto elaborado na aula anterior. Muitos fizeram interferências e ajustes após a leitura em voz alta com a sua dupla. Ao ouvir o outro e a si mesmo, perceberam que era preciso fazer mudanças para deixar o texto mais agradável aos ouvintes.

(Continua)

PLANO DE AULA: Modelo de rotação por estações e laboratório rotacional (Continuação)

Avaliação das Aulas 1 e 2			
			2. O que não funcionou? √ O tempo! A pesquisa de opinião ficou para o Moodle. Postamos as gravações para os alunos analisarem e um fórum para publicarem a opinião. 3. Qual foi o maior desafio? √ Orientá-los a aproveitar o tempo para treinar na Estação Bastidores enquanto a Estação No Ar estava ocupada.
Recursos de personalização pós-avaliação (opcional) A partir dos dados coletados sobre o aprendizado do aluno nesta aula, será possível personalizar melhor a seguinte.	A partir dos dados coletados, o professor poderá identificar os alunos que precisam de uma atividade personalizada no que se refere a: 1. Localizar, organizar, processar, transformar e formatar a informação; 2. Refletir sobre a forma mais adequada de apresentar uma ideia; 3. Procurar possibilidades de ajuda quando necessário, utilizar a interação e o *feedback* oferecido para auxiliá-lo durante a realização de uma atividade; 4. Exercitar a citação das fontes, respeitando *copyright* (direitos de propriedade intelectual de autores e produtores); 5. Desenvolver ideias próprias gerando novas informações; 6. Demonstrar a capacidade de trabalhar produtivamente com o uso de diversas tecnologias.		

PLANO DE AULA: Modelo de sala de aula invertida

NOME DO PROFESSOR	Eric Rodrigues	***DISCIPLINA***	História – 2ª série do ensino médio
DURAÇÃO DA AULA	60 minutos + 50 minutos	***NÚMERO DE ALUNOS***	40
Modelo híbrido	**( ) Rotação por estações ( ) Laboratório rotacional ( ) Rotação individual[12]** **(X) Sala de aula invertida ( ) Flex[13]**		
Objetivo da aula	Compreender a importância do sujeito histórico e suas ações, tendo como estudo de caso a Revolução Francesa.		
Conteúdo(s)	Revolução Francesa e seus personagens históricos.		
O que pode ser feito para personalizar?	Os alunos podem apresentar seus resultados na atividade realizada em casa em sala, e o professor pode aproveitar tais impressões para direcionar a maneira como abordará outros pontos do tema.		
Recursos (Entende-se por recursos tudo aquilo que o professor precisará para desenvolver sua aula. P. ex., equipamentos tecnológicos, programas de computador, livros, cartolinas, *sites*, jogos, etc.)	**Em casa** • Computador • Acesso à internet • *Download* e instalação do jogo *Tríade*, desenvolvido pela UNEB e disponível gratuitamente. O jogo acompanha as aventuras de um indivíduo nos eventos da Revolução Francesa, e o jogador tem o controle do personagem principal em meio aos fatos. Disponível em: http://www.comunidadesvirtuais.pro.br/triade/projeto.htm **Em sala** • Livros didáticos • Textos biográficos de figuras históricas envolvidas com a Revolução Francesa		

(Continua)

12 Para esse modelo é necessário elaborar um roteiro individual de objetivos a serem cumpridos pelo aluno na(s) estação(ões).
13 Para esse modelo é necessário elaborar a etapa do plano de estudo do aluno a ser cumprida nessa aula.

PLANO DE AULA: Modelo de sala de aula invertida (Continuação)

Organização dos espaços				
Espaços (Entende-se por espaços qualquer ambiente que possa ser utilizado pelo professor para realização de uma experiência de aprendizagem. P. ex., laboratório de informática, sala de aula, sala de leitura, auditório, casa do aluno, etc.)	***Atividade***	***Duração***	***Papel do aluno***	***Papel do professor***
Em casa	Jogar o game *Tríade*, realizando registros dos pontos que tenham despertado interesse.	60 minutos (ou mais)	Investigar os cenários do jogo e registrar suas impressões.	Viabilizar o arquivo para *download* ou instalação nos dispositivos dos alunos, com instruções *on-line*.
Sala de aula	Apresentação das impressões sobre o jogo.	15 minutos	Discutir com o professor e os colegas sobre o jogo, o que foi observado e quais detalhes despertaram curiosidade.	Registrar as impressões dos alunos e utilizar as observações realizadas para discutir o conceito de sujeito histórico.
Sala de aula	Elaboração de perfis de figuras históricas do período da Revolução Francesa.	35 minutos	Analisar e elaborar perfis de personalidades que tenham sido sujeitos históricos do período da Revolução Francesa.	Disponibilizar material didático que traga informações sobre as figuras históricas do período da Revolução Francesa, auxiliar na elaboração dos perfis realizando tutoria.

(Continua)

PLANO DE AULA: Modelo de sala de aula invertida (Continuação)

Avaliação			
O que pode ser feito para observar se os objetivos da aula foram cumpridos?	Recolher o material produzido pelos alunos, verificando que as escolhas de personalidades e o modo de análise demonstram percepção do conceito de sujeito histórico.	Como foi sua avaliação da aula? (Aspectos positivos e negativos)	–
Recursos de personalização pós-avaliação (opcional) A partir dos dados coletados sobre o aprendizado do aluno nesta aula, será possível personalizar melhor a seguinte.	As impressões sobre o jogo (pontos que interessaram, curiosidades do cenário e do roteiro, detalhes que não foram reparados e desinteresses) podem orientar os eixos e focos escolhidos pelo professor ao continuar a trabalhar com o conteúdo de Revolução Francesa. Os perfis biográficos podem ser utilizados para verificar se os alunos operaram com o conceito de sujeito histórico ou se será preciso aprofundar em características do tema estudado para desenvolver mais tal conceito.		

Este plano de aula é da disciplina de história, cujo tema era a Revolução Francesa e seus personagens históricos, e foi elaborado para uma turma do 2ª série do ensino médio com 40 alunos. Para isso, o professor selecionou atividades que deveriam ser realizadas pelos estudantes em um momento anterior à aula, fornecendo material que complementasse o objetivo de aprendizagem.

Nesse caso, o material selecionado foi um jogo de computador. Essa escolha não foi ao acaso. Como a atividade será realizada fora da sala e em um momento anterior à própria aula, é fundamental que, quando possível, essa atividade tenha um caráter mais lúdico, buscando maior concentração e foco do aluno.

É importante notar também que o jogo não é adaptativo nem armazena dados dos alunos. Ou seja, não é obrigatório que a tecnologia utilizada apresente essas características. Em situações como essa, o professor deve pensar em ações para tentar diagnosticar quantos estudantes realizaram a tarefa previamente. Nesse caso, a discussão no primeiro momento (presencial) serviu também para observar quais alunos haviam realizado a atividade antes da aula.

No segundo momento presencial, os estudantes elaboraram os perfis dos sujeitos históricos envolvidos na Revolução Francesa utilizando as informações obtidas com o jogo e também na discussão inicial com a turma. Foi disponibilizado material complementar para essa parte da aula. É fundamental, ao utilizar o modelo de sala de aula invertida, que o professor sempre considere algumas possibilidades: alunos que não fizeram as atividades e não se prepararam para a aula; estudantes que faltaram no dia em que a atividade foi explicada; aqueles que esqueceram anotações realizadas em sua residência; alunos que desejam complementar seu conhecimento por outras fontes.

Os materiais complementares ajudarão nesses casos, possibilitando que esses estudantes participem da atividade.

Claramente, os alunos que não realizaram um estudo prévio poderão ser prejudicados no desenvolvimento da aula. O professor deve observar e detectar esses estudantes e, se possível, desenvolver um diálogo de conscientização sobre a importância do estudo prévio e da preparação para as aulas nesse modelo.

SUGESTÃO DE OUTRO PLANO

A seguir, será apresentado outro plano elaborado e aplicado por um professor de nosso grupo de experimentações. Dedica-se à disciplina de história e foi elaborado para turmas de 9° ano com 40 alunos.

Seguindo a mesma lógica de análise apresentada, observe o plano seguinte e reflita sobre alguns de seus pontos:

- Qual é a estação que caracteriza a prática de ensino híbrido? (Isto é, qual é a estação em que ocorre o ensino *on-line*?)
- Os objetivos de aprendizagem das estações estão de acordo com o objetivo de aprendizagem da aula?
- A ferramenta *on-line* possibilita a personalização? (Isto é, coleta e armazena dados do trabalho dos alunos para análise futura?)
- Os alunos trabalham individualmente, em duplas ou em grupos?
- A disposição das carteiras foi alterada?
- Há algum espaço além da sala de aula sendo usado pelos alunos?
- A duração de cada estação está de acordo com o tempo total da aula?
- Qual foi o material que o professor teve de preparar previamente?
- Quais recursos o professor teve de dispor em sua aula?
- A avaliação adotada é coerente com as atividades realizadas pelos alunos? Qual outro processo avaliativo poderia ser utilizado?

PLANO DE AULA: Modelo de sala de aula invertida

NOME DO PROFESSOR	Eric Rodrigues	***DISCIPLINA***	História – 9° ano
DURAÇÃO DA AULA	50 minutos + 50 minutos	***NÚMERO DE ALUNOS***	35
Modelo híbrido	**( ) Rotação por estações ( ) Laboratório rotacional ( ) Rotação individual[14]** **(X) Sala de aula invertida ( ) Flex[15]**		
Objetivo da aula	Identificar o que era e como funcionavam os campos de concentração utilizados no holocausto provocado pelos nazistas.		
Conteúdo(s)	Nazismo, holocausto e campos de concentração.		
O que pode ser feito para personalizar?	O primeiro momento, investigativo, pode ser utilizado para produzir uma primeira compreensão do tema. Em sala, o professor pode orientar os alunos de acordo com o que tiver percebido nesse primeiro momento.		
Recursos (Entende-se por recursos tudo aquilo que o professor precisará para desenvolver sua aula. P. ex., equipamentos tecnológicos, programas de computador, livros, cartolinas, *sites*, jogos, etc.)	**Em casa** • Dispositivo para conexão à internet • Acesso, no YouTube, a um vídeo retirado do seriado *Band of Brothers*, da *HBO*, em que soldados norte-americanos chegam a um campo de concentração. Trata-se de reconstituição de evento real, vivido pela 101ª Divisão Aerotransportada do Exército dos Estados Unidos, no ano final da Segunda Guerra Mundial (1945). Disponível em: http://youtu.be/8ZqeYoo6yk0 • Produção de texto de análise e impressões sobre os campos de concentração, após observação do vídeo, a ser entregue em uma plataforma de contato *on-line* com a turma (Google Docs, Facebook, Edmodo ou Google Classroom) **Em sala** • Fichas ou folhas impressas com informações sobre alguns campos de concentração: Auschwitz-Birkenau, Belzec, Buchenwald, Dachau, Gross-Rosen, Natzweiler-Struthof e Treblinka (selecionados por seu tipo, destaque e localização)		

(Continua)

[14] Para esse modelo é necessário elaborar um roteiro individual de objetivos a serem cumpridos pelo aluno na(s) estação(ões).
[15] Para esse modelo é necessário elaborar a etapa do plano de estudo do aluno a ser cumprida nessa aula.

PLANO DE AULA: Modelo de sala de aula invertida (Continuação)

Organização dos espaços				
Espaços (Entende-se por espaços qualquer ambiente que possa ser utilizado pelo professor para realização de uma experiência de aprendizagem. P. ex., laboratório de informática, sala de aula, sala de leitura, auditório, casa do aluno, etc.)	***Atividade***	***Duração***	***Papel do aluno***	***Papel do professor***
Em casa	Investigação sobre campos de concentração a partir de observação do vídeo oriundo do seriado *Band of Brothers*.	50 minutos	Assistir ao vídeo, proceder a uma investigação pessoal e produzir um texto sobre impressões do cenário retratado.	Viabilizar o vídeo e o *link* para observação, receber e analisar os textos de impressões investigativas sobre o tema.
Sala de aula	Leitura e análise de fichas sobre os campos de concentração selecionados em grupo, com apresentação das informações sobre eles à turma.	50 minutos	Organizados em grupos, ler e analisar informações sobre os campos de concentração, preparando uma breve apresentação (3 minutos) para a turma.	Organizar os grupos (5 alunos), distribuir fichas e orientar a elaboração das apresentações.

(Continua)

PLANO DE AULA: Modelo de sala de aula invertida (Continuação)

Avaliação			
O que pode ser feito para observar se os objetivos da aula foram cumpridos?	As apresentações podem servir como avaliação sobre a compreensão geral dos grupos. É importante que o professor busque conversas individuais durante a fase de análises para verificar que os alunos alcançaram aprendizagem.	Como foi sua avaliação da aula? (Aspectos positivos e negativos)	–
Recursos de personalização pós-avaliação (opcional) A partir dos dados coletados sobre o aprendizado do aluno nesta aula, será possível personalizar melhor a seguinte.	A partir dos textos produzidos em casa e das apresentações em sala, o professor pode preparar uma aula sequencial que busque dirimir dúvidas gerais sobre o tema que ainda permaneçam, retornando, por exemplo, ao tema central (Segunda Guerra Mundial, nazismo, holocausto).		

PLANO DE AULA: Modelo de rotação individual

NOME DO PROFESSOR	Eric Rodrigues	*DISCIPLINA*	História – 8° ano
DURAÇÃO DA AULA	50 minutos	*NÚMERO DE ALUNOS*	30
Modelo híbrido	**( ) Rotação por estações ( ) Laboratório rotacional (X) Rotação individual**[16] **( ) Sala de aula invertida ( ) Flex**[17]		
Objetivo da aula	Desenvolver, individualmente, a percepção sobre os eixos de estudo do Segundo Reinado, considerando uma agenda pessoal, obtida a partir dos resultados de aula anterior de trabalho em rotação por estações.		
Conteúdo(s)	O Segundo Reinado: D. Pedro II e sua biografia, a política externa, a economia e as leis abolicionistas.		
O que pode ser feito para personalizar?	Esta aula é pensada para ser elaborada a partir de uma agenda pessoal, viabilizada pelos resultados da aula anterior sobre o tema, a qual utilizou o método de rotação por estações. Trata-se, portanto, da etapa sequencial de personalização. Cada estação é pensada de forma a suprir qualquer dificuldade de compreensão nos pontos trabalhados anteriormente.		
Recursos (Entende-se por recursos tudo aquilo que o professor precisará para desenvolver sua aula. P. ex., equipamentos tecnológicos, programas de computador, livros, cartolinas, sites, jogos, etc.)	• Acesso a dispositivos e disponibilidade de internet • Acesso a *sites* biográficos sobre D. Pedro II (canais de pesquisa como o Wikipedia, e-biografia ou portais dedicados a D. Pedro II, como o do UOL Educação) • Livros didáticos • Documentário – *O reino do café, Brasil-Império*, com teatro de bonecos, produzido pela TV Escola. Disponível em: http://youtu.be/nM4i0HIJISo?list=PLxy6MgLqbQrDdWJw8PaK4JDdAc3ZtDiQP • *Data show* ou TV para exposição do documentário • Acesso ao YouTube para assistir aos vídeos explicativos do Canal *História* sobre a abolição da escravidão: – Vídeo reduzido sobre o processo de abolição brasileiro: http://youtu.be/Bg13w2y9Urc. – Vídeo completo, comparativo dos processos de abolição brasileiro e norte-americano: http://youtu.be/ynf9M_IlRsA • Charges de Angelo Agostini, da Revista Illustrada, impressas ou em dispositivos para análise		

(Continua)

[16] Para esse modelo é necessário elaborar um roteiro individual de objetivos a serem cumpridos pelo aluno na(s) estação(ões).
[17] Para esse modelo é necessário elaborar a etapa do plano de estudo do aluno a ser cumprida nessa aula.

PLANO DE AULA: Modelo de rotação individual (Continuação)

Organização dos espaços				
Espaços (Entende-se por espaços qualquer ambiente que possa ser utilizado pelo professor para realização de uma experiência de aprendizagem. P. ex, laboratório de informática, sala de aula, sala de leitura, auditório, casa do aluno, etc.)	***Atividade***	***Duração***	***Papel do aluno***	***Papel do professor***
Espaço 1 – Segundo Reinado, biografia de D. Pedro II (Compreender D. Pedro II como um sujeito histórico de imenso destaque no período do Segundo Reinado.)	Analisar *sites* e enciclopédias digitais que tragam a biografia de D. Pedro II.	50 minutos	Analisar e identificar as características de D. Pedro II, criando uma linha do tempo que relacione sua história pessoal e a do período do Segundo Reinado.	Viabilizar os dispositivos e acesso à internet, resolver questões técnicas e orientar na composição da linha do tempo (recursos e teoria).
Espaço 2 – Segundo Reinado, a Guerra do Paraguai e a política externa (Identificar a Guerra do Paraguai como o principal movimento da política externa brasileira do período.)	Analisar o livro didático, percebendo os desdobramentos da política externa brasileira durante o Segundo Reinado e a importância desse período.	50 minutos	Utilizar o livro didático como suporte para construir uma explicação da Guerra do Paraguai como ponto central da política externa brasileira do Segundo Reinado.	Apresentar o tema no livro didático, realizando tutoria sobre o tema e esclarecendo dúvidas.
Espaço 3 – Segundo Reinado, a economia e o café (Identificar a primazia do café no cenário econômico brasileiro e as reverberações disso na economia do país.)	Expor o vídeo *O reino do café*, da TV Escola, com foco na questão econômica e social produzida pela importância do fator agrícola.	50 minutos	Observar o documentário e elaborar um texto que explique como o café teve influências para além das cercas das fazendas.	Preparar o equipamento da exposição e instigar a reflexão e a discussão sobre o tema com foco nas características destacadas no objetivo.

(Continua)

PLANO DE AULA: Modelo de rotação individual (Continuação)

Espaço 4 – Segundo Reinado, a abolição da escravidão (Perceber o gradual processo de abolição, identificando as características das leis abolicionistas.)	Assistir aos vídeos no YouTube, realizando uma análise crítica do processo de abolição da escravidão no Brasil.	50 minutos	Assistir aos dois vídeos propostos (um específico sobre o processo de abolição brasileiro e um comparando os processos norte-americano e brasileiro) e produzir um quadro comparativo dos dois processos de abolição, com suas semelhanças e diferenças.	Disponibilizar equipamentos, acesso à internet e tutoria na produção do quadro comparativo.
Espaço 5 – Desafio (Os alunos que tiverem obtido ou demonstrarem proficiência devem ser convidados a desafiar seus conhecimentos e habilidades, explorando charges do jornalista Angelo Agostini para a Revista Illustrada.)	Analisar criticamente as charges sobre o período do Segundo Reinado veiculadas pela Revista Illustrada. Esta estação está destinada aos alunos que iniciarem a aula com proficiência nos outros pontos propostos ou a obtiverem no decorrer da aula.	50 minutos	Observar criticamente algumas charges de Angelo Agostini. Produzir uma análise crítica, sob a forma que acreditar mais adequada, que exponha a relação das charges com o período histórico do Segundo Reinado.	Entregar, na forma impressa ou digital, as charges aos alunos, orientando sobre como realizar uma análise crítica de produções de fundo irônico, como a charge.

(Continua)

PLANO DE AULA: Modelo de rotação individual (Continuação)

Avaliação			
O que pode ser feito para observar se os objetivos da aula foram cumpridos?	As produções de cada estação devem ser utilizadas para verificar se as dificuldades de aprendizagem assinaladas nas agendas pessoais foram superadas.	Como foi sua avaliação da aula? (Aspectos positivos e negativos)	–
Recursos de personalização pós-avaliação (opcional) A partir dos dados coletados sobre o aprendizado do aluno nesta aula, será possível personalizar melhor a seguinte.	Esta aula encerra uma etapa de personalização, mas seus resultados podem ser utilizados para continuar buscando pleno domínio sobre os conhecimentos e habilidades envolvidos com o tema.		

Este plano de aula foi criado para a disciplina de história, cujo tema era o Segundo Reinado: D. Pedro II e sua biografia, a política externa, a economia e as leis abolicionistas, para o 8° do ensino fundamental. A princípio, essa aula foi pensada para uma turma de 30 alunos, divididos em pequenos grupos de 6 a 8 integrantes em cada estação.

O objetivo da aula é oferecer diferentes possibilidades para que os alunos desenvolvam, individualmente, a percepção sobre os eixos de estudo do Segundo Reinado, considerando uma agenda pessoal, obtida a partir dos resultados de aula anterior de trabalho em rotação por estações.

Na estação 1 – Segundo Reinado, biografia de D. Pedro II, propõe-se que os alunos acessem materiais que mostrem como D. Pedro II foi um sujeito histórico de imenso destaque no período do Segundo Reinado. Para isso, eles podem analisar *sites* e enciclopédias digitais que tragam a biografia do imperador. Nesse momento, sugeriu-se que os estudantes criassem uma linha do tempo relacionando a história pessoal de D. Pedro II e a do período do Segundo Reinado. Nessa estação, o professor deve orientá-los como criar uma linha do tempo e oferecer diferentes recursos para que possam fazer isso. Os alunos deverão atentar para datas históricas e, principalmente, saber explicar o que houve em cada uma delas, montando um raciocínio baseado na cronologia dos acontecimentos e buscando compreender as relações de causa e efeito entre elas. Várias ferramentas podem ser usadas: a *preceden* é um instrumento de criação de linhas do tempo voltado para aquelas que retratam períodos históricos (http://www.preceden.com – acesso em 11/01/2015).

Na estação 2 – Segundo Reinado, a Guerra do Paraguai e a política externa, o objetivo é que os alunos possam identificar a Guerra do Paraguai como o principal movimento da política externa brasileira do período. Para isso, podem usar o próprio material didático. Já o professor, quando passar por essa estação, irá ajudá-los com dúvidas e reflexões sobre o tema. Nesses casos, é interessante que a produção do aluno seja crítica com respeito àquilo que leu, e não apenas um resumo com os dados obtidos no livro. A análise crítica do estudante o fará refletir sobre os acontecimentos históricos, dando significado aos conceitos aprendidos.

Na estação 3 – Segundo Reinado, a economia e o café, os alunos assistem ao vídeo *O reino do café*, da TV Escola, com foco na questão econômica e social produzida pela importância do item agrícola. Como atividade, tem-se a produção de um texto sobre as influências do café para além das cercas da fazenda. Isso poderá ser feito em uma plataforma de aprendizagem, como apresentamos nas descrições dos planos de aula.

O importante é que haja essa troca de reflexões entre alunos e professor, até mesmo para que este observe quais pontos precisam ser abordados ou discutidos novamente com o grupo.

Na estação 4 – Segundo Reinado, a abolição da escravidão, os alunos têm como objetivo perceber o gradual processo de abolição da escravidão, identificando as características das leis abolicionistas. Eles devem produzir quadros comparativos para posterior exposição aos outros colegas. Caso, nesse momento, não queiram usar tecnologia digital, podem produzir esses quadros em cartolinas e colá-los pela sala, uma referência que poderá ficar exposta por algumas aulas para retomadas de discussões.

Na estação 5 – Desafio, os alunos que tiverem obtido ou demonstrarem proficiência devem ser convidados a desafiar seus conhecimentos e habilidades, explorando, nesse caso, as charges do jornalista Angelo Agostini para a Revista Illustrada. O objetivo é que observem os desenhos e produzam uma análise crítica, sob a forma que acreditem ser a mais adequada, expondo a relação das charges com o período histórico do Segundo Reinado. Essa postura colocará o aluno como crítico de uma charge que possui elementos históricos em sua criação e os apresenta de forma satírica ou irônica, fazendo-o se posicionar a favor ou contra a sátira ou ironia apresentada.

Como já mencionado, o importante é que as estações ocorram enquanto o professor tem tempo para mediar e orientar os alunos mais individualmente. O modo de avaliação sugerido nesse plano de aula foi o de observação das produções de cada estação, em que o docente poderá verificar se as dificuldades de aprendizagem assinaladas nas agendas pessoais foram superadas.

É importante lembrar que essa aula já foi personalizada com base na coleta de dados e das dificuldades apresentadas em outros momentos pelos alunos. O professor também pode usar as dificuldades que surgirem nas estações dessa aula para criar uma próxima aula personalizada. Como temos mencionado em todas as descrições, algumas estações mais básicas podem ser criadas para auxiliar no planejamento da aula. O importante é que o professor pense na dinâmica dos alunos entre uma estação e outra. Montar um roteiro para cada estudante pode parecer mais trabalhoso, mas, com isso, é possibilitado a cada aluno avançar a partir de suas habilidades, bem como desenvolver outras, tanto conceituais quanto de relacionamento e produções colaborativas.

SUGESTÃO DE OUTRO PLANO

A seguir, será apresentado outro plano elaborado e aplicado por um professor de nosso grupo de experimentações. Dedica-se à disciplina de história e foi elaborado para turmas de 1ª série do ensino médio com 30 alunos.

Seguindo a mesma lógica de análise apresentada, observe o plano seguinte e reflita sobre alguns de seus pontos:

- Qual é a estação que caracteriza a prática de ensino híbrido? (Isto é, qual é a estação em que ocorre o ensino *on-line*?)
- Os objetivos de aprendizagem das estações estão de acordo com o objetivo de aprendizagem da aula?
- Existe mais de uma estação com o mesmo objetivo?
- A ferramenta *on-line* possibilita a personalização? (Isto é, coleta e armazena dados do trabalho dos alunos para análise futura?)
- Como foi feita a personalização para a criação dos roteiros individuais?
- Os alunos trabalham individualmente, em duplas ou em grupos?
- A disposição das carteiras foi alterada?
- Há algum espaço além da sala de aula sendo usado pelos alunos?
- A duração de cada estação está de acordo com o tempo total da aula?
- O que um aluno faz quando termina as estações de seu roteiro?
- Qual foi o material que o professor teve de preparar previamente?
- Quais recursos o professor teve de dispor em sua aula?
- A avaliação adotada é coerente com as atividades realizadas pelos alunos? Qual outro processo avaliativo poderia ser utilizado?
- Como otimizar a preparação de roteiros individuais?

PLANO DE AULA: Modelo de rotação individual

NOME DO PROFESSOR	Eric Rodrigues	***DISCIPLINA***	História – 1ª série do ensino médio
DURAÇÃO DA AULA	100 minutos	***NÚMERO DE ALUNOS***	30
Modelo híbrido	**( ) Rotação por estações ( ) Laboratório rotacional (X) Rotação individual**[18] **( ) Sala de aula invertida ( ) Flex**[19]		
Objetivo da aula	Identificar e compreender características da História da África.		
Conteúdo(s)	História da África: Os reinos de Gana, Mali e Songai; a expansão do islamismo.		
O que pode ser feito para personalizar?	Esta aula é pensada de forma que as estações estejam disponíveis para que os alunos façam a rotação segundo suas preferências e necessidades, a fim de produzir um resumo final sobre o tema, o que permite controle e personalização da aprendizagem.		
Recursos (Entende-se por recursos tudo aquilo que o professor precisará para desenvolver sua aula. P. ex., equipamentos tecnológicos, programas de computador, livros, cartolinas, *sites*, jogos, etc.)	• Livros didáticos • Computadores com acesso à internet • Acesso ao Portal de Ensino Médio da FGV e à aula sobre História da África Pré-Colonial I. Disponível em: http://ensinomediodigital.fgv.br/disciplinas/historia/curso3/aula2/curso.aspx?ida=2&idc=16&idarea=6&title=Hist%f3ria%20-%20Curso%203%20-%20Aula+2+-+Hist%f3ria+da+%c1frica+Pr%e9-colonial+I • Mapa da África (preferencialmente um mapa histórico) • Acesso ao livro *A África na sala de aula, visita à história contemporânea*, de Leila Leite Hernandez • Acesso ao artigo *História da África*, de Mônica Lima e Souza, publicado pela UFF nos Cadernos PENESB e disponibilizado gratuitamente pela UFF no *link*: http://www.uff.br/penesb/images/publicacoes/LIVRO%20PENESB%2012.pdf		

(Continua)

[18] Para esse modelo é necessário elaborar um roteiro individual de objetivos a serem cumpridos pelo aluno na(s) estação(ões).
[19] Para esse modelo é necessário elaborar a etapa do plano de estudo do aluno a ser cumprida nessa aula.

PLANO DE AULA: Modelo de rotação individual (Continuação)

Organização dos espaços				
Espaços (Entende-se por espaços qualquer ambiente que possa ser utilizado pelo professor para realização de uma experiência de aprendizagem. P. ex., laboratório de informática, sala de aula, sala de leitura, auditório, casa do aluno, etc.)	***Atividade***	***Duração***	***Papel do aluno***	***Papel do professor***
Espaço 1 – Diálogo com o professor (O professor permanecerá como um tutor, que poderá colaborar com discussões e reflexões, bem como auxiliar na interpretação dos textos e elaboração do resumo final.)	Dialogar com o professor, discutindo e refletindo sobre o que for lido e analisado.	Indefinida	Propor discussões e reflexões ao professor que articulem as leituras e atividades em execução.	Realizar tutoria e estar disponível para reflexões a partir do tema, tendo em consideração a estação e atividade que o aluno tiver realizado.
Espaço 2 – Acesso ao conteúdo digital (Esta estação permite ao aluno acessar a aula *on-line*, a qual conta com uma sequência de atividades que expõem o conteúdo de forma dinâmica, dando pano de fundo teórico ao tema.)	Acessar a aula *on-line* do Portal do Ensino Médio da FGV, História da África Pré-Colonial I.	50 minutos	Realizar as tarefas da aula digital.	Viabilizar os dispositivos e conexão à internet, solucionar questões técnicas e orientar no progresso da aula.
Espaço 3 – Livros didáticos, livro paradidático e artigo (Utilizar o material em livros e artigos como um suporte teórico mais denso e de rápido acesso para o conhecimento sobre o tema.)	Utilizar a leitura dos livros didáticos, do livro paradidático e do artigo como suporte ao estudo do tema.	Indefinida	Ler e analisar as informações dos livros e artigos no processo de elaboração do resumo final.	Auxiliar na interpretação dos livros e artigo, ajudando a posicioná-los na discussão e construção de uma compreensão global sobre o tema.

(Continua)

PLANO DE AULA: Modelo de rotação individual (Continuação)

Espaço 4 – Elaboração de um resumo final (Elaborar um resumo individual sobre um dos reinos do período histórico estudado, articulando os conceitos e informações mobilizados nas estações durante a aula.)	Criar um resumo, a partir do que foi visto em aula, sobre um dos três reinos africanos do período histórico estudado (Gana, Songai e Mali).	Indefinida, entrega ao fim da aula	Elaborar um resumo sobre um dos casos históricos estudados, articulando os textos estudados e a aula digital.	Auxiliar na elaboração do texto, orientando sobre como utilizar aquilo que foi discutido e lido para construir sua interpretação.
Avaliação				
O que pode ser feito para observar se os objetivos da aula foram cumpridos?	Os resumos criados pelos alunos devem ser analisados e utilizados como forma de avaliação do alcance dos objetivos.		Como foi sua avaliação da aula? (Aspectos positivos e negativos)	–
Recursos de personalização pós-avaliação (opcional) A partir dos dados coletados sobre o aprendizado do aluno nesta aula, será possível personalizar melhor a seguinte.	A leitura e a análise dos resumos permitem verificar a aprendizagem individual. A partir disso, o professor pode elaborar uma explicação sobre os tópicos que suscitaram maiores dificuldades ou preparar uma aula com estações que explorem esses temas.			

PLANO DE AULA: Modelo flex

NOME DO PROFESSOR	Eric Rodrigues	*DISCIPLINA*	História e física – ensino médio
DURAÇÃO DA AULA	Integral	*NÚMERO DE ALUNOS*	30
Modelo híbrido	**( ) Rotação por estações ( ) Laboratório rotacional ( ) Rotação individual**[20] **( ) Sala de aula invertida (x) Flex**[21]		
Objetivo da aula	Relacionar eventos da corrida espacial durante a Guerra Fria e noções de física.		
Conteúdo(s)	Guerra Fria, corrida espacial, física newtoniana, espaço, gravidade.		
O que pode ser feito para personalizar?	O plano de estudo será o principal fator de personalização nesta aula. Ele inclui duas opções de jogos que permitem pôr em prática alguns conceitos da física que seriam apenas discutidos. O aluno deve ter liberdade de escolher qual *game* jogar e em que momento prefere fazê-lo.		
Recursos (Entende-se por recursos tudo aquilo que o professor precisará para desenvolver sua aula. P. ex., equipamentos tecnológicos, programas de computador, livros, cartolinas, *sites*, jogos, etc.)	• Computadores ou *tablets* e acesso à internet • Acesso aos *sites*: – YouTube, Lua, Corrida Espacial URSS X USA da BBC. Disponível em: https://www.youtube.com/watch?v=7d-fqX06Zy8&index=1&list=PLqNEWqYF9iisieA_F8EXjOzfoDdO57Va1 – Superinteressante, o espetáculo da viagem à Lua. Disponível em: http://super.abril.com.br/tecnologia/maior-espetaculo-viagem-homem-lua-439035.shtml – Twitter, Curiosity Rover, o robô da Nasa que caminha em Marte. Disponível em: https://twitter.com/marscuriosity – Twitter, fotografia do robô Curiosity de sedimentos de um provável lago em Marte. Disponível em: https://twitter.com/MarsCuriosity/status/542007498132054016/photo/1 – Instituto Ciência Hoje, discussão sobre ficção e realidade em uma viagem espacial a um provável planeta habitável. Disponível em: http://cienciahoje.uol.com.br/colunas/fisica-sem-misterio/ficcao-e-realidade-no-espaco		

(Continua)

20 Para esse modelo é necessário elaborar um roteiro individual de objetivos a serem cumpridos pelo aluno na(s) estação(ões).
21 Para esse modelo é necessário elaborar a etapa do plano de estudo do aluno a ser cumprida nessa aula.

PLANO DE AULA: Modelo flex (Continuação)

	• Acesso aos jogos: – Gravidade e órbitas, disponível gratuitamente no PhET, um instituto da Universidade do Colorado. Disponível em: https://phet.colorado.edu/pt_BR/simulation/gravity-and-orbits – Módulo de Pouso Lunar, disponível gratuitamente no PhET. Disponível em: https://phet.colorado.edu/pt_BR/simulation/lunar-lander • Acesso a uma plataforma de organização do ensino e aprendizagem (Google Classroom, Edmodo, Moodle)

(Continua)

PLANO DE AULA: Modelo flex (Continuação)

Plano de estudo	– Os alunos visualizam a fotografia do Mt. Sharp, em Marte, feito pelo robô Curiositiy. Trata-se de sedimentos de um provável lago, mas a imagem não deve conter legendas. Eles devem discutir sobre sua provável origem e local e, finalmente, ter a informação de que se trata de uma fotografia feita em outro planeta (o professor pode apresentar o Twitter oficial do robô Curiositiy, mantido pela NASA). O docente aproveita esse momento para introduzir brevemente a história da corrida espacial e a origem das viagens ao espaço. – YouTube, Lua, Corrida Espacial URSS X USA da BBC explica, com dramatizações, as intensas questões políticas e técnicas por trás do projeto de viagem ao espaço nos dois países. – Superinteressante, discussão sobre a viagem à lua e sua importância para a época, considerando inclusive a importância midiática do evento. – Instituto Ciência Hoje, reflexão sobre as possibilidades de condições técnicas que permitam uma viagem, hoje em dia, a um planeta que possa apresentar condições de vida. – Uma reflexão técnica sobre as condições das viagens espaciais, com um paralelo histórico, permite ao professor de física apresentar os jogos que trabalham alguns conceitos do campo: – *Gravidade e órbitas* explora as forças gravitacionais que agem sobre a Terra, a lua e uma estação espacial. – *Módulo de Pouso Lunar* tenta simular a experiência de pouso dos viajantes de 1969, explorando características reais de uma possível viagem (como quantidade de combustível disponível, velocidade e outros). O principal critério para a customização do plano de estudo deve ser permitir que o aluno compreenda a dimensão histórica da exploração espacial, a qual está intimamente ligada ao desenvolvimento da técnica e de equipamentos que, por meio do profundo conhecimento de física, permitiram a chegada à lua e a continuidade dos programas de viagem ao espaço até os dias de hoje.

(Continua)

PLANO DE AULA: Modelo flex (Continuação)

Organização dos espaços				
Espaços (Entende-se por espaços qualquer ambiente que possa ser utilizado pelo professor para realização de uma experiência de aprendizagem. P. ex., laboratório de informática, sala de aula, sala de leitura, auditório, casa do aluno, etc.)	***Atividade***	***Duração***	***Papel do aluno***	***Papel do professor***
Espaço 1 – Espaço de estudo	Observação do plano de estudos por meio da plataforma *on-line* e das atividades disponibilizadas.	–	Desenvolver as tarefas *on-line* de acordo com o plano de estudos.	O professor realiza instruções simples e tutoria individual. Esta primeira etapa requer grande presença do professor de história para a realização da tutoria, especialmente sobre as questões do vídeo do YouTube.
Espaço 2 – Leitura do texto do Instituto Ciência Hoje e debate	Leitura do texto sobre a possibilidade de uma grande viagem espacial, do Instituto Ciência Hoje, e debate sobre a viabilidade de tal projeto.	–	Realizar a leitura de uma forma crítica, reunindo argumentos para um debate sobre o tema.	Auxiliar nas dúvidas durante a leitura e participar do debate quando necessário, orientando a discussão.
Espaço 3 – Jogos do PhET	Contato com os games do PhET.	–	Brincar com os jogos do PhET, relacionando conceitos debatidos ao que for observado durante a atividade.	O professor de física deve buscar auxiliar na percepção de quais conceitos de seu campo estão sendo postos em prática durante o uso do jogo.

(Continua)

PLANO DE AULA: Modelo flex (Continuação)

Avaliação			
O que pode ser feito para observar se os objetivos da aula foram cumpridos?	A atividade final deve relacionar os conceitos dos dois campos, história e física. Os professores podem orientar os alunos a relacionar alguns dos conceitos estudados do campo da física com determinado evento da corrida espacial, por exemplo, mesmo que isso inclua mais pesquisa ou análise sobre o que foi estudado.	Como foi sua avaliação da aula? (Aspectos positivos e negativos)	–
Recursos de personalização pós-avaliação (opcional) A partir dos dados coletados sobre o aprendizado do aluno nesta aula, será possível personalizar melhor a seguinte.	–		

Este plano de aula pode ser usado para as disciplinas de história e física, dependendo do enfoque que o professor queira dar para os temas. A princípio, essa aula foi elaborada para uma turma de 30 alunos, divididos em pequenos grupos de 10 integrantes para cada estação. Ela pode ser aplicada para qualquer série do ensino médio e aborda a Guerra Fria, a corrida espacial, a física newtoniana, o espaço e a gravidade. O objetivo da aula é relacionar eventos da corrida espacial durante a Guerra Fria e noções de física.

O objetivo da aula é oferecer diferentes possibilidades para que os alunos compreendam a dimensão histórica da exploração espacial, a qual está intimamente ligada ao desenvolvimento da técnica e de equipamentos que, por meio do profundo conhecimento de física, permitiram a chegada à lua e a continuidade dos programas de viagem ao espaço até os dias de hoje.

Na estação 1 – Espaço de estudo, os alunos olham quais serão as atividades do dia e trabalham com atividades iniciais *on-line* sobre o tema. No plano de aula, o professor oferece diferentes possibilidades para engajar os estudantes no tema, a contemplação de uma imagem do Mt. Sharp, em Marte, para discutirem sobre sua provável origem e local e, finalmente, ter a informação de que se trata de uma imagem feita em outro planeta (o professor pode apresentar o Twitter oficial do robô Curiositiy, mantido pela National Aeronatics and Space Administration [NASA]), bem como a visualização de vídeos no YouTube. Essa estação pode ser usada também para os alunos discutirem rapidamente essa imagem em um fórum de discussão na *web* ou na plataforma da escola, se houver, com o objetivo de engajá-los para o tema da aula.

Vale lembrar que essa aula é um modelo flex, em que a aprendizagem ocorre primordialmente *on-line*, desconfigurando a noção de escola e de aprendizagem que temos hoje na maioria das escolas. O professor pode criar também um *wiki*, em que os alunos colocariam apenas uma palavra do que estão vendo na imagem como sua primeira impressão e, em um momento posterior ou na aula seguinte, ele é usado para uma discussão inicial com o grupo sobre o motivo de suas observações e eventuais mudanças de opinião.

Na estação 2 – Leitura do texto do Instituto Ciência Hoje e debate, busca-se trazer para os alunos alguns conceitos do plano de aula com a leitura do texto sobre a possibilidade de uma grande viagem espacial, do Instituto Ciência Hoje, e refletir sobre a viabilidade de tal projeto. O professor pode pensar em diferentes formas para trabalhar esse texto *on-line*, como, por exemplo, criando um banco de dados da leitura, como "Deixe aqui o que foi mais importante para você" ou "Responda e crie uma pergunta sobre o tema", etc.

O importante é que haja interação com o aluno depois da leitura e ele tenha de fazer uma atividade mais reflexiva sobre o tema da aula.

Na estação 3 – Jogos do PhET, o objetivo dessa estação é que os estudantes possam interagir com os jogos do PhET, relacionando conceitos que tenham encontrado durante a aula. O importante, nesse momento, é oferecer uma reflexão técnica sobre as condições das viagens espaciais, com um paralelo histórico. O professor de física pode apresentar os jogos que trabalham alguns conceitos do campo: *Gravidade e órbitas* explora as forças gravitacionais que agem sobre a Terra e a lua, enquanto em *Módulo de Pouso Lunar* os alunos tentam simular a experiência de pouso dos viajantes de 1969, explorando características reais de uma possível viagem (como quantidade de combustível disponível e velocidade). Depois de jogar, os estudantes podem trabalhar em uma atividade que explique mais detalhadamente os conceitos abordados nos *games* e como eles os usaram. Isso pode se dar em um *blog* ou em uma plataforma gratuita para a interação dos alunos, como Edmodo, Google Classroom ou Moodle.

No modelo flex, as atividades são *on-line,* com o professor atuando como mediador das informações. Por isso, é importante que as estações aconteçam de maneira que o docente tenha tempo para andar e mediar os diferentes grupos. O modo de avaliação sugerido nesse plano de aula é que os alunos devam relacionar os conceitos dos dois campos, história e física. Os professores podem orientar os estudantes a vincular alguns dos conceitos estudados do campo da física com determinado evento da corrida espacial, por exemplo, mesmo que isso signifique mais pesquisa ou análise.

Os dados coletados pelo professor enquanto ouve, tutora, medeia e anda pelas estações o ajudará a fazer escolhas mais precisas para as próximas aulas a fim de ajudar os alunos a construir e aprofundar conhecimento sobre o tema.

O docente também pode criar outras estações com objetivos mais simples, como uma em que expõe os conceitos ou fale com o seu professor para que a dinâmica na sala de aula fique mais produtiva, com grupos menores em que os alunos não precisem esperar muito para começar a trabalhar em outra estação. É fundamental que os estudantes tenham a liberdade para transitar e escolher onde passar mais tempo.

SUGESTÃO DE OUTRO PLANO

A seguir, será apresentado outro plano elaborado e aplicado por um professor de nosso grupo de experimentações. Dedica-se às disciplinas de química, física, história e geografia e pode ser aplicado em qualquer turma de ensino médio.

Seguindo a mesma lógica de análise apresentada, observe o plano seguinte e reflita sobre alguns pontos dele:

- Qual é a estação que caracteriza a prática ser de ensino híbrido? (Isto é, qual é a estação em que ocorre o ensino *on-line*?)
- Os objetivos de aprendizagem das estações estão de acordo com o objetivo de aprendizagem da aula?
- Existe mais de uma estação com o mesmo objetivo?
- A ferramenta *on-line* possibilita a personalização? (Isto é, coleta e armazena dados do trabalho dos alunos para análise futura?)
- Como os alunos definem qual atividade irão realizar?
- Os alunos trabalham individualmente, em duplas ou em grupos?
- A disposição das carteiras foi alterada?
- Há algum espaço além da sala de aula sendo usado pelos alunos?
- A duração de cada estação está de acordo com o tempo total da aula?
- Qual foi o material que o professor teve de preparar previamente?
- Quais recursos o professor teve de dispor em sua aula?
- A avaliação adotada é coerente com as atividades realizadas pelos alunos? Qual outro processo avaliativo poderia ser utilizado?
- Como fazer os alunos focarem nas atividades enquanto navegam na rede?

PLANO DE AULA: Modelo flex

NOME DO PROFESSOR	Eric Rodrigues	*DISCIPLINA*	Física, química, história e geografia – qualquer série do ensino médio
DURAÇÃO DA AULA	Integral	*NÚMERO DE ALUNOS*	30
Modelo híbrido	**( ) Rotação por estações ( ) Laboratório rotacional ( ) Rotação individual[22] ( ) Sala de aula invertida (x) Flex[23]**		
Objetivo da aula	Compreender as diversas implicações por trás da energia nuclear, seu funcionamento e seu histórico.		
Conteúdo(s)	Formas de produção de energia elétrica, energia nuclear e seus diversos fins.		
O que pode ser feito para personalizar?	Por se tratar de um tema multifacetado, de diversas implicações, pode-se permitir ao estudante optar por desenvolver um trabalho final que foque em qualquer uma das áreas estudadas. Por isso, o plano de estudos pode ser elaborado com intensa participação do aluno, priorizando as áreas que mais lhe interessam.		
Recursos (Entende-se por recursos tudo aquilo que o professor precisará para desenvolver sua aula. P. ex., equipamentos tecnológicos, programas de computador, livros, cartolinas, *sites*, jogos, etc.)	• Computadores ou *tablets* e acesso à internet • Acesso aos *sites*: – Eletrobras – Eletronuclear, o que é energia nuclear. Disponível em: http://www.eletronuclear.gov.br/SaibaMais/Espa%C3%A7odoConhecimento/Pesquisaescolar/EnergiaNuclear.aspx – YouTube, especial do programa Fantástico sobre como funciona uma usina nuclear. Disponível em: https://www.youtube.com/watch?v=65Nr8A_xt98 – YouTube, o canal *Aula de* apresenta uma aula conjunta de professores de física e história sobre a energia nuclear e a bomba atômica. Disponível em: https://www.youtube.com/watch?v=JBus7nmEgoA – Infoescola, o *site* apresenta o funcionamento interno de uma usina nuclear. Disponível em: http://www.infoescola.com/fisica/principios-da-usina-nuclear/ – YouTube, documentário do canal Discovery Channel sobre o desastre de Chernobyl. Disponível em: https://www.youtube.com/watch?v=iaYkMFDYptM – *Sites* de jornais variados e tópicos ligados a produção de energia nuclear e bombas atômicas. – Terra Notícias, a lembrança dos 69 anos do ataque a Hiroshima, no Japão. Disponível em: http://noticias.terra.com.br/mundo/asia/hiroshima-lembra-69-anos-de-ataque-nuclear-com-pedido-de-paz,084bef58d09a7410VgnCLD200000b1bf46d0RCRD.html		

(Continua)

22 Para esse modelo é necessário elaborar um roteiro individual de objetivos a serem cumpridos pelo aluno na(s) estação(ões).
23 Para esse modelo é necessário elaborar a etapa do plano de estudo do aluno a ser cumprida nessa aula.

PLANO DE AULA: Modelo flex (Continuação)

	• Acesso a uma plataforma de organização do ensino e aprendizagem (Google Classroom, Edmodo, Moodle) • *Data show* ou TV para exibição do documentário • Mapa da Europa, com destaque para localização de Chernobyl • Jogo da radiação: facilita a compreensão de conceitos e formas de aplicação da radiação e da energia nuclear. Utiliza o cenário de um possível colapso nuclear para testar conhecimentos sobre o tema. Disponível gratuitamente em: http://objetoseducacionais2.mec.gov.br/handle/mec/15880
Plano de estudo	• A aula pode ser iniciada com a breve apresentação de uma notícia, do *site* Terra. Após lerem em seu computador, os alunos informam o que sabem sobre o tema e sobre a energia nuclear. • YouTube, vídeo do canal Aula de sobre o conceito de energia nuclear, na física, e a história por trás da descoberta e do uso dessa energia como arma, por meio da bomba atômica. • Eletrobras – Eletronuclear, explicação sobre o que é energia nuclear e como ela funciona. • Especial do programa Fantástico, disponível no YouTube, explica como funciona uma usina nuclear. • O *site* Infoescola também apresenta, com texto e diagrama, o funcionamento interno de uma usina nuclear. • Pode ser apresentado o documentário sobre Chernobyl, do Discovery Channel, a respeito dos riscos e perigos da energia nuclear, junto de outros episódios (Fukushima, no Japão, por exemplo); paralelamente, um mapa da Europa pode ser explorado para confirmar as informações obtidas no vídeo. • *Sites* de notícias reforçam como a energia nuclear, pacífica ou não, continua movimentando a política e a diplomacia internacional. Essa atividade pode ser utilizada na instigação de um debate entre os alunos. • O jogo da radiação, disponibilizado pelo Banco Internacional de Objetos Educacionais, ajuda a pensar nos efeitos negativos da exposição à radiação gerada por bombas e reatores nucleares. O principal propósito deste plano é mobilizar quatro informações importantes sobre a energia nuclear: (1) as possibilidades de seu uso, pacífico e militar; (2) sua origem histórica, vinculada ao uso na Segunda Guerra Mundial; (3) os episódios de problema com a energia nuclear; (4) os efeitos nocivos da radiação sobre a vida. A customização dos planos de ensino deve considerar esses pontos, a partir dos conhecimentos articulados inicialmente pelos alunos.

(Continua)

PLANO DE AULA: Modelo flex (Continuação)

Organização dos espaços				
Espaços (Entende-se por espaços qualquer ambiente que possa ser utilizado pelo professor para realização de uma experiência de aprendizagem. P. ex., laboratório de informática, sala de aula, sala de leitura, auditório, casa do aluno, etc.)	***Atividade***	***Duração***	***Papel do aluno***	***Papel do professor***
Espaço 1 – Espaço de estudo	Observação do plano de estudos por meio da plataforma *on-line* e das atividades disponibilizadas.	-	Desenvolver as tarefas *on-line* de acordo com o plano de estudos.	O professor realiza instruções simples e tutoria individual. Os professores de física e história devem estar disponíveis para pequenas instruções nessa etapa, já que nela se concentram as principais discussões de sua área.
Espaço 2 – Exibição do documentário	Observação do documentário *O desastre de Chernobyl*, do Discovery Channel.	90 minutos	Assistir ao documentário, relacionando os conceitos mobilizados no plano de ensino e as informações do vídeo.	O professor de geografia pode ter participação crucial nessa etapa, informando as consequências sociais e ambientais do evento. O professor de história pode participar fazendo observações sobre o cenário histórico do período do episódio.

(Continua)

PLANO DE AULA: Modelo flex (Continuação)

Espaço 3 – Grupo de discussão	Debate e reflexão sobre a importância da energia nuclear como elemento de influência política e diplomática no mundo atual.	–	Ler notícias *on-line*, refletir e debater sobre a energia nuclear no mundo.	O professor de geografia pode apresentar questões que instiguem as discussões e debates sobre como a energia nuclear, em suas duas formas, ainda representa motivo de disputas na diplomacia global.
Avaliação				
O que pode ser feito para observar se os objetivos da aula foram cumpridos?	O aluno deve escolher um dos campos afetados pela energia nuclear e apresentar um trabalho, sob a forma que optar (digital ou não), que explore os conceitos que debateu e observou durante a aula. É interessante que o professor possa ser um orientador nessa atividade, de acordo com o campo selecionado pelo aluno.		Como foi sua avaliação da aula? (Aspectos positivos e negativos)	–
Recursos de personalização pós-avaliação (opcional) A partir dos dados coletados sobre o aprendizado do aluno nesta aula, será possível personalizar melhor a seguinte.	–			

Anexo 1

ESCLARECENDO DÚVIDAS SOBRE OS MODELOS DE ENSINO HÍBRIDO

Apresentamos nesta seção algumas respostas de questionamentos que surgiram durante todo o processo do Grupo de Experimentações em Ensino Híbrido em momentos de socialização dos aprendizados do grupo com outros professores interessados no tema. As respostas foram elaboradas pelos professores participantes do Grupo de Experimentações, após vivenciarem diferentes modelos de ensino híbrido em suas aulas. Acreditamos que essas dúvidas permeiam todos que começam a trabalhar com aulas nos modelos de ensino híbrido apresentados neste livro, e, apesar de não existirem respostas únicas, sabemos que esse pode ser um ponto de partida para futuras reflexões e desencadeamentos de como podemos usar o ensino híbrido da melhor forma no contexto educacional de nosso país.

ORGANIZAÇÃO DA SALA DE AULA

Como dividir os alunos por atividade?

Ao iniciar uma atividade no modelo de ensino híbrido, o professor pode organizar e dividir os estudantes da forma que julgar mais apropriada para a sua turma, seja pelos números (pares ou ímpares, por exemplo), pelo sexo, por sorteios, pela ordem de chamada, etc. À medida que ele for observando e identificando as dificuldades dos alunos, poderá, nas aulas seguintes, personalizar as atividades de acordo com as dificuldades a serem trabalhadas por grupo e/ou por indivíduo. O grande diferencial do modelo de ensino híbrido é a personalização do ensino.

(Verônica Cannatá, professora de tecnologia educacional dos ensinos fundamental e médio, São Paulo – SP)

Há várias formas de divisão de conjuntos que podem ser feitas antes do início das aulas, por exemplo, com um grupo no Facebook, enviando um *e-mail* ou criando-se uma equipe para trabalhos colaborativos. O ideal é que os alunos com mais dificuldades possam contribuir positivamente com o grupo, e o professor, sabendo das necessidades destes, auxilie no que for preciso.

(Maria Alessandra, instrutora de informática em escola municipal de 2º a 5º anos, Salto Grande – SP)

Pode-se escolher tutores responsáveis para auxiliar os integrantes de cada grupo nas dúvidas, nas atividades e na organização do espaço. Os demais membros podem ser escolhidos buscando-se um equilíbrio nos níveis de conhecimento, ou então por níveis.

(Alexsandro Issao Sunaga, professor de física e matemática)

Como organizar a turma em 45 minutos para uma aula em um modelo de ensino híbrido?

É importante desenvolver uma cultura escolar voltada para o ensino híbrido que garanta uma rotina de métodos e dinâmicas particulares ao modelo que se opta por trabalhar.

Em uma turma que trabalhe constantemente com rotação por estações, por exemplo, os alunos podem ser informados sobre os dias e a frequência das aulas nesse modelo, a fim de prepará-los para organizar a sala de acordo com um padrão no momento da entrada do professor. O mesmo pode ser estabelecido para o uso de computadores, *tablets* ou celulares: o processo de distribuição e conexão desses dispositivos pode ser coordenado pelos alunos.

(Eric Rodrigues, professor de história, 8º ano, Rio de Janeiro – RJ)

Um espaço adequado é muito importante no modelo de rotação por estações. Procure um ambiente diferente da sala de aula convencional, tal como a biblioteca, onde há mesas e cadeiras apropriadas para o trabalho em pequenos conjuntos. Com isso, o professor ganha tempo e espaço para circular entre os grupos.

(Alexsandro Issao Sunaga, professor de física e matemática)

Como será o ambiente da sala de aula?

O modelo de ensino híbrido permite que o ambiente da sala de aula seja organizado de diversas formas. Ao optar por estações em um mesmo ambiente, é possível, por exemplo, ter um grupo trabalhando com *tablets* (ou computadores), outro com o livro didático, um terceiro com o caderno, um quarto com recorte e colagem e um quinto utilizando a lousa como um painel de colaboração e discussão. O modelo híbrido permite que o ambiente da sala de aula se torne diversificado e interessante para o aluno e eficaz para o professor.

(Verônica Cannatá, professora de tecnologia educacional dos ensinos fundamental e médio, São Paulo – SP)

Como trabalhar com um número de alunos elevado em cada classe?

Um dos benefícios do modelo de ensino híbrido é a possibilidade de observar e interagir com os alunos em pequenos grupos e/ou individualmente. Em uma aula no modelo tradicional, o professor, no papel de orador, fala para todos ao mesmo tempo; já em uma aula em um dos modelos de ensino híbrido, no papel de mediador, com a classe organizada em estações, ele consegue aproximar-se dos grupos e de cada estudante enquanto trabalham. O modelo de ensino híbrido é uma possibilidade de melhor organização da sala e de atuação do professor em uma classe com o número elevado de alunos.

(Verônica Cannatá, professora de tecnologia educacional dos ensinos fundamental e médio, São Paulo – SP)

Como trabalhar com as mudanças do espaço que o aluno ocupa na sala de aula?

As mudanças dos espaços dentro da sala de aula podem ser determinadas por um cronômetro, por efeito sonoro (palmas do professor, por exemplo) ou por uma *checklist* das estações que o aluno deve cumprir. Os espaços podem ser organizados por fileiras ou por agrupamento de carteiras.

(Verônica Cannatá, professora de tecnologia educacional dos ensinos fundamental e médio, São Paulo – SP)

Todos os alunos devem "passar" por todas as estações?

Depende. A passagem obrigatória ou não por todas as estações dependerá do objetivo pré-estabelecido pelo professor.

(Verônica Cannatá, professora de tecnologia educacional dos ensinos fundamental e médio, São Paulo – SP)

As estações deverão ser organizadas com o mesmo tipo de dificuldade sob enfoques diferentes?

Os conteúdos das estações deverão ser definidos de acordo com os objetivos estabelecidos pelo professor. Se a ideia for reforçar um único conteúdo e dar a possibilidade de adquiri-lo de formas diferentes, então todas as estações deverão trazer o mesmo conteúdo de maneira diversificada. Porém, se a proposta for trabalhar mais de um conteúdo na mesma aula, elas deverão trazer atividades relacionadas a conteúdos diferenciados.

(Verônica Cannatá, professora de tecnologia educacional dos ensinos fundamental e médio, São Paulo – SP)

Quanto tempo demora para "preparar" o aluno a se conduzir dentro dessa proposta de ensino?

O tempo está relacionado à cultura da sala aula. Quanto mais aulas forem aplicadas no modelo de ensino híbrido, mais "acostumados" a ele os alunos estarão.

(Verônica Cannatá, professora de tecnologia educacional dos ensinos fundamental e médio, São Paulo – SP)

FORMAÇÃO DE PROFESSORES

Como e quando o professor recebe formação?

As tradicionais reuniões de planejamento, de início, meio, e fim de ano, são momentos que podem ser usados para atividades de formação. Porém, não serão suficientes. Será preciso dispor de outros eventos de formação ao longo do ano, além de manter um acompanhamento permanente das práticas em implementação.

Além disso, o professor interessado encontrará comunidades de aprendizagem nas quais poderá se engajar, dando continuidade à sua formação por iniciativa própria.

(Rodrigo Abrantes, professor de história, assessor de tecnologia educacional dos ensinos fundamental e médio, São Paulo – SP)

O professor precisa ser funcionário exclusivo de uma instituição para conseguir cumprir as exigências?

Não. O ensino híbrido poderá fazer parte do repertório didático do professor, que deve ser capaz de moldá-lo de acordo com o perfil de cada instituição.

(Rodrigo Abrantes, professor de história e assessor de tecnologia educacional dos ensinos fundamental e médio, São Paulo – SP)

Os cursos de formação de professores não preparam os profissionais para esse tipo de atividade. E agora?

Os cursos de formação de professores certamente terão de ser reformulados para atender aos novos alunos. Porém, a sociedade e a tecnologia têm evoluído mais depressa do que as organizações universitárias conseguem acompanhar. Em função disso, focos de formação docente estão surgindo por meio de organizações não governamentais, fundações e associações de professores.

O fundamental é não esperar uma solução pronta para agir. Precisamos parar de nos queixar e de reivindicar que outro nos traga a resposta de que precisamos, e passar a criar as soluções, as quais serão múltiplas, não únicas e universais. Para isso, o professor precisará assumir a responsabilidade pela sua formação, afinal, seu compromisso é com a sociedade.

Para que isso ocorra, seria importante que os docentes entendessem que são profissionais do incompleto, ou seja, a educação é um processo que não se acaba, porque o ser humano nunca fica pronto. A sociedade muda, os problemas mudam, e a educação precisa acompanhar esse processo. Além disso, na sociedade do conhecimento, a capacidade de aprender se tornou uma disposição permanente. A educação também é uma tarefa relacionada ao impossível, como disse o psicanalista Sigmund Freud, pois educar supõe constituir um sujeito com autonomia suficiente para questionar o professor. É ilusão acreditar que haverá um saber capaz de suprir lacunas e completar a formação do docente. Pelo contrário, a formação deve ser entendida como algo permanente, como uma atitude diariamente renovada com a comunidade escolar, com a sociedade e com o mundo.

(Rodrigo Abrantes, professor de história, assessor de tecnologia educacional dos ensinos fundamental e médio, São Paulo – SP)

Como formar o profissional para aplicar o ensino híbrido previsto no planejamento?

Alocar tempo para desenvolvimento profissional será imprescindível. Espera-se que os gestores tenham clareza dos desafios a serem enfrentados. Dispor de um mapa das competências da escola poderá ser útil na hora de planejar de que forma prover atividades de formação. Alguns professores funcionarão bem em processos *on-line*, enquanto outros terão maior necessidade de suportes presenciais. A própria formação, vale dizer, será híbrida. Docentes com diferentes níveis de fluência tecnológica, competências e faixa etária poderão transformar a sala dos professores em um ambiente de aprendizagem.

Todavia, mesmo diante da ausência de uma gestão motivadora, o professor não pode ficar paralisado em queixas: precisa arregaçar as mangas e criar as condições para que um processo de mudança ocorra em sua sala de aula.

Em nosso curso, há muito material para estudar. Porém, será necessário praticar para aprender, incorporar e desenvolver abordagens híbridas relevantes a cada contexto escolar.

É preciso encontrar horários de capacitação, não apenas nas tradicionais reuniões de planejamento, que ocorrem no início e no meio do ano, mas em uma maior periodicidade. Algumas escolas estão obtendo bons resultados com encontros presenciais mensais e suporte *on-line*, outras estão realizando reuniões presenciais semanais. O importante é encontrar práticas que tornem essas reuniões produtivas e possibilitem ao professor levar inovações para a sala de aula.

Outro recurso que tem se mostrado eficaz é incentivar a formação de grupos de professores, possibilitando o aprendizado entre pares. Em muitos casos, verifica-se que isso ocorre espontaneamente, em geral pela iniciativa de um professor entusiasta.

(Rodrigo Abrantes, professor de história, assessor de tecnologia educacional dos ensinos fundamental e médio, São Paulo – SP)

A burocracia não supera o trabalho em sala? Isso não desgasta o profissional?

Esse é um risco que precisa ser elaborado junto à gestão da escola. Hoje, temos recursos tecnológicos que podem ser usados para otimizar o tempo do professor, do aluno e também da gestão escolar. Assim, quando se constata que a introdução de tecnologia está gerando sobrecarga de trabalho, algo está errado: é provável que alguma coisa não tenha sido planejada corretamente. Por exemplo, podemos usar plataformas adaptativas para mensurar ganhos de aprendizagem, assim como comunicação em tempo real para orientar os estudantes. Porém, se esses dados não forem validados como forma de avaliação do aluno e o professor tiver de manter paralelamente abordagens tradicionais em papel, o profissional poderá, sim, ter uma sobrecarga de trabalho.

(Rodrigo Abrantes, professor de história, assessor de tecnologia educacional dos ensinos fundamental e médio, São Paulo – SP)

ALUNOS

Como envolver o aluno que não quer participar?

Uma das grandes vantagens do uso do ensino híbrido é a possibilidade de desenvolver rotinas que viabilizem o estabelecimento de relações e interações mais sólidas entre alunos e professor, principalmente deixando livre aquele tempo que é utilizado em métodos mais conservadores de ensino (como o expositivo, por exemplo). O uso desse tempo pode ser destinado ao trabalho de tutoria, em que aluno e professor possam dialogar de forma direta, um a um, sem interferências das pressões por controle de todo um grupo de estudantes.

Assim, o diálogo se torna uma ferramenta de inserção e engajamento do aluno. É nesse momento de interação que o professor pode buscar construir uma dinâmica própria de trabalho para cada estudante, buscando conhecer como ele prefere trabalhar, quais temas lhe interessam mais e que aptidões podem ser utilizadas no processo de aprendizagem.

(Eric Rodrigues, professor de história do 8º ano, Rio de Janeiro – RJ)

Como lidar com a não participação do aluno?

A prática do ensino híbrido supõe vivenciar estratégias de personalização da aprendizagem. Estas incluem formas de avaliação dos conhecimentos, das habilidades e competências e do estilo de aprendizagem de cada estudante. O que se espera dessas estratégias? Que o professor conheça melhor seus alunos; que os conheça individualmente, como aprendem, como interagem, etc. Nesse contexto, espera-se que o docente saiba discernir se um comportamento "não participativo" é uma mensagem endereçada a sua disciplina ou à escola, no sentido de manifestar algum tipo de desconforto, inadequação ou mal-estar, ou, ainda, se é um sintoma de que algo não vai bem com o aluno. De posse dessa leitura, acreditamos que o professor esteja mais bem posicionado para encaminhar o problema de maneira mais produtiva, evitando o fracasso escolar.

(Rodrigo Abrantes, professor de história e assessor de tecnologia educacional dos ensinos fundamental e médio, São Paulo – SP)

Como desenvolver atividade para estudantes em vários estágios de conhecimento em uma só aula?

Em primeiro lugar, o professor precisa dispor de recursos, ou seja, um bom acervo de materiais dividido por faixa etária e área do conhecimento e de abordagens a serem realizadas com eles.

Munido desses recursos, o docente precisará conhecer os estágios de conhecimento dos alunos de uma turma. De posse dessas informações, pode-se entrar no nível da personalização do ensino, oferecendo situações de aprendizagem e materiais de acordo com o estágio de conhecimento de cada estudante.

Uma solução que tem funcionado bem em diferentes escolas é o modelo de rotação por estações, no qual o professor distribui sua turma em pequenos grupos ou estações, atribuindo uma função a cada uma delas. Há várias maneiras de compor esses grupos e organizar a dinâmica entre as estações. Nesse aspecto, espera-se que o docente consiga encontrar a melhor solução em função do perfil de seus alunos. Dessa forma, pode-se não apenas trabalhar diferentes conteúdos em uma mesma aula, mas agrupar os estudantes de forma que a interação entre eles fortaleça os que desejam avançar e, ao mesmo tempo, auxilie aqueles que precisam de ajuda.

(Rodrigo Abrantes, professor de história e assessor de tecnologia educacional dos ensinos fundamental e médio, São Paulo – SP)

Quando usei a aula invertida, observei que apenas um pequeno grupo se dedicou de fato e efetivamente realizou a atividade. Como motivar o grupo para aumentar o interesse e a participação?

O modelo de sala de aula invertida, especialmente com alunos menos maduros, pode exigir uma lógica de maior observação e controle por parte do professor. Assim, é essencial que ele mantenha canais de contato extraclasse para o diálogo com os alunos, permitindo uma conexão para que busquem o docente durante o desenvolvimento de suas tarefas fora da escola e também para que ele mesmo possa realizar contatos que reforcem nos estudantes o compromisso com a atividade a ser desenvolvida.

Além disso, é possível mesclar algum método adicional de ensino híbrido presencial com o método de sala de aula invertida a fim de obter maior participação. Nos casos em que há carência material, por exemplo, alunos que não conseguem acessar de casa o conteúdo digital podem ter um espaço em sala (como uma estação) em que possam desenvolver o mesmo conteúdo que foi oferecido de forma remota.

(Eric Rodrigues, professor de história do 8º ano, Rio de Janeiro – RJ)

Como gerenciar o tempo que cada aluno vai ficar nas estações? Existe um tempo limite?

Não existe um tempo limite. O professor pode determinar um tempo fixo para a permanência de cada aluno ou grupo nas estações, ou pode permitir que os estudantes circulem livremente entre elas. Isso dependerá do nível de autonomia e discernimento da turma, ou seja, se assimilou os objetivos da tarefa. Se o aluno tiver clareza quanto às metas a serem atingidas, maior será sua independência, e ele poderá desfrutar na organização de seu próprio tempo.

(Rodrigo Abrantes, professor de história e assessor de tecnologia educacional dos ensinos fundamental e médio, São Paulo – SP)

Como incentivar e preparar um aluno autônomo?

Em primeiro lugar, é necessário que o professor entenda a importância de formar alunos protagonistas, pois o planejamento das aulas deve ser pensado a partir desse objetivo. É preciso, sobretudo, compreender que no modelo de ensino híbrido deverá haver mudança de postura do docente nas aulas, deixando de ser o responsável pelo aprendizado dos alunos, adotando uma prática menos ativa, agindo de forma mais pontual nas dúvidas, enfim, tornando-se um tutor nas aulas. O aprendizado do estudante é mais significativo a partir de suas próprias vivências. O desenvolvimento da autonomia é uma conquista diária, e cabe ao professor auxiliar e dar condições para que o aluno consiga caminhar no seu próprio ritmo. O profissional pode, inicialmente, incentivar o aluno, ensinando-o como gerenciar melhor seu tempo e suas tarefas, construir uma agenda de estudo, utilizar outros espaços além da escola para estudar e desenvolver sua forma própria de aprender. Dessa forma, os alunos aprendem a aprender.

(Flavia Moura, professora de matemática do 7º ano, Rio de Janeiro – RJ)

PLANEJAMENTO

Como planejar em longo prazo para personalizar?

Do ponto de vista da escola como um todo, será importante que o planejamento de longo prazo seja feito com o respaldo das pesquisas que revelam o impacto das tecnologias emergentes na educação. O principal relatório desse tipo é o Horizon Report, disponível *on-line*.[1]

Do ponto de vista do professor, os recursos para a personalização não aparecerão de uma hora para outra. Será preciso muita prática e discussão para se chegar aos dados que lhe permitirão personalizar. Vale dizer que, somente com a implementação de novas abordagens e formas de avaliação capazes de extrair resultados de desempenho que revelem o perfil de aprendizagem e as necessidades de cada aluno, será possível dar início ao processo de personalização. Na medida em que a escuta individualizada dos estudantes, a interação com eles e o uso de plataformas adaptativas forem incorporados à prática do professor, sua capacidade de visão e planejamento se ampliará. O foco em ações de longo prazo virá como consequência, desde que já seja considerado, de início, como um objetivo a ser alcançado.

(Rodrigo Abrantes, professor de história e assessor de tecnologia educacional dos ensinos fundamental e médio, São Paulo – SP)

Como planejar em longo prazo? O planejamento de uma aula é diferente para as diversas salas?

O planejamento deve ser feito com base nos projetos que já ocorrem na escola; não serão criados novos conteúdos, mas atividades que trabalharão os tópicos de forma criativa e com o intuito de incentivar os alunos a buscar o conhecimento e descobrir caminhos para o seu aprendizado.

É possível que uma mesma aula em um dos modelos de ensino híbrido aconteça para várias turmas de mesmo nível, mas, como cada sala tem seu perfil diferenciado, o ideal seria criar uma aula personalizada para cada turma e, principalmente, para cada aluno, respeitando seus ritmos e maneiras de aprender.

(Maria Alessandra, instrutora de informática em escola municipal de 2º a 5º anos, Salto Grande – SP)

---

[1] Ver <http://www.nmc.org/nmc-horizon/>.

Excesso de conteúdo! Avaliações externas. Como gerenciar essas situações?

As aulas em um dos modelos de ensino híbrido são de extrema importância para criar o conceito de autonomia no aluno, e, com as experiências que fizemos, o estudante que trabalha nesses modelos tem desempenho superior em comparação àqueles que não conhecem essa forma de aprender.

Ademais, o conteúdo será o mesmo planejado no início do ano letivo, apenas com modos diferentes de se trabalhar em sala de aula, fazendo os alunos se engajarem em aprender mais e melhor.

(Maria Alessandra, instrutora de informática em escola municipal de 2º a 5º anos, Salto Grande – SP)

Quando pensamos em uma escola conteudista, o ensino híbrido acontece apenas em alguns momentos?

O ensino híbrido é um modelo de ensino/aprendizagem que mescla ensino presencial com virtual, dentro e fora da escola, utilizando-se da tecnologia para personalizar o aprendizado dos alunos, além de estimular sua autonomia nas atividades. Essa prática independe de a escola ser conteudista ou não. O fato de se trabalharem habilidades e competências não quer dizer que se deva ignorar conteúdos, sobretudo porque, para formar um aluno crítico e questionador, é importante ter uma base sólida de conhecimentos.

(Flavia Moura, professora de matemática do 7º ano, Rio de Janeiro – RJ)

Existe um tempo estimado de planejamento por aula?

Assim como as aulas tradicionais, o tempo de planejamento irá variar de acordo com o ritmo de trabalho do professor. Os modelos de ensino híbrido podem dar um pouco de trabalho no início, como todo projeto, mas, depois, o professor se sentirá livre e com motivação para criar várias formas de ensinar. Os dados que ele terá em mãos após essas aulas o farão planejar melhor seus próximos passos, bem como entender como cada aluno aprende, compartilha, simula, testa e também ensina.

(Maria Alessandra, instrutora de informática em escola municipal de 2º a 5º anos, Salto Grande – SP)

O planejamento para utilização do ensino híbrido deverá ocorrer com qual periodicidade? É possível formular um curso todo com esse foco?

Isso depende do tempo, da iniciativa e da capacidade de criação do professor, bem como de auxílio da coordenação e da direção da escola. Se o docente quiser utilizar algumas aulas por mês nesse modelo, poderá fazê-lo. Temos exemplos de professores que reformularam seu planejamento e começaram a utilizar constantemente os modelos de ensino híbrido em suas aulas. Porém, novamente reafirmamos que não há uma regra única para essa utilização e implementação.

(Maria Alessandra, instrutora de informática em escola municipal de 2º a 5º anos, Salto Grande – SP)

Como coletar dados para um planejamento personalizado?

Deve-se verificar qual a plataforma de ensino *on-line* à disposição do professor, como, por exemplo, a Khan Academy, com seus relatórios em tempo real; um formulário criado no Google para que os alunos respondam, dando ao professor *feedback* na hora; ou um *software* que colete dados dos aprendizados dos alunos. Com isso, o docente analisará essas informações e saberá qual caminho tomar ao dar continuidade ao planejamento anual visando atender mais e melhor seus alunos e contando com esses dados para garantir maior personalização do ensino.

(Maria Alessandra, instrutora de informática em escola municipal de 2º a 5º anos, Salto Grande – SP)

Como prever a gestão do tempo *versus* o conteúdo a ser desenvolvido?

Tive uma experiência com conteúdo de poliedros em duas aulas de rotação por estações. A apostila tinha seis exercícios, os quais levariam cinco aulas na sala tradicional para serem concluídos. No modelo rotacional, utilizando estações na sala de informática, em duas aulas os alunos finalizaram esses exercícios. Além disso, aprenderam com vídeos e jogos eletrônicos, utilizando a plataforma de matemática Khan Academy, pintaram poliedros que geravam formas em um *software* educacional e utilizaram material tátil para conhecimento dessas figuras geométricas. Esse exemplo mostra que o modelo é eficaz quando o objetivo é diminuir o tempo de aproximação com alguns conteúdos e, ao mesmo tempo, oferecer possibilidades de personalização.

(Maria Alessandra, instrutora de informática em escola municipal de 2º a 5º anos, Salto Grande – SP)

Em quais momentos se pode trocar experiências com os colegas?

A sugestão é que sejam feitas reuniões, que se tenha apoio da direção e que se parta sempre da sensibilização para a aplicação, e não da obrigação. No entanto, sabemos o quanto esses encontros são difíceis em muitas instituições, porque os professores, com frequência, têm várias turmas e trabalham em mais de uma escola. Para aqueles que se enquadram nessa situação, minha dica é que aproveitem o espaço da sala dos professores, os intervalos da aula e até mesmo aquela conversa informal que sempre surge dentro e fora da instituição. Confesso que minhas melhores aplicações surgiram depois de um cafezinho, ou de um mate – como é nosso costume no Sul. Saliento que isso não exclui os tão importantes encontros realizados nas instituições; o que quero afirmar é que, mesmo que eles não aconteçam, não há motivo para não trocar experiências. Outra forma que utilizamos para trocar experiências é utilizar as redes sociais e o *e-mail*, recursos que encurtam distâncias.

(Fernanda Schneider, professora de língua portuguesa e língua inglesa de 2ª e 3ª séries do ensino médio, Ibirubá – RS)

Tempo de aula *versus* conteúdo a ministrar. Como resolver?

Como em qualquer situação de ensino e aprendizagem, é importante notar que o professor também realiza uma curadoria de conteúdo e pontos didáticos que são relevantes ao desenvolvimento do aluno. Não deve ser diferente com o ensino híbrido.

O trabalho em sala deve ser orientado pelo programa curricular, sem perder de vista quais habilidades e capacidades pretende-se desenvolver. Em função disso, o professor deve utilizar sua experiência e seu conhecimento para adequar o currículo ao método escolhido, ciente de que parte da atividade docente é, também, priorizar conteúdos e temas na organização de seu planejamento. Em alguns casos, a flexibilização dos métodos ou o uso de práticas diferentes em sala permitem dar conta de pontos distintos do conteúdo.

(Eric Rodrigues, professor de história do 8º ano, Rio de Janeiro – RJ)

Como o professor poderá se organizar com relação ao tempo, considerando 45 minutos de aula?

Ainda são comuns em nossas instituições as aulas divididas em períodos, mas essa limitação não impede que o professor aplique o ensino híbrido. Contudo, para isso, quando for organizar o planejamento, talvez seja preciso dividir as aulas e limitar o uso de recursos e ambientes em cada uma. É mais importante que o aluno aprenda e aproveite o tempo do que a necessidade de se trabalhar com vários recursos e ambientes em uma mesma aula. Assim, uma sugestão é o professor propor as estações em uma aula, utilizando o ambiente da sala de aula; em seguida, na mesma aula ou na semana seguinte, propor um novo ambiente (p. ex., atividades na biblioteca); em outro momento, trabalhar no laboratório de informática; etc. Certamente, aulas em que o docente trabalhe mais tempo ou com mais profissionais são mais produtivas. Entretanto, é possível, sim, dentro do sistema que se trabalhe, fazer as adaptações necessárias.

(Fernanda Schneider, professora de língua portuguesa e língua inglesa de 2ª e 3ª séries do ensino médio, Ibirubá – RS)

Dentro de uma proposta híbrida, como se insere o currículo?

Muitas vezes, nós, professores, nos apegamos ao fato de termos um currículo a ser seguido e consideramos difícil modificar nossas práticas, porém, é fato que nossos currículos são bastante flexíveis. Em algumas instituições, o professor tem total liberdade para propor o currículo e, mesmo assim, parece estar preso a ele. Mesmo nas escolas que têm uma proposta mais fechada, no sentido de ditar conteúdos, é possível adaptá-lo. Dentro da proposta híbrida, podemos dizer que ganhamos tempo, porque, sendo o ensino personalizado e o aluno estimulado a desenvolver sua autonomia, o fundamental é que o ensino seja focado nas necessidades e que o estudante busque e seja agente de seu conhecimento. Assim, o currículo pode ser o norte – não podemos também perder o foco, o currículo é necessário – e, a partir dele, o professor propõe, sugere, contribui e compartilha conhecimentos. O aluno, dentro da proposta, busca, questiona, constrói conhecimento e também o compartilha.

(Fernanda Schneider, professora de língua portuguesa e língua inglesa de 2ª e 3ª séries do ensino médio, Ibirubá – RS)

Como adaptar os alunos a essa nova proposta de ensino?

Assim como o professor precisa conhecer, entender e se adaptar à proposta de ensino híbrido, o mesmo ocorre com o aluno. Claro que são processos diferentes, pois não é preciso que o estudante leia artigos sobre esse tipo de ensino ou que o professor o explique. Entretanto, o aluno passa, sim, por um período de adaptação – que inclusive pode resultar em rejeição à proposta. O que costumo dizer aos colegas é que é preciso sensibilizar os estudantes, dizer-lhes que necessita de sua participação, que eles são muito capazes e que, por isso, precisam buscar, estudar e se empenhar. Nessa adaptação, o professor deve estar preparado, pois os resultados podem não ser os esperados. Muitas vezes, preparamos uma aula achando que os alunos irão adorá-la, e trabalhar e apresentar bons resultados. Nem sempre isso ocorre, mas o importante é não desistir. Algumas turmas precisam de bastante tempo nessa adaptação, e, se o professor não for o único da instituição a trabalhar a proposta híbrida, esse tempo diminui significativamente.

(Fernanda Schneider, professora de língua portuguesa e língua inglesa de 2ª e 3ª séries do ensino médio, Ibirubá – RS)

Como eu consigo avaliar o aluno dentro do modelo de rotação por estações? Isso é relevante?

A relevância dependerá do planejamento feito para a aula. Não há necessidade de o aluno ser avaliado em todas as estações; pode haver, por exemplo, uma estação exclusiva para avaliação do que foi visto nas demais. No entanto, é importante lembrar que, nas estações, o estudante pode ser avaliado individualmente ou em grupo. Além disso, a avaliação só faz sentido se for para uma tomada de decisão: deve ser feita sempre para indicar a necessidade de rever um determinado assunto, reforçar certa habilidade não dominada ou, ainda, avançar no conteúdo.

(Flavia Moura, professora de matemática do 7º ano, Rio de Janeiro – RJ)

Como personalizar o ensino com muitos alunos e pouco tempo?

Personalizar o ensino não significa planejar uma atividade diferente para cada aluno. A personalização é um processo que passa pelo estudante, tornando-o responsável pelo que aprende e por como aprende. O professor é um mediador que reconhece as habilidades e as dificuldades de cada aluno, facilitando, assim, o processo de ensino e aprendizagem.

(Carla Fernanda, professora de ciências do 7º ano, Rio de Janeiro – RJ)

Veja alguns depoimentos de professores do Grupo de Experimentações em Ensino Híbrido:

http://apoio.grupoa.com.br/ensinohibrido/

ANEXO 2

RECURSOS: SUGESTÕES

Recurso	Descrição	Endereço	Indicação
	Plataformas e Plataformas Adaptativas		
Moodle	*Software* livre (gratuito) de apoio à aprendizagem, em que há possibilidade de trocas entre grupos, acompanhamento individual e acompanhamento de ensino a distância.	www.moodle.org	Todas as áreas do conhecimento
Edmodo	Plataforma que permite troca de materiais entre professores e/ou alunos a partir de interesses em comum, possibilitando que os docentes vejam trabalhos de outros.	www.edmodo.com	Todas as áreas do conhecimento
Google Docs	Compartilhamento de arquivos e construção colaborativa de conteúdos.	docs.google.com	Todas as áreas do conhecimento
Khan Academy	Plataforma adaptativa de matemática. Fornece *feedback* em tempo real para professores e alunos, identificando suas dificuldades.	pt.khanacademy.org	Matemática
Geekie	Personaliza o ensino para cada aluno, possibilitando que professores e escolas acompanhem o desempenho e conheçam as características de aprendizado de cada estudante.	www.geekie.com.br	Todas as áreas do conhecimento
Sílabe	É uma plataforma que possibilita ao professor agregar conteúdos de diferentes formatos para elaborar uma aula, inclusive colocando para os alunos questões que geram relatórios individualizados.	www.silabe.com.br	Todas as áreas do conhecimento
Thinglink	Plataforma para criar imagens interativas. Permite utilizar edição de texto, imagem, som e vídeo de forma integrada.	www.thinglink.com	Todas as áreas do conhecimento
Scratch	Plataforma de programação para criação de animações e *games*.	scratch.mit.edu	Todas as áreas do conhecimento (pode ser utilizada para programar animações de qualquer disciplina)

Recurso	Descrição	Endereço	Indicação
Descomplica	*Site* de educação que tem como objetivo facilitar a compreensão dos principais conteúdos do ensino médio.	descomplica.com.br	Todas as áreas do conhecimento
Educopédia	Plataforma de aulas interativas.	www.educopedia.com.br	Todas as áreas do conhecimento
QMágico	Plataforma que permite inserir conteúdos, promover interação entre professores e alunos e gerar dados sobre estudantes e conteúdos. Também consegue gerar estatísticas e recomendações automáticas para alunos.	www.qmagico.com.br	Todas as áreas do conhecimento
Think free	Compartilhamento de arquivos e construção colaborativa de conteúdos.	www.thinkfree.com	Todas as áreas do conhecimento
Memrise	Plataforma de ensino de línguas por memorização de palavras.	www.memrise.com	Português, inglês, espanhol, francês, alemão, italiano, etc.
Dipity	Plataforma para construir linhas do tempo interativas.	www.dipity.com	Todas as áreas do conhecimento
Mangahigh	Plataforma adaptativa de matemática baseada em jogos.	www.mangahigh.com	Matemática
Web Línguas	Neste *site* brasileiro, os usuários podem aprender até quatro línguas diferentes: português, inglês, espanhol e francês.	www.weblinguas.com.br	Português, inglês, espanhol, francês
Forvo	A plataforma é um guia de pronúncia de palavras de várias línguas.	pt.forvo.com	Inglês e outras línguas
PBLU	Plataforma com atividades para serem desenvolvidas em sala de aula pela metodologia de trabalho com projetos.	pblu.org	Todas as áreas do conhecimento

Recurso	Descrição	Endereço	Indicação
Joomla	Plataforma (CMS) que possibilita a criação de *sites*/portais bastante versáteis para a publicação de conteúdo.	www.joomla.org	Todas as áreas do conhecimento
	Portais e *Sites* Educacionais		
Portal Unicamp	Repositório de objetos educacionais.	m3.ime.unicamp.br	Matemática
YouTube Educação	Contém vídeos de conteúdos do ensino básico de todas as disciplinas.	youtube.com/Edu	Todas as áreas do conhecimento
Vimeo	*Site* de compartilhamento de vídeo, no qual os usuários podem fazer *upload*, partilhar e ver vídeos.	vimeo.com	Todas as áreas do conhecimento
Schooltube	Canal de vídeos específico para escolas. É possível criar uma comunidade para a escola, e os professores podem moderar a produção dos alunos.	www.schooltube.com	Todas as áreas do conhecimento
Portal Colégio Dante	Espaço virtual do Colégio Dante (SP), em que são disponibilizados alguns materiais didáticos em formato digital. Todo o conteúdo disponibilizado neste *site* pode ser utilizado e adaptado, já que está sob licença Creative Commons.	www.colegiodante.com.br/rea	Todas as áreas do conhecimento
Portal de aulas da USP	Contém aulas de algumas disciplinas e professores da USP.	www.eaulas.usp.br/portal/home	Todas as áreas do conhecimento
Manual do mundo	Guia de curiosidades. Possui experiências que podem ser realizadas com alunos.	www.manualdomundo.com.br	Ciências, biologia, física e química
Portal de conteúdos do governo do Paraná	Conteúdos digitais de todas as disciplinas, como jogos e infográficos.	www.educacao.pr.gov.br	Todas as áreas do conhecimento
Ponto Ciência	Roteiros e vídeos de experimentos.	www.pontociencia.org.br	Ciências

Recurso	Descrição	Endereço	Indicação
EducaLinks	*Blog* que reúne diferentes repositórios com conteúdos digitais. É possível compartilhar, adaptar e recombinar o conteúdo livremente, desde que se credite o Acervo EducaRede e não se use a obra para fins comerciais (sob licença Creative Commons).	www.rea.net.br/	Todas as áreas do conhecimento
Portal do professor	*Site* do MEC que disponibiliza diversos conteúdos digitais e outros recursos para professores.	portaldoprofessor.mec.gov.br/index.html	Todas as áreas do conhecimento
Porta curtas	Espaço para criar canais com seus filmes preferidos e compartilhá-los.	portacurtas.org.br	Todas as áreas do conhecimento
Skymap	Simulador de Astronomia.	www.sky-map.org	Ciências
Univesp	Conteúdo para os alunos complementarem as discussões realizadas em classe e/ou aprenderem outros conteúdos.	univesptv.cmais.com.br	Todas as áreas do conhecimento
Kid Rex	*Site* de busca do Google para crianças, com filtro para *sites* com conteúdos adultos.	www.kidrex.org	Todas as áreas do conhecimento
Ixl	Atividades de matemática separadas por ano escolar e temas.	www.ixl.com	Matemática
Site da Olimpíada Nacional em História do Brasil	Repositório de fontes e obras para a disciplina de história.	www.olimpiadadehistoria.com.br/6-olimpiada/inicio/index	História
Site do Museu do Holocausto	Museu do Holocausto de Israel. Possui exposições virtuais, com as quais pode-se elaborar atividades e promover discussões.	www.yadvashem.org	História
Toondoo	*Site* para criar quadrinhos.	www.toondoo.com	Todas as áreas do conhecimento

Recurso	Descrição	Endereço	Indicação
Site para criar cordel	*Site* para criar seu próprio cordel.	educarparacrescer.abril.com.br/cordel	Português
Braille virtual	O Braille Virtual é um curso *on-line* baseado em animações gráficas e destinado à difusão e ao ensino do sistema Braille a pessoas que enxergam.	www.braillevirtual.fe.usp.br/pt/index.html	Todas as áreas do conhecimento
Planeta Biologia	Portal que reúne conteúdos de ciências e biologia.	planetabiologia.com	Ciências e biologia
Povos indígenas no Brasil	Possui informações sobre os povos e a temática indígena.	pib.socioambiental.org/pt	História
Era virtual	*Site* que permite visitar virtualmente vários museus.	www.eravirtual.org	Todas as áreas do conhecimento
Faz Game	Permite criar jogos educacionais. Não é necessário possuir conhecimento em *design* ou programação.	www.fazgame.com.br/presentation.html	Todas as áreas do conhecimento
	Portais e *Sites* Educacionais		
Padlet	Permite criar um mural no qual qualquer pessoa com o *link* pode acessar e colar um *post*. Pode ser utilizado para criar um fórum, um espaço para sugestões, como ambiente para uma sensibilização de início de aula.	padlet.com	Todas as áreas do conhecimento
Laifi	Rede social onde os participantes constroem linhas do tempo e interagem uns com os outros.	www.laifi.com	Todas as áreas do conhecimento

Recurso	Descrição	Endereço	Indicação
	Revista Virtual		
Issu	Plataforma que produz revistas virtuais.	issuu.com	Todas as áreas do conhecimento
	***Softwares*, Aplicativos e Ferramentas**		
Show me	Aplicativo para *tablets* para criar vídeo aulas.	Buscar na loja de aplicativos	Todas as áreas do conhecimento
Educreations	Aplicativo para *tablets* para criação de vídeo aulas.	Buscar na loja de aplicativos	Todas as áreas do conhecimento
Wikiweb	Leitor da Wikipédia que mostra as conexões entre os conceitos disponíveis.	Buscar na loja de aplicativos	Todas as áreas do conhecimento
YouTube	Repositório de vídeos na internet, possui aplicativo para facilitar buscas por celular.	Buscar na loja de aplicativos	Todas as áreas do conhecimento
Nearpod	Permite criar apresentações interativas e avaliar seus alunos em tempo real durante a aula. Para criar as apresentações, usa-se a plataforma pelo *browser*, para aplicar em aula, pode-se usar *tablets* ou computadores.	www.nearpod.com	Todas as áreas do conhecimento
Mindjet Maps for iPad	Aplicativo para *tablets* para realizar experiências e realizar cálculos sobre elas. Cria mapas mentais.	Buscar na loja de aplicativos	Todas as áreas do conhecimento
TED	Aplicativo que disponibiliza mais de mil TEDtalks, vídeos (a maioria com legenda em português) feitos por palestrantes do mundo inteiro. Disponível para iOS e para Android.	Buscar na loja de aplicativos	Todas as áreas do conhecimento

Recurso	Descrição	Endereço	Indicação
App Prova	Aplicativo em que o aluno pode acessar e resolver várias questões das últimas provas do ENEM. A cada questão errada, o aplicativo sugere que o aluno estude determinado conteúdo. É possível ver as estatísticas do estudante.	Buscar na loja de aplicativos	Todas as áreas do conhecimento
Socrative	Permite criar questionários em tempo real, gerando *feedback* imediato.	www.socrative.com	Todas as áreas do conhecimento
Zaption	Permite a criação de questionários em vídeos, de forma a exibir as questões durante a reprodução.	www.zaption.com	Todas as áreas do conhecimento